总 主 编

张卫平，清华大学法学院教授、博士生导师，中国法学会民事诉讼法学研究会会长，烟台大学“黄海大学”特聘教授。

齐树洁，厦门大学法学院教授、司法改革研究中心主任，中国法学会民事诉讼法学研究会副会长，澳门科技大学兼职博士生导师。

主 编

唐 力，西南政法大学党委常委、副校长，教授、博士生导师，中国法学会民事诉讼法学研究会副会长，中国行为法学研究会副会长，教育部高等学校文化素质教育指导委员会委员，最高人民法院执行智库咨询专家。

Judicial Reform Review

司法改革论评

唐　力 主编

主办方：

西南政法大学法学院

西南政法大学比较民事诉讼法研究中心

图书在版编目（CIP）数据

司法改革论评. 第31辑 / 唐力主编. -- 厦门 ：
厦门大学出版社，2022.7
（司法改革研究系列/张卫平，齐树洁总主编）
ISBN 978-7-5615-8657-0

Ⅰ. ①司… Ⅱ. ①唐… Ⅲ. ①司法制度－体制改革－
文集 Ⅳ. ①D916-53

中国版本图书馆CIP数据核字(2022)第124014号

出 版 人 郑文礼
责任编辑 李 宁 郑晓曦

出版发行 厦门大学出版社
社　　址 厦门市软件园二期望海路39号
邮政编码 361008
总　　机 0592-2181111 0592-2181406(传真)
营销中心 0592-2184458 0592-2181365
网　　址 http://www.xmupress.com
邮　　箱 xmup@xmupress.com
印　　刷 厦门市竞成印刷有限公司

开本 720 mm×1 020 mm 1/16
印张 15.25
插页 2
字数 290 千字
版次 2022 年 7 月第 1 版
印次 2022 年 7 月第 1 次印刷
定价 88.00 元

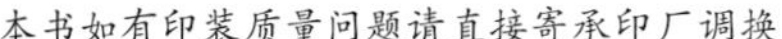

本书如有印装质量问题请直接寄承印厂调换

厦门大学出版社
微信二维码

厦门大学出版社
微博二维码

《司法改革论评》

目录

司法制度研究

刑事法律前沿

卷首语

《民法典》实施
——民事诉讼法更新前行的号角

2020 年 5 月 28 日无疑是一个好日子，一个值得全民欢呼的日子！

这一天，第十三届全国人民代表大会第三次会议通过了《中华人民共和国民法典》(以下简称《民法典》)，并决定于 2021 年实施。《民法典》的颁布和实施无疑是我国改革开放以来法治进步最大的立法事件。对于我国民事法治乃至整个法治建设具有里程碑意义，是推进全面依法治国、推进国家治理体系和治理能力现代化的重大举措。作为一项系统的、重大的立法工程，《民法典》的制定，实现了新中国几代人的宿愿。

作为一部如此重要的法典，更重要的还在于实施和落实。法律只有在人们的社会生活中得以实施和落实，才能使其真正具有活力和生命力。法律的实施和落实之中一条最重要的路径，就是在具体的争议事件的诉讼中得以适用。一部法律只有在司法实践中适用，才能将法律的抽象规定与具体的生活事件和行为结合起来，实现法律对人们社会关系和行为的规范作用，才能变成具有生命力的、活生生的规范。《民法典》亦是如此。所谓徒法不足以自行，《民法典》只有被具体适用，才能真正发挥基础性、综合性法典规范我国民事领域各类民事主体的各种人身关系和财产关系的重要作用。如果说民法典是公民关于权利及权利行使规则的基本读本，那么民事诉讼的过程就是每一个公民学习和受教育的实践大课堂。如果民法典能够在实践中得以实施，那么民法典对改变人们的思维观念和方式都将起到十分重要的作用。法治也将通过《民法典》深入人的心底。

按照法律的要求,《民法典》已于2021年开始实施,而《民法典》的实施必须通过民事程序法。通过具体的民事诉讼程序,使得民法典得以适用,在适用中具体阐明民法典规范中概念的含义、适用的要件以及相应的要件事实。作为《民法典》实现的工具、途径和方法就是民事诉讼程序。从理论上讲,最为理想的是,《民法典》制定之时,同步地修改民事诉讼法,以保证民事诉讼法与《民法典》的协调对接。当然,由于如此操作其工作量实在是太大,以目前的立法操作模式无疑是不可能完成的任务。因此,也就导致了与之配套的民事诉讼法必然天生地处于滞后的状态。这就要求后生的民事诉讼法必须赶上先行的实体法,跟上民法典发展的节奏和步伐。

实体法的发展在我国一直处于先进的态势。民事实体法的发展成为我国法治发展的一股先进力量。实体法与实践的相对间隙,以及与政策调整的双轨并行,使得民法可以在相对的"悬浮状态"下行进,减少了因理想化的"行走"所带来的,与骨感现实的强烈摩擦。这就为形塑具有理想性和前瞻性的民法提供了生发的外部条件。正是在这种状态下,使得《民法典》的内容具有引领性和前瞻性。在《民法典》制定的强有力的政治推动之下,作为民事实体法"宪法"的民法发展进入了"高铁"时代。

相较实体法的发展,民事诉讼法的发展尚处于"绿皮火车"时代,明显处于滞后状态。民法的引领性及其时代的先进性是与民法内含的精神和原则有内在关联的,民法对于社会几乎所有方面——政治、经济、伦理甚至文化等方面均具有全面的引领和提升作用,与我国一直提倡的社会主义市场经济体制的建构、社会转型及法治社会的建设保持一致性。民法与市场经济直接联系,民法中的契约自由原则是民法在法律上保障市场经济得以确立的基本原则。民法对社会关系规范要求所具有的平等性、自愿性、合法性,使得一旦民法得以落实便必然成为引领、推动、促进社会发展和转型的力量。人们常说,市场经济就是法治经济,而法治经济就主要体现为民法的规范调整作用。

基于大陆法系国家司法的特性和观念,并受这种特性的一定影响,以及我国司法传统的承继,我国司法相对于实体法民法的发展更具有守陈性。我国民事诉讼制度和民事诉讼法理论深受苏联理论和制度的影响,强化和保持了这种守陈性。苏联的法制基于特有的治理模式和所有制的社会构造,一直否定公法和私法的界分和并存,强调公法为法的唯一性。因此,苏联也就不可能有调整商品经济关系的民法，在计划经济体制之下也没有这种法律调整的必要。苏联通过民事诉讼理论的改造果断地切割了民事诉讼理论与私法的联系，使得民法的原则和精神也无法在苏联的社会中存活，其民事诉讼制度和理论的血管里也不再流淌民法的精神血液。关于这一点，即使现在，我们恐怕依然没有能够充分认识到。

在计划经济时代，我国民事诉讼法以及民事诉讼理论对苏联法的承继，并加持传统诉讼观念，同样也使得我国过去的民事诉讼制度和理论先天缺失民法精神，即使随着民法的研究和制度的发展，民事诉讼法在制度和理论方面开始逐渐接受民法精神和原则，但依然受制于传统观念和意识的制约而未能充分对接。部分制度和理论依然坚守着原有的理念，坚持对民法精神和原则的抗拒和抵制。对诉讼契约的排斥和职权干预即其典型。因此，在这样的现实之下，民事诉讼法的发展、民事诉讼理论的进步都需要通过与民法进行实质对接，将民法精神真正注入民事诉讼法及其理论的血液中。只有如此，才能从内部生成民事诉讼体制和诉讼制度改革或改进的动力，并保证民事诉讼制度不至于成为制约民事权利实现的制度羁绊。只要民事诉讼法与民法没有在精神实质上保持一致，民法的实施就必然打折，沦为一种空想。与民法持有二“心”的民事诉讼法也必难以载动民法典的运行。应当承认，现行的民事诉讼制度依然没有能够完全接纳民法所具有的精神和理念。“行动上的诉讼制度”相比“纸面上的诉讼制度”就更为突出。看似对民事诉讼的价值追求却有可能成为消解民法精神和理念的理由。民事诉讼的一些理论和认识也因为没有充分吸收民法的精神实质，没能与“实”(实体法)俱进地促进自身更新，并引领现行诉讼制度变革发展，推动诉讼体制的转型，反而成为制度更新和体制转型的障碍。因此，逐渐移除这些与民法精神理念不一致的理论和认识是民事诉讼法学今后一段时期的一项重要任务。

一方面，民事诉讼法通过与民法典的全面且具体的对接——诉的制度、当事人制度、证据制度、诉讼与非讼程序制度、程序保障制度、裁判制度、执行制度等，整体提升民事诉讼法的层次和水平，推动民事诉讼法实现更新换代，实现民事诉讼的现代化。另一方面，民事诉讼法也可以对民法典的不足进行后期“PS”，通过民事诉讼中的解释功能实现微调，使得民法典更接地气。①

---

① 详见拙文:《民法典的实施与民事诉讼法的协调与对接》，载《中外法学》2020 年第 3 期。

另一个更重要的方面也许在于，在民法典实施的强劲推动之下，民事审判方式或将迎来新的调整，甚至是改革。审判方式是审判观念、理念、意思在诉讼中的实在化，对具体诉讼制度的实现有着直接的影响，具有增强或减弱的正负效应。从 20 世纪 90 年代开始，我们曾经推行过长达数年的民事审判方式改革，在学界也提出了实行民事诉讼体制转型的观点。这一时期的民事审判方式改革主要体现在如何强化民事诉讼中当事人的主体性，减少法院的职权干预，以反映裁判的中立性。通过强调当事人的自我责任，包括事实主张和提出证据责任，减少法院审判的压力。但民事诉讼依然强调了调解的作用，甚至使得我国民事诉讼成了调解型诉讼。深究这种去审判中心化的现象，其深层原因在于实体法根据的不完备，权利根据并未体系化，加之法解释功能的弱小，权利的要件事实无法清晰和明确。在这种情形下，事实认定和法律适用都成为问题，阻碍了三段论推理进行。如此，不计较事实的真伪，也无须明晰实体根据，非严格推理逻辑的调解自然成为解决纠纷的最好选择。然而，民法典最大的功能是保障权利，而非限制权利；民事诉讼法的工具价值也在于实现实体权利，而非让实体权利打折。然而，我们看到的现实是，调解型诉讼实际成为权利折扣的程序。可以肯定地讲，以目前的审判方式，尚不能充分实现民法典规定的权利，也难以担当讲好民法典这本大教材的重任。

我们应当清醒地认识到，法律运行与政治、伦理、道德不同，其基本逻辑是三段论式的。在民法典实施、落实的大背景之下，法律的逻辑必然需要得以强化。这就必然要求原有的审判方式再次进行调整，使民事审判方式必须以实体请求权为中心和重心展开，而非以抽象的纠纷解决为对象。民法典是一个私权利体系，同时也是一个请求权体系。在每一个给付之诉和形成之诉的案件中，审判都应当围绕当事人主张的实体请求权展开。民事审判的过程就是寻找请求权的基础，核实和认定请求权要件事实以及抗辩要件事实的过程。审判应当围绕请求权要件和抗辩要件事实，当事人双方的攻击和防御也自然应当以请求权为中心。在民事诉讼的这两类诉讼（民事诉讼的主要类型）当中，实体请求也就是诉讼标的。由此，民事诉讼的权利保障论或将取代本土化的纠纷解决论。也只有如此，民法的思维才能真正成为裁判思维的基本构成。

应当承认的是，现行的民事审判方式并没有真正以当事人的实体请求为中心，没有完全按照民法的逻辑进行思维和推论，总是在原告的请求攻击与被告的防御中游离，常常迷失在原告主张的法律关系、事实与被告抗辩的法律关系、事实之中。所谓“穿透式”审判、“实质性解决纠纷”、职权干预的普遍化、处分限制的扩大化、事实探究的绝对化、判决效力对世性的一般化也都是这种偏离的体现。不仅在管辖、证据提出、证明责任、审判范围、当事人追加、判决效力范围等诸多方面都没有紧紧地与请求权保持契合与联系，而且与请求权相联系的纠纷解决相对性原则也尚未得以明确。因此，民法典的实施和落实必将再次推动民事审判方式的改革，使得民事诉讼的形态实质上发生变化，回归于以审判为中心、重心，调解成为真正的实体权利自由处分的结果，而非目的，甚至可能促使调审分离的制度化，从而实现对审判和调解各自逻辑的尊重。

基于上述认识，我们有充分的理由相信，民法典的实施给予了我们重新勾画民事诉讼法新的蓝图的可能，也再次吹响了民事诉讼更新前行的号角。

让我们对此拭目以待！

张卫平*

2021年6月30日于清华园

* 张卫平，清华大学法学院教授，烟台大学黄海学者特聘教授，中国法学会民事诉讼法学研究会会长。

本辑聚焦:民事执行法的理论与实践

违约方合同解除权的实证研究

李非阳*

摘要:我国原有的《合同法》(已失效)与《民法典》都规定了法定单方解除。但是对于违约方是否可以主张以及在什么情况下可以主张解除合同等问题却没有明确规定,导致审判实践中做法不一。通过抽样分析某基层人民法院 2016 年 1 月 1 日到 2019 年 12 月 31 日涉及合同解除的 500 件判决案件可以发现,基于法律规定之外的原因解除合同的案件占有相当大的比例。对这类案件的基本情况、特点以及审判实践中的处理方式进行重点分析后,可以得出结论,应在一定条件下赋予违约方合同解除权。违约方享有合同解除权具有相当的正当性、必要性与可行性,但应在合同债务为非金钱债务、合同标的物可替代、违约有合法原因及违约方违约是为了减少损失四个方面进行适用上的限制。

关键词:违约方;单方解除;合同解除权

引　言

按照我国原有的《合同法》(已失效)以及 2021 年 1 月 1 日起施行的《民法典》中对于合同解除的相关规定,合同解除有协议解除、约定解除与法定解除。其中,协议解除与约定解除都是基于合同当事人的合意,法定解除则是基于法律的直接规定。《合同法》(已失效)第 94 条规定了法定单方解除的五种情形,《民法典》第 563 条基本沿用了该条规定,对这五种情形未作修改。然而,该条中的

* 作者系四川省成都市武侯区人民法院法官,审判委员会委员、民事审判第三庭庭长,法学硕士。

“当事人”究竟是指守约方还是守约方、违约方均可？违约方是否可以主张解除合同？在什么情况下违约方主张解除合同的请求才会得到法院的支持？这些问题不仅在民法理论界存在争议，在审判实践中也有不同的处理方法。虽然根据2019年《全国法院民商事审判工作会议纪要》第48条的规定“在长期性合同履行过程中，符合一定条件的情况下，违约方起诉请求解除合同的人民法院应依法予以支持”，但是，因该规定列明的适用条件较为原则、宽泛，实践中法官对于违约方合同解除权仍然存在不同的认知，导致类似情形下判决结果不尽相同。笔者从合同解除问题的实证研究着手，分析我国建立违约方合同解除权的价值，并探讨这一制度建立完善的路径。

一、合同解除案件的实证分析

为研究审判实践中的合同解除问题，笔者抽样选取了S省C市W区人民法院2016年1月1日到2019年12月31日涉及合同解除的500件通过判决方式结案的案件，以此作为研究样本，进行实证分析。

(一)合同解除的原因梳理

将这500件涉及合同解除的案件进行梳理，从合同解除的原因方面统计，合同约定了解除权的有55件，占11%；因不可抗力不能实现合同目的的有20件，占4%；因对方当事人迟延履行主要债务的有60件，占12%；因对方当事人其他违约行为的有195件，占39%；因其他原因主张解除合同的有170件，占34%。[①] (见图1)

从以上解除合同的原因统计中可以看出，在司法实践中存在相当一部分案件(以上统计的因其他原因主张解除，占34%)，当事人起诉要求解除合同既不是基于合意解除也不能归入享有法定解除权的五种情形。这些其他原因，主要包括因客观情况发生了变化导致合同标的履行不能(如规划发生变化无法办理车位产权登记、因购房人身份问题无法办理房屋产权变更登记等)、起诉方违约(如卖方不愿意再以合同约定价格卖房屋而起诉)等。本文暂且称其为“因其他原因解除合同的案件”。那么，出现了以上这些原因，当事人是如何处理的？法院又是如何判决的呢？笔者着重对这类案件进行了梳理和分析。

---

① 需要特别说明的是，起诉对方当事人违约要求解除合同，经法院审理查明对方当事人并无违约行为的案件，本文将其归为“因其他原因主张解除合同的”。下文亦有进一步阐述。

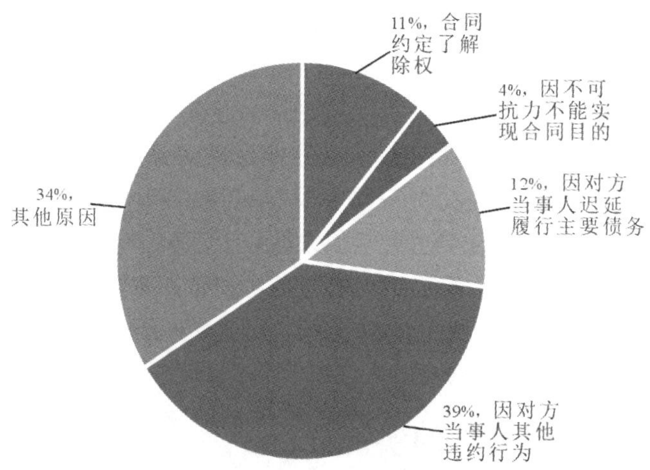

图 1　抽样案件的合同解除原因情况图

(二)因其他原因解除合同的特点分析

在因其他原因解除合同的 17034 件案件中，从起诉的主体来看，由于对方违约，守约方起诉的 44 件，占 26%；违约方起诉的 95 件，占 56%；双方均无违约，一方当事人起诉的 31 件，占 18%。(见图 2)

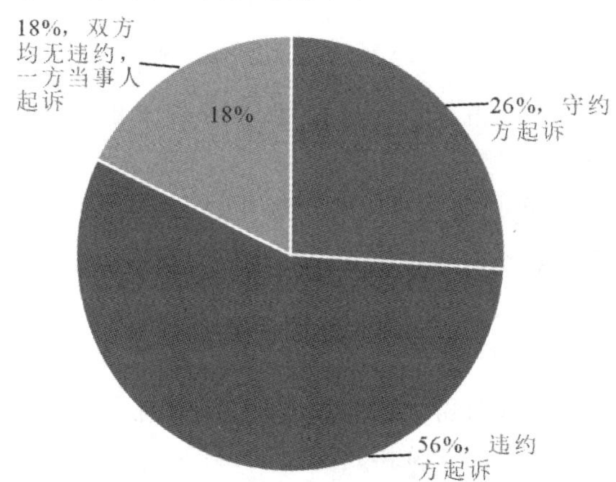

图 2　起诉主体情况图

其中有两种情况比较突出：

一是违约方消极拖延的情况较多。一方因其他原因意欲解除合同，但因不具备法定解除权往往采取消极拖延的方式违约，待守约方提起诉讼。

二是违约方编造理由起诉对方违约要求解除合同的情况较普遍。一方因其他原因意欲解除合同,但因不具备法定解除权,往往编造对方违约的事由从而起诉要求解除合同,经法院审理查明,对方其实根本没有违约行为。

分析以上两种情况发生的原因,可以发现:由于法律没有明确规定因其他原因甚至是违约方是否有合同解除权,以及在何种情况下有解除权,导致在合同无法履行或者是履行不经济的情形下,违约方往往通过拖延或者编造理由的方式对待。而在拖延或法院审理查明谁有违约行为的过程中,合同当事人的时间以及司法资源都被额外浪费了。

(三)合同解除的司法实践考察

审判实践中对于这类案件的处理一般有三种方式。第一种处理方式是,如果是违约方起诉解除合同,而守约方不同意解除,法院直接判决驳回违约方的诉讼请求;如果是守约方起诉请求法院判决继续履行合同,在符合《合同法》(已失效)其他规定的情况下,法院支持守约方的诉讼请求。第二种处理方式是,经过法院释明,守约方变更继续履行的诉讼请求为解除合同、赔偿损失,法院支持守约方的诉讼请求。第三种处理方式是,支持违约方的诉讼请求,判决解除合同,违约方赔偿守约方损失。

第一种处理方式遵循了合同严守的原则,也是目前法院在处理此类案件中惯常采用的方法。然而,合同从订立到履行往往会有一段时间跨度,影响合同履行的各种情况也时有发生。违约方违约有时候是出于蓄意,但有时候却是因为客观情况的变化所以不得不通过违约来减少损失。如果不区分违约原因,一刀切地不允许解除合同,一则过分强调了守约方的利益,严重损害了违约方的利益;二则违约方履行合同的质量无法保障,对社会资源也是一种浪费。

第二种处理方式由法院释明,守约方变更诉讼请求,回避了违约方是否有合同解除权的法律问题。一方面合同得以解除,避免了违约方损失的继续扩大;另一方面守约方的损失也得以赔偿,可以说在法律适用和案件处理上都达到了较好的效果。但是这种处理方式的问题在于,并不是每一个当事人都能在法院的释明下变更诉讼请求,因此不具有普适性。

第三种处理方式直接支持违约方解除合同的诉讼请求,认为"当违约方继续履约所需的财力、物力超过合同双方基于合同履行所能获得的利益时,应该允许违约方解除合同,用赔偿损失来代替继续履行"①。这种处理方式突破了合同严守的限制,认为在某些特定情况下,可以允许违约方解除合同,赔偿守约方损失,既维护了个案的正义,也注重了合同履行的效率。但是在适用法律上遇到了难题。如果直接适用《合同法》(已失效)第 94 条,是否该条文中的"当事人"既包括守约方也包括违约方,但如果在没有任何其他限制的情况下,仅仅因为违约方自己迟延履行主要债务,经催告后在合理期限内仍未履行或是违约方迟延履行债务或者有其他违约行为致使不能实现合同目的就可以由违约方主张解除合同,那么这种扩大解释显然失之过宽。因此在笔者查询到的此类案件中,还没有直接引用该条文进行判决的案例。更多的案例则是采用了迂回的方法。上述新宇公司诉冯某某商铺买卖合同纠纷案中,一审法院南京市玄武区人民法院适用的是《合同法》(已失效)第 5 条和第 6 条关于公平原则及诚实信用原则的总则条款,二审法院南京市中级人民法院则引用了《合同法》(已失效)第 110 条的规定,即在履行费用过高等情况下不适用继续履行。引用该条文的逻辑其实是,法律规定了在何种情况下守约方主张实际履行不会得到支持,那么在该种情况下违约方就有权主张解除合同。这其实是在法律没有明确规定的情况下进行变通的一种无奈之举。

上述三种处理方式,如果是守约方起诉要求实际履行,能变更诉讼请求采用第二种方式,不失为一种好的解决办法。但如果是违约方起诉或是守约方不愿变更诉讼请求,笔者赞成采用第三种方式支持违约方的合同解除权,即有条件地赋予并严格限制,以平衡合同当事人的利益,实现社会资源的优化配置。

二、违约方解除合同的制度价值

在一定条件下赋予违约方合同解除权,体现了公平效率的价值追求,在我国及其他国家的法律中也有所体现。

(一)违约方享有合同解除权的正当性

从合同解除制度的价值基础和立法本意来看,赋予违约方合同解除权体现了效率和公平的价值。

第一,违约方享有合同解除权体现了效率的价值。从法经济学的角度来看,合同解除制度是效率的体现。效率违约(efficient breach)制度也得到了民法理论

① 《新宇公司诉冯玉梅商铺买卖合同纠纷案》,载《最高人民法院公报》2006 年第 6 期。

界和实务界的支持。关于效率违约较为经典的论述来自波斯纳:“在有些情况下,一方当事人可能会仅仅由于他违约的收益将超出他履约的预期收益而冒违约的风险。如果他的违约收益也将超过他方履约的预期收益,他就会违约。”①也就是说,当违约方从违约中获得的利益大于他向守约方作出履行的期待利益,或者当履行的成本超过各方所获得的利益时,违约比履行更有效。支持效率违约的案例不仅在英美法系中得以适用,在坚持“契约严守”的大陆法系国家也有所动摇。在1939年美国的格罗夫斯诉约翰·旺德一案中,法官认为继续履行合同将增加约翰·旺德的成本(平整土地的合理成本为6万美元,而当时平整好的土地价值仅有1.2万美元),故判决不继续履行合同,而是判决给予格罗夫斯6万美元的金钱赔偿。② 1920年,在德国一个涉及货币重新估价的判决中,法官也同样不再刻板地坚持“契约严守”的原则。③ 可见,赋予违约方合同解除权符合合同法对于效率和利益追求的总体要求,因此也在很多国家的司法实践中得以运用。

第二,违约方享有合同解除权体现了公平的价值。合同有效成立后,有时会因为主观或客观情况的变化,而使合同履行成为不必要或者不可能。在出现合同僵局时,享有解除权的一方当事人拒绝行使解除权,常常是为了向对方索要高价,这就违反了诚信和公平原则。如果任由非违约方拒绝解除,则可能造成双方利益严重失衡。因而,在法律上有必要予以纠正。④ 更进一步来说,对于平等主体的合同另一方当事人即违约方,如果不问违约的原因和情况,就直接剥夺了其合同解除权,显然有违公平的法律价值追求。换言之,区分违约方违约的原因,在一定条件下赋予违约方合同解除权,有利于体现法律的公平平等。

(二)违约方享有合同解除权的必要性

按照《合同法》(已失效)的相关规定,当一方违约时,守约方可以主张继续履

① [美]理查德·波斯纳:《法律的经济分析》,蒋兆康译,法律出版社2012年版,第169页。

② 张乃根:《经济学分析法学——评价及其比较》,上海三联书店出版社1995年版,第141页。

③ 该案涉及一个签订于1912年的长期租赁合同,该合同规定一方以某一固定价格向另一方供应取暖用的蒸汽。但是,契约签订后,蒸汽的成本不断地大幅度上涨,为此,供应蒸汽的一方认为除非调整价格,否则无法供应蒸汽。德国最高法院判决认为供应方不必实际履行合同。这个案件最终将蒸汽价格提高到契约规定的标准之上。参见钟奇江:《论我国违约责任替代制度的完善》,载《经济师》2006年第8期。

④ 王利明:《论合同僵局中违约方申请解约》,载《法学评论》2020年第1期。

行、采取补救措施或者赔偿损失。可以看出，在一方违约的情况下，法律将采取何种救济方式的选择权赋予了守约方，这对于维护守约方的权利是有着积极作用的，但同时也会存在以下不足：

第一，只将合同解除权赋予守约方有可能导致解除权的滥用。当合同已经不具备履行的条件时，守约方如果为了自己的利益或者是惩罚违约方，放弃行使合同解除权(这种放弃行使合同解除权一般来说是通过消极不作为的方式表现出来的，也就是守约方不需要作出任何行为)，那么此时争议的合同履行将遥遥无期，双方的法律关系也将处于长期的不确定状态。[①]。虽然《合同法》(已失效)第 95 条及《民法典》第 564 条规定了“经对方催告后在合理期限内不行使的”，合同解除权消灭，但是对于“合理期限”的界定一直存有争议。所以对于违约方来说，正是因为自己不享有合同解除权，只能消极等待守约方的选择，甚至有可能导致在此段合同关系悬而未决的时间内遭受的损失远远大于不履行合同所赔偿的损失。这显然是有损合同法所追求的公平原则的，因为每一个合同主体都有权维护自己的最大利益，即使是在违约的情况下，违约一方也有权避免自己损失的扩大。从这点来讲，守约方独享合同解除权可能会损害违约方的合法利益，导致不公平。

第二，违约方不享有合同解除权可能会增大实际履行适用中的弊端。从《合同法》(已失效)第 110 条及《民法典》第 580 条的规定中可以看出，除法律的除外规定外，实际履行是违约责任的主要承担方式。这是为了更好地实现订立合同的目的。但同时，实际履行在适用上也有其不可避免的不足。尤其是在违约方实际履行的成本远远大于不履行成本的情况下，由于其基于自身利益的考虑不再愿意履行，即使法院作出实际履行的判决，这类案件也往往需要强制执行。一则耗费的时间成本过高，从起诉到判决再到执行需要耗费数月；二则对司法资源和社会资源是一种耗费，不但不能维护合同应有的效力，反而容易引发不必要的麻烦，从交易的经济利益考虑也会浪费更多的资源。[②] 此外，在打破合同僵局的情形下，可以使当事人及时从合同僵局中脱身，并及时开展其他交易，这在整体上可以降低交易的成本和费用。[③] 因此，在现代合同关系中，更倾向于提供多种

---

① 怀晓红:《合同违约方能否主张解除合同》，载《人民法院报》2014 年 5 月 21 日第7 版

② 石银山:《违约方主张解除合同如何处置》，载《中国审判》2012 年第 9 期。

③ 王利明:《民法典合同编通则中的重大疑难问题研究》，载《云南社会科学》2020 年第 1 期。

救济方式,更有效率、更为理性地解决纠纷。

(三)违约方享有合同解除权的可行性

从效率和公平价值角度可探知违约方享有合同解除权的正当性,从其能弥补守约方独享解除权及实际履行中的不足可探知其必要性,那么,我国目前是否具备明确确立违约方享有合同解除权的立法和司法基础呢?答案是肯定的。

第一,我国《民法典》现有的预期违约、任意解除权等制度为违约方合同解除权的确立提供了良好的基础。预期违约是指在合同有效成立后履行期到来前,一方当事人肯定地、明确地表示他将不履行合同或一方当事人根据客观事实预见到另一方到期将不履行合同[①],在这种情况下当事人可以在履行期限届满之前就要求其承担违约责任,无须等到合同履行期限届满,可以减少不必要的损失,避免社会资源的浪费。可见,预期违约制度的确立,体现了合同法对效率的价值追求。任意解除权的设立同样如此。任意解除权是指无须法定事由,依一方的意思表示即可产生解除合同效力的合同解除权[②],其实质就是对合同的违约。我国《民法典》第 787 条和第 933 条对于承揽合同和委托合同也规定了合同当事人的任意解除权,并且一些学者还建议扩大任意解除权的适用范围。可见,基于效率考虑对合同严守原则进行突破在我国已有先例,并且在实践中也得到了认可,这为违约方合同解除权的明确确立奠定了良好的基础。

第二,《民法典》第 580 条[③]的规定暗含了违约方享有合同解除权之意。根据该条规定,在非金钱债务中,如果合同存在履行不能或是履行不经济的情况,守约方不得请求履行。虽然该条并未在字面上明确赋予违约方的合同解除权,但是既然守约方不得请求履行,那么就只能寻求解除合同等其他救济方式。而如果守约方怠于行使合同解除权,合同关系就会处于一种悬而未决的状态,这显然不利于双方当事人,也不利于社会经济秩序。可以看出,该条暗含了违约方享有合同解除权之意。这也正是南京中级人民法院在审理前述新宇公司诉冯某某

① 李永军:《合同法》,法律出版社 2010 年版,第 583 页。

② 王传丽:《中国合同法教程》,中国政法大学出版社 2002 年版,第 142 页。

③ 《民法典》第 580 条规定:“当事人一方不履行非金钱债务或者履行非金钱债务不符合约定的,对方可以请求履行,但有下列情形之一的除外:(一)法律上或者事实上不能履行;(二)债务的标的不适于强制履行或者履行费用过高;(三)债权人在合理期限内未请求履行。有前款规定的除外情形之一,致使不能实现合同目的的,人民法院或者仲裁机构可以根据当事人的请求终止合同权利义务关系,但是不影响违约责任的承担。”

商铺买卖合同纠纷案中引用《合同法》(已失效)第110条规定(《民法典》第580条规定的前身)的原因。

三、违约方享有合同解除权的适用限制

基于以上分析,笔者赞同在一定条件下赋予违约方合同解除权。但同时,如何在严守与突破之间寻找一个平衡点,既赋予违约方对履约产生的损失紧急"叫停"的合同解除权,又不放任这种解除权得到滥用进而损害守约方乃至整个合同秩序,就需要对违约方在何种情况下享有合同解除权进行严格限制。综合而言,笔者认为赋予违约方合同解除权需同时满足以下条件,也就是说在这些条件下法院应该支持违约方提出的解除请求:

(一)合同债务为非金钱债务

设立违约方合同解除权制度的初衷是为了让违约方在履行出现障碍的时候能够及时"逃离"合同关系,而当合同债务为金钱债务时,不可能出现履行不能的情况。对于金钱债务,如果赋予违约方合同解除权则会破坏合同的稳定性。因此,只有在非金钱债务中,违约方才可享有合同解除权。

(二)合同标的物可替代

当合同标的物不具有可替代性,即为特定物时,违约方不履行合同,将导致守约方无法从市场上其他渠道获得该特定物(守约方是接受履行的一方时),或者守约方无法再在市场上为该特定物找到其他的接受方(守约方是履行的一方时),两者都会对守约方的预期造成极大的破坏,使合同的目的落空。[①] 因而,当合同标的物是特定物时,不应赋予违约方合同解除权。相反,当合同标的物可替代时,即使违约方违约不履行合同,守约方依然可以从市场上其他渠道获得该标的物(守约方是接受履行的一方时),或者找到其他的接受方(守约方是履行的一方时),守约方仍然可以实现合同目的。因此,只有当合同标的物可替代时,违约方才可享有合同解除权。

(三)违约有合法原因

违约方提出解除合同有各种各样的原因,有的是为了获取额外利益,有的是因为合同标的物履行不能,有的是因为继续履行将遭受重大损失。并非所有原因下违约方都可以解除合同,否则违约方合同解除权就成了合同任意解除权,对

---

① 杨静:《论违约方的合同解除权》,华东政法大学2012年硕士学位论文。

于合同秩序将是极大的损害。只有在法律确认的几种原因下,违约方才能享有合同解除权。

一是合同标的物在法律上或事实上不能履行。法律上不能履行,是指基于法律规定而履行不能,比如出卖禁止流通物;事实上不能履行,是指由自然法则所决定的不能①,比如合同标的物灭失。从原因上来划分,如果不能履行不是因为当事人的过错造成的,比如不可抗力,则合同双方都有解除权,此时违约方行使合同解除权不需要承担违约责任或是赔偿损失。如果不能履行是因为一方当事人的过错,比如一物二卖,第三人已经基于善意取得获得该标的物所有权导致无法履行,违约方则要承担相应的责任。

二是履行费用过高。当违约方履行合同的成本大于双方履行合同带来的收益时,属于履行费用过高。此时如果违约方继续履行,将会带来更大的损失,不仅对违约方不公平,而且会造成社会资源的浪费。在这种情况下,应当允许违约方为减少损失解除合同。比如在上述新宇公司诉冯某某商铺买卖合同纠纷案中,违约方新宇公司主张解除合同的原因就是履行费用过高。被告冯某某所购商铺(一直未办理过户手续)属于原告公司在一个广场开发的150余家商铺的其中一间,现原告公司要对该广场进行重新设计和布局,其他商铺均已收回。如果让新宇公司继续履行合同,则新宇公司必须以其6万余平方米的建筑面积来为冯某某的22.50平方米商铺提供服务,支付的履行费用过高。② 因此法院判决解除商铺买卖合同,由违约方赔偿损失。

三是债权人在合理期限内未要求履行。当债务人的违约行为发生后较长一段时间内,债权人都一直未要求债务人履行,此时债务人一直处于责任承担方式不明确的状态下,之后再来要求债务人履行,对于债务人来说是不公平的。在这种情况下,赋予违约方合同解除权,有利于明确其责任承担方式,稳定市场交易秩序。对于"合理期限"的界定,多长时间才属于"合理期限内",在审判实践中,需要人民法院根据债务性质、内容等案件具体情况进行综合考量。

(四)违约方违约是为了减少损失

美国梅尔文艾森比教授最早将效率违约分为转售型、减损型与缓和型。转

---

① 胡昌明:《请求违约方继续履行合同应具备法律和事实上的条件》,载《人民司法》2013年第6期。

② 江必新、何东林等:《最高人民法院指导性案例裁判规则理解与适用(合同卷一)》,中国法制出版社2012年版,第396页。

售型比较典型的例子是一物二卖,买方、卖方就出卖某物签订合同,合同履行前,卖方将该物出卖给了出价更高的第三方,因而构成了对买方的违约。可以看出,这种违约是为了追求更大的利益。波斯纳认为转售型违约是有效率的,因为如果卖方拒绝将该物以更高价卖给第三方,第三方为了获取该物也会与买方或者其他市场主体交易,增加了交易步骤和交易成本。相反,如果卖方违约将该物出卖给第三方,对买方作出赔偿,卖方获得了更高的利润,第三方获得了该物,买方得到了赔偿,交易成本反而得到了控制。但是,波斯纳考虑的仅仅是理想状态的交易。现实中,如果卖方违约,那么买方同样要付出交易成本去与其他市场主体谈判交易,而且在大多数情况下,对非违约方的预期利益损失进行赔偿是很困难的,很难使非违约方达到如同其履约的理想状态一样。[①] 最为重要的是,这样一种为了追求更大利润的违约破坏了合同另一方当事人的预期,破坏了交易秩序,这种无形"成本"是不可估量的。因此,笔者认为出于追求更大利润的转售型违约,不应赋予违约方合同解除权。

减损型违约最典型的例子是卖方在合同签订后履行前,制造该标的物的原材料价格大幅上涨,如果继续履行将导致卖方制造该物的成本大于买方的出价,此时卖方违约不履行合同,转而赔偿买方损失。[②]

缓和型违约最典型的例子是买方在合同签订后履行前,因为其下游市场出现疲软,如果继续履行将导致买方产品堆积无法出售,此时买方提出违约,转而赔偿卖方损失。

可以看出,减损型违约与缓和型违约的直接动因都是为了减少损失,符合经济理性和效率的要求,不仅可以减少违约方的损失,非违约方也可以得到赔偿。因此,在这两种情形下可以赋予违约方合同解除权。笔者认为,当违约是为了追求更大利润,即转售型违约,不应赋予违约方合同解除权;当违约是为了减少损失,即在减损型与缓和型违约中,可以赋予违约方合同解除权。

---

① 王梓:《效率违约制度研究》,四川省社会科学院研究生院 2011 年硕士学位论文。

② 徐得红:《论效率违约》,黑龙江大学 2006 年硕士学位论文。

顺风车平台侵权责任裁判标准的审思与构建

——以《民法典》侵权责任编为视域的实证分析

何　娇*

摘要:我国尚无法律法规或司法解释对顺风车平台的法律地位及侵权责任承担问题作出明确规定,以致司法实践中不同法院的裁判结果大相径庭。平台与车主、乘客之间并非简单的居间合同关系,其作为网络信息服务提供者,借助大众信任,通过一系列复杂算法开启机动车这一风险源并享有运行利益,故而对车主、乘客及车外第三人的安全负有注意义务。若运用法经济学分析方法汉德公式 B<P×L 能认定平台存在未尽注意义务的过失,则可直接适用《民法典》第 1165 条,无须扩大解释《民法典》第 1198 条第 1 款的适用范围。通常情形下,平台未尽注意义务时应在车主及乘客责任范围内承担补充赔偿责任,并对车主及乘客享有追偿权。

关键词:顺风车平台;注意义务;过错;补充责任

一、问题的提出

案例一:徐某通过嘀嗒出行软件客户端发布合乘信息,兑某接受了合乘请求。在行驶过程中兑某驾驶车辆与路边隔离带相撞,导致车辆失控翻车,致使兑某车辆受损、徐某受伤。交警部门认定,兑某负事故的全部责任。徐某将兑某及嘀嗒软件运行公司(畅行公司)诉至法院。一审法院认为兑某驾驶的车辆车牌号为外地牌照,不符合《国务院办公厅关于深化改革推进出租汽车行业健康发展的指导意见》关于提供顺风车服务的车辆资格,但自 2017 年 12 月兑某通过嘀嗒平台注册后,累计接单 52 单,畅行公司作为"嘀嗒出行"软件的开发方在兑某注册

* 作者系北京市通州区人民法院马驹桥法庭法官助理,法学硕士。

时并未严格予以审核,此后亦未采取清理或关停账号等措施,存在明显过错,故判决兑某与畅行公司各承担50%的赔偿责任。一审判决后,被告兑某及畅行公司不服,提起上诉,二审法院维持一审判决。①

案例二:林某通过滴滴出行平台,网约熊某的顺风车,行驶过程中熊某驾驶的车辆与刘某驾驶的重型半挂牵引车发生追尾,造成两车不同程度受损以及熊某和林某受伤。经交警部门认定刘某负次要责任,熊某负主要责任。林某将熊某、刘某、北京运达公司(滴滴顺风车运行平台)等诉至法院,一审法院认为林某与熊某、滴滴出行公司、北京运达公司成立了客运合同关系,熊某、滴滴出行公司、北京运达公司有将乘客林某安全送达的义务,故判决作为熊某一方承担林某的损失,由熊某、滴滴出行公司、运达公司承担连带赔偿责任,上述熊某、滴滴出行公司、北京运达公司之间的责任大小,以熊某承担60%、滴滴出行公司与北京运达公司承担40%为宜。后,北京运达公司、滴滴出行公司不服,提起上诉,二审法院改判滴滴出行公司不承担赔偿责任,但一审法院就北京运达公司责任判决并无不当。②

不难发现,两则案例相同之处在于均系乘客乘坐顺风车受伤,顺风车平台均承担赔偿责任。但案例一中平台承担按份赔偿责任是基于平台存在审核不严的过错,而案例二中平台在并不存在过错的情形下仍然与驾驶人承担连带赔偿责任。两案的判决结果的差异,叩源推委是由于各地法院对顺风车平台法律地位及侵权责任承担问题的裁判标准认识不统一。因此,本文以当前顺风车平台侵权案件的司法裁判路径现状为出发点,分析总结此类案件的裁判要旨,并在此基础上探讨顺风车平台侵权责任的法律适用及裁判标准。

二、见微知著:平台侵权责任裁判现状及发展历程

(一)差别裁判:基于60份民事判决书的实证分析

1.宏观视角下的数据综述

笔者在无讼案例网以顺风车、软件、侵权责任、民事为关键词检索出101份民事裁判文书,最后一份判决书的裁判时间为2020年2月25日。剔除与本文无关的判决书(共19份)、被二审改判的判决书(共3份)、未起诉顺风车平台的判决书(共17份)、平台就驾驶员方应承担的责任与驾驶员及合乘人达成调解协

① 北京市第三中级人民法院民事判决书,(2019)京03民终13320号。

② 湖南省益阳市中级人民法院民事判决书,(2019)湘09民终1015号。

议的判决书(共 2 份),最终剩下 60 份民事判决书可作为本文的实证分析样本。不可否认的是实务中必然存在顺风车平台侵权纠纷案件以调解、撤诉结案的,加之我国各级法院结案时公开的文书与中国裁判文书网正式公开存在一定的时间差,且受限于检索关键词的设置,笔者无法穷尽各级法院审结的全部顺风车平台侵权案件。但是,笔者以梳理过后的 60 份民事判决书为基础分析总结各级法院顺风车平台侵权责任裁判要旨,依然具有现实意义和实践基础。

按照案件的立案年份分类,2016 年、2017 年、2018 年、2019 年分别有 3 件、20 件、20 件、17 件,如图 1(a)所示。案件增长的态势与顺风车的发展态势一致,2020 年因受疫情影响涉及顺风车平台侵权案件数量有所下降。按照审理法院层级分类,中级人民法院审结的案件为 13 件,基层人民法院审结的案件为 47 件,如图 1(b)所示。

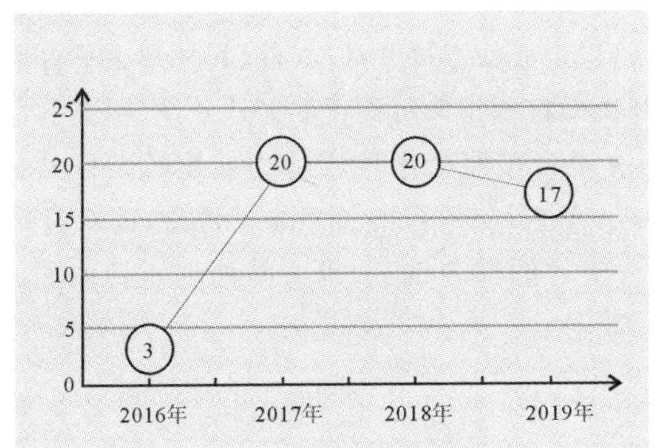

(a)历年顺风车案件数量

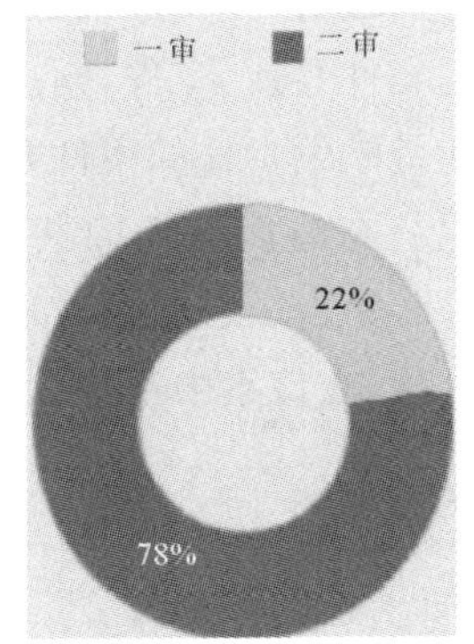

(b)文书分布

图 1　历年案件数量及文书分布

按照案由分类,机动车交通事故责任纠纷案件共 56 件,生命权、健康权、身体权纠纷案件共 2 件,网络侵权责任纠纷共 1 件,合同纠纷案件 1 件(立案案由系合同纠纷,但判决平台承担侵权责任)。按照受害人身份分类,顺风车乘客或者其近亲属起诉案件共 50 件,顺风车驾驶人(车主)起诉案件共 3 件,车外第三人或其近亲属起诉案件共 7 件,如图 2(a)所示。按照顺风车平台分类,涉及滴滴出行 App 运营公司的案件共 55 件,涉及嘀嗒 App 运营公司的案件共 5 件,如图 2(b)所示。

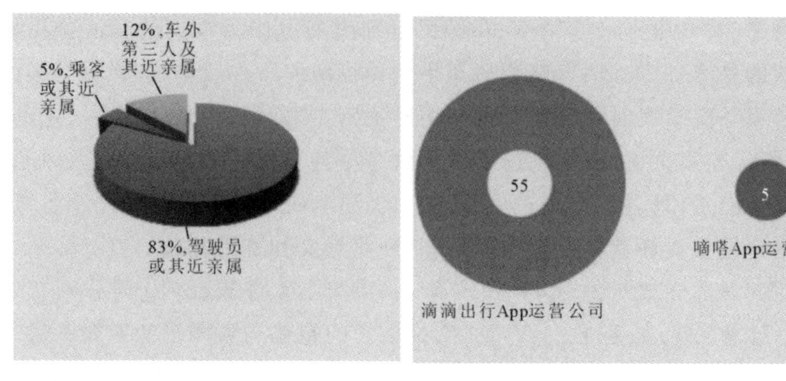

(a)受害人身份分布　　(b)顺风车案件相关运营平台分布

图 2　案件受害人身份分布及相关运营平台分布

通过对 60 份民事判决书进行梳理发现,判决顺风车平台无须承担赔偿责任的案件共计 41 件,判决平台承担赔偿责任的案件共计 19 件(其中判决平台承担连带赔偿责任的案件共计 7 件,判决平台承担按份责任的共计 9 件,判决平台承担补充清偿责任的共计 2 件,判决平台按照公平原则适当补偿的案件共计 1 件),另有 1 起案件对顺风车驾驶人(车主)与平台的关系未予评价,由双方另行处理(在该案中平台为救治合乘人垫付的部分钱款,未一并处理),具体如图 3 所示。

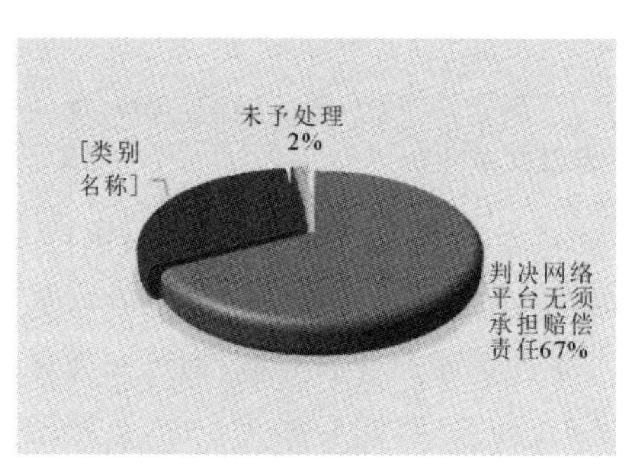

判决其承担连带赔偿责任 7
判决其承担按份责任 9
判决其承担补充清偿责任 2
判决其按公平原则适当补偿 1
0 2 4 6 8 10

(a)顺风车案件是否判决平台责任比例　　(b)判定平台担责方式

图 3　顺风车案件是否判决平台担责分布及平台担责方式

2.微观视角下的裁判要旨

如前文所述,目前各级法院对顺风车平台侵权案件裁判尺度不一,裁判结果“两极分化”,究其背后原因在于裁判者对顺风车平台的法律地位认识不同。因而,本部分将选取不同裁判结果对应的代表性案例裁判要旨进行论述,分析总结裁判者对顺风车平台法律性质及侵权责任承担问题的认识差异(如表1所示)。

表1 顺风车平台侵权责任案件典型案例裁判要旨

案件事实	案例名称	裁判要旨	选取特征
判决顺风车平台无须承担侵权责任			
驾驶人接到顺风单后,运送合乘人途中发生交通事故,经交警部门认定驾驶人主责或全责,合乘人无责	李某与王某等机动车交通事故责任纠纷	小桔公司与合乘者之间并非承运关系,在此次事故中没有侵权行为,不存在过错	事故发生前取消订单,平台不属于承运人
	莫某等与杨某等机动车交通事故责任纠纷	运达公司与乘客及顺风车车主形成居间合同关系,并非承运人,在本次事故中无侵权行为,亦无过错	三者之间系居间合同关系
判决顺风车平台承担侵权责任			
同上	1.孙某与小桔公司等机动车交通事故责任纠纷案	小桔公司获取运行利益,应当在获利范围内对合乘人的合理损失承担10%的赔偿责任	平台无过错,但承担按份责任
	2.石某与运达公司等机动车交通事故责任纠纷案	1.运达公司在收取服务费时,未能将专职顺风车驾驶人与其他普通合乘提供者进行区分; 2.未能提示顺风车车主运营顺风车营利将导致的商业险拒赔风险,对此亦存在过错	平台存在过错故而与驾驶人承担连带赔偿责任
	3.李某与畅行公司等生命权、健康权、身体权纠纷	1.平台一定程度上对车辆具有监督管理之责,收取费用具有营利性质; 2.平台就顺风车业务投保公共责任险,应视为对其承担乘车过程中发生的损害有充分预期并通过投保保险以控制该风险,乘客基于对保险的安全保障信赖而选择平台	平台无过错却承担补充赔偿责任

续表

案件事实	案例名称	裁判要旨	选取特征
刘某分别在滴滴优步顺风车驾驶人、滴滴出行、易到车主端软件注册,事发当天7时开始接单,20时完成最后一单,翌日3时突发疾病身亡	4.刘某成等与北京东方车云信息技术有限公司等网络侵权责任纠纷案	1.刘某死因与其网约车接单量之间因果关系的理据不足,且接单量来自其在多个平台接单量的累加;2.尽管没有明确的法律规定,但在实际生活中,面对长时间工作的网约车顺风车驾驶人,网约车平台在获取派单提成的同时,对其进行必要的提醒亦属于合理的范围	顺风车平台无过错,但从社会公平正义的角度出发判决平台给付死者适当经济补偿

注:①河北省承德县人民法院民事判决书,(2017)冀0821民初2219号。
②上海市静安区人民法院民事判决书,(2018)沪0106民初17242号。
③长春市经济技术开发区人民法院民事判决书,(2018)吉0191民初199号。
④北京市通州区人民法院民事判决书,(2018)京0102民初31227号。
⑤天津市河东区人民法院民事判决,(2018)津0102民初114号书。
⑥湖南省长沙市岳麓区人民法院民事判决书,(2016)湘0104民初9071号。

(1)判决平台无责任

由表1可知,在法院判决顺风车平台无须承担赔偿责任的侵权案件中,案件事实、裁判要点及争议焦点基本一致。根据上述裁判理由大致可以归纳出当前法院裁判者在判决平台运营公司无须承担赔偿责任的论证思路:首先,顺风车不属于《网络预约出租汽车经营服务管理暂行办法》①(以下简称《暂行办法》)规定的网约车范畴;其次,平台经营公司只负责发布信息而不主动对车主进行派单,仅向合乘提供者收取5%～10%的信息服务费,平台提供的系居间服务;最后,平台并非承运人,无侵权行为,对损害的发生亦无过错,故平台无须承担赔偿责任。

(2)判决平台承担赔偿责任

由表1可知,在法院判决顺风车平台承担赔偿责任的侵权案件中,除一起系受害者突发疾病死亡,案件事实基本一致,不再赘述。相比较顺风车平台无须承担赔偿责任案件,裁判者判决平台承担赔偿责任的裁判要旨大相径庭。

① 《网络预约出租汽车经营服务管理暂行办法》第38条规定:"私人小客车合乘,也称为拼车、顺风车,按城市人民政府有关规定执行。"

判决平台承担连带责任的理由如下:一是享有运行利益;二是与合乘者之间成立客运合同关系;三是存在过错行为(如未能将专职顺风车驾驶人与其他普通合乘提供者进行区分,未能提示驾驶人运营顺风车营利将导致的商业险拒赔风险)。

判决平台承担按份责任的理由如下:一是获取运行利益;二是已超越普通居间人的服务范围,作为一个大众信赖、具有使用度较高的服务平台,就其社会功能来说,应当承担一定的社会责任和社会义务;三是作为合乘出行的组织者,应当承担一定程度的安全保障义务,平台在发生损害时的处置措施并不妥当(仅作出了"订单挂起、车主封号"的处理,甚至拒绝提供车主相关信息,亦未采取其他及时、必要的补救措施);四是存在过错行为(合乘车辆并非驾驶员本人所有或并非本市号牌车辆,订单显示的合乘车辆及驾驶员信息与实际不符,驾驶员驾龄未满 3 年,合乘车辆未投保交强险)。

判决平台承担补充赔偿责任的理由如下:一是平台的主要义务为审核驾驶员的驾驶资格、所提供车辆的安全合格性,一定程度上对车辆具有监督管理之责;二是发布信息时收取一定的费用,具有营利性质;三是合乘者及驾驶员基于信赖平台投保的"公众责任险保单"的安全保障选择平台,说明平台对其承担乘车过程中发生的损害有充分预期并通过投保保险以控制该风险。笔者将上述承担赔偿责任的裁判理由总结如下,详见图 4(a)。经统计发现,平台承担赔偿责任是基于具备过错行为的案件共 7 件,无过错但依然承担赔偿责任的案件共 12 件,详见图 4(b)。

(二)现状审思:顺风车平台的发展现状及安全保障机制

1.顺风车平台发展历程

顺风车作为共享经济的典型代表,是"创新、协调、绿色、开放、共享"新发展理念在出行领域的具体实践。[①] 据交通运输部科学研究院共享出行首席专家尹志芳介绍,私人小汽车合乘发展到今天,前后有 40 家企业进入市场,注册的车辆

① 2019 年 9 月 21 日顺风车行业标准联席共研会发布的《西湖共识》,每日经济网,http://cn.dailyeconomic.com/roll/2019/09/24/80708.html,最后访问日期:2020 年 4 月 12 日。

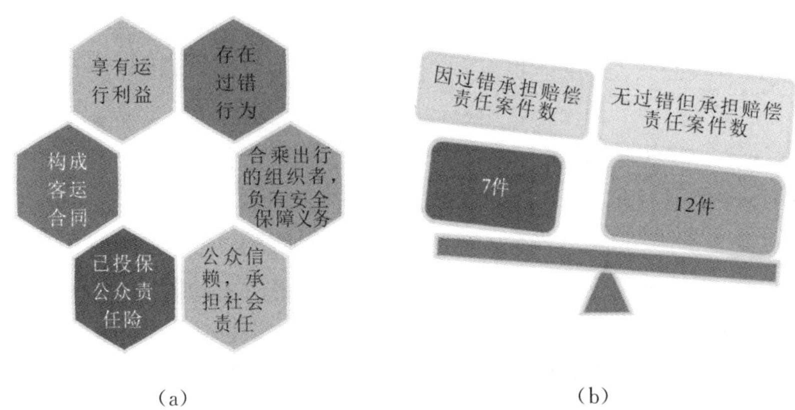

(a) (b)

图 4　平台承担赔偿责任裁判理由及承担赔偿责任是否具备过错案件数量分布

大概是 1500 万辆，汇集了 400 个城市，注册的乘客总数约 5 亿，年出行人次为 35 亿。① 受新冠肺炎疫情影响，公众的出行卫生意识明显提升，“健康出行”将会形成一个明确的需求市场，这将加大社会大众对网约顺风车的需求。

以两大顺风车头部企业为例，2015 年 6 月 1 日滴滴顺风车上线，上线一年后，滴滴顺风车共运送 2 亿人次出行，总行驶里程达到 29.96 亿公里，使用乘客突破 3000 万人，覆盖城市达到 343 个。② 2018 年，两起顺风车驾驶员恶性杀人事件给快速发展的顺风车按下了暂停键，滴滴顺风车于 2018 年 8 月 27 日起在全国下线，停摆整顿一年多后，滴滴顺风车于 2019 年 11 月 20 日正式回归。嘀嗒顺风车于 2014 年开始上线，截至 2019 年 9 月 1 日，嘀嗒出行的顺风车用户互助形式里程达到 230 亿公里。③ 除滴滴顺风车和嘀嗒顺风车外，还有曹操出行、哈罗顺风车、高德顺风车、拼客顺风车、一喂顺风车、阿尔法顺风车等，众多企业

① 浙江《助推共建共享共治新局面顺风车行业标准联席共研会召开》，中新网，http://www.zj.chinanews.com/jzkzj/2019-09-21/detail-ifzpehen1608010.shtml，最后访问日期：2020 年 4 月 12 日。

② 网经社电子商务研究中心发布的《2019 年度中国交通出行消费投诉数据与典型案例报告》。

③ 《嘀嗒出行 5 周年用户突破 1.3 亿推动顺风车出租车行业进步在路上》，微信公众号“封面新闻”，https://baijiahao.baidu.com/s? id=1643473721873774977&wfr=spider&for=pc，最后访问日期：2020 年 4 月 12 日。

纷纷布局顺风车市场。

2.顺风车平台安全保障机制

以滴滴平台顺风车安全保障机制为例,滴滴出行官网滴滴安全部分载明,行程前严格顺风车驾驶人、车辆准入标准,行程中严密守护安全,行程后重视精准教育。滴滴顺风车安全保障工具驾乘人员意外险载明,赠送私人小客车合乘出行保险保障,承保公司系中国人民财产保险股份有限公司杭州市分公司,被保险人系私人小客车合乘订单车主、乘客及订单内随行乘客,保额最高为120万元。经对60个案例进行分析发现涉及平台投保保险理赔的案件共2起,均系嘀嗒顺风车为驾乘人员投保的公众责任险(被保险人为车主及乘客,同城顺风车每一行程最高赔付20万元,每人最高赔付10万元,城际顺风车每一行程最高赔付300万元,每人最高赔付60万元)。

三、破解之道:厘清平台法律地位及法律适用

(一)国内关于平台法律地位的理论学说

1.居间人说

关于顺风车平台的法律地位,目前主要有居间人说、特殊承运人说和安全保障责任人说。居间人说,是顺风车平台在诉讼中最常用的抗辩理由,经统计发现60个案例中有23起案件裁判者认定平台系提供居间服务。该观点认为其符合居间合同的三个特点,即有偿性、诺成性、报酬请求权不确定性。但笔者认为,平台提供的合乘信息匹配服务已超越《民法典》中中介合同一章规定的中介服务,中介人无权选择委托人,且只要促成合同成立即可获得报酬;但顺风车车主及乘客须遵守平台制定的合乘规则,平台有权不予通过违规车主及乘客的注册或对已注册车主及乘客的违规行为进行惩处;且平台须在顺风车行程完成后才能获取报酬。

2.特殊承运人说

《暂行办法》第16条规定网约车平台需要承担承运人责任,支持该说的学者会将网约车的概念作扩大解释,即网约顺风车模式也当然属于网约车模式的种类之一,进而得出顺风车模式下平台对乘客也需承担承运人责任。《暂行办法》第38条已经明确规定私人小客车合乘,按城市人民政府的有关规定执行,故顺风车显然不属于《暂行办法》规范的网约车范畴。顺风车的本质特征是真顺路(车主有自我出行需求和预设线路)和低定价(通过合乘分摊出行成本),车主与

乘客之间并非运输合同关系,故平台不是特殊承运人。

3.安全保障责任人说

安全保障责任人说由张新宝教授提出,其认为顺风车平台出于营利目的从事了复杂的组织行为,促成了“搭乘顺风车”这一群众性活动的广泛开展,平台的组织行为开启了危险源,其应当负有控制该危险的法律义务,承担组织者安全保障义务并不会对平台经营产生过重的负担。[①] 张新宝教授运用旧瓶装新酒的理论将有形物理空间的安全保障义务扩张到无形网络空间,笔者认为安全保障人说仅能适用于顺风车乘客遭受损害的情形。一方面,根据安全保障义务的法理,安全保障义务人仅保护其管控范围内的主体,而车外第三人不属于其管控范围,但司法实践中顺风车驾驶人负事故全部责任的情形不在少数,该说无法保障车外第三人的合法权益;另一方面根据安全保障责任人说,对于顺风车驾驶人因自身侵权行为遭受损害而向平台索赔的,如若平台存在过错则应当对顺风车驾驶人承担赔偿责任,但根据侵权人不能因自己的侵权行为获益的法理,在该情形下平台不应当对顺风车驾驶人承担安全保障义务。

另外,合乘行为仅涉及车主及乘客,且每个合乘订单都是独立完成的,并未在同一时间点汇集成群众性活动。笔者认为将平台匹配信息达成车主及乘客合乘的行为解释为群众性活动,过于牵强,在适用过错责任原则能够归责的情况下,不必扩大解释《民法典》第 1198 条的适用范围。

(二)角色定位:平台、乘客及车主之间的法律关系

1.乘客、车主之间的法律关系

2019 年 7 月 24 日,“顺风车行业标准课题研究集思会”[②]的首期议题为“既然乘客付费,那么顺风车车主和乘客,是平等互助的合乘关系,还是客运范畴的服务与被服务关系?”。参与投票的人次为 30 万,其中有 86%的用户认为双方属于“平等互助的合乘关系”,14%的用户认为双方属于“道路客运范畴服务与被服务关系”。德国学者梅迪库斯认为,“法律行为中存在私人的、旨在引起某种法

① 张新宝:《顺风车平台的安全保障义务与侵权责任》,载《网络信息法学研究》2018 年第 2 期。

② 受有关部门委托,中国交通报、中国交通运输协会共享出行分会、城市智行研究院等科研机构、行业协会,联合嘀嗒出行开展顺风车行业标准课题研究,推出“顺风车行业标准课题研究集思会”,围绕“平台、车主、乘客三方关系与责任边界”“平台运营规范标准”“平台安全保障措施”等方面进行相关的议题讨论。

律效果的意思表示"①,顺风车车主及乘客通过平台达成合乘,系为了分摊出行成本,并无因此行为产生债法上约束的意思。从《暂行办法》第38条、《指导意见》第10条、《顺风车信息平台用户协议》②亦可知,顺风车业务具有公益和社交属性,车主并不以营利为目的。乘客支付的车费系对车主油费及车辆损耗的象征性分担,乘客享受的合乘服务与支付的费用明显未构成对价,故而顺风车乘客与车主之间并非以获取报酬为目的的客运合同关系。网约顺风车不同于传统意义上的顺风车,网约顺风车是通过互联网技术将发生在熟人之间的传统意义顺风车扩大至陌生人之间,故笔者认为,顺风车乘客与车主之间的这种合乘关系亦不属于情谊行为,应系平等互助民事行为。

2.平台与车主及乘客的法律关系

2019年9月21日,中国交通报社、中国公路学会、城市智行研究院与嘀嗒出行联合召开"顺风车行业标准联席共研会"。关于平台、乘客、车主之间的关系,该研讨会认为,顺风车平台提供的是居间服务,顺风车平台与车主、乘客之间形成的是居间服务合同关系,须对乘客和车主承担安全保障义务。③ 笔者前文已论述平台并非居间人或安全保障人,滴滴及嘀嗒顺风车在用户协议中均称其系私人小客车车主及乘客开展合乘的信息服务平台;笔者认为顺风车平台作为合乘信息服务平台,依托互联网信息技术,为车主及乘客提供信息发布、信息匹配、信息撮合、订单查询、订单评价及相关配套服务,车主及乘客在平台注册并使用平台达成合乘,应视为平台分别与车主及乘客达成媒介服务合同关系,各方的权利义务以用户协议的约定为准。

(三)化繁为简:《民法典》侵权责任编视域下的法律适用

1.尚无法律法规就平台侵权责任作出规定

在国外,顺风车被视为一种环保的出行方式已实施多年,多国政府通过立法

---

① [德]迪特尔·梅迪库斯:《德国民法总论》,邵建东译,法律出版社2000年版,第75页。

② 《嘀嗒顺风车合乘公约2.0》载明顺风车的性质属于合乘各方自愿的社会互助行为,不属于道路运输经营行为,平台注册车主与乘客是平等的民事法律关系主体,而非卖方与买方、服务与被服务的关系。

③ 陈维城:《顺风车平台与乘客、车主是什么关系》,微信公众号"新京报",https://baijiahao.baidu.com/s? id=1645279740845926875&wfr=spider&for=pc,最后访问日期:2020年4月12日。

等方式加强监管。以新加坡为例,2015年2月该国议会通过了《道路交通法(合乘例外)》的修正法案,将符合规定的私人小汽车合乘从非法营运中豁免,并对合乘进行了详细定义,防止私人车辆以"合乘"之名行"非法营运"之实,主要界定标准包括:(1)合乘的发生是车主的顺路行为;(2)车主不得在道路上、停车场或公共站点主动邀约乘客;(3)费用(包括现金或其他对价形式)不得超过因合乘产生的成本(收费必须显著低于出租车收费);(4)每位车主每日不得超过2次合乘。该标准直接影响了新加坡顺风车平台 Grab hitch[①] 招募顺风车车主的条件制定。Grab hitch 于2015年上线,宣称成为顺风车驾驶人需具备三个条件:①年满18岁;②拥有驾照且驾驶经验需超过1年;③必须是私家车且有保险。[②] 但 Grab hitch 官网上明确表示,合乘费用系普通出租车价格的一半,根据陆交局规定,每位顺风车车主每日不得超过2次合乘。

但我国并无法律、行政法规及司法解释对私人小客车合乘的定义、性质、规范及侵权责任等问题作出直接、明确的规定。《指导意见》仅对顺风车的定义及发展作出战略规划及原则性规定。《暂行办法》第38条规定顺风车"按城市人民政府有关规定执行",该条作为附则部分,属于指引性规定。目前,北京、上海、广州、杭州等89个城市出台了私人小客车合乘出行指导意见、实施细则、暂行办法。[③] 各大城市发布的规范性文件虽明确规定了私人小客车合乘的定义、性质及规范,但均未对因合乘行为引发的侵权责任承担问题作出规定。各大城市发布的规范性文件效力位阶较低,我国目前亟须加强顺风车领域的相关立法。

2.平台侵权案件不宜适用《电子商务法》第38条

部分学者认为顺风车平台属于电子商务平台经营者,应当适用《电子商务法》第38条的规定,由平台承担连带赔偿责任或者基于安全保障义务承担相应的责任;并认为2019年8月30日通过的《电子商务法》第38条系因2019年8月24日乐清女孩乘坐顺风车遇害事件而设立。中国电子商务协会政策法律委员会副主任阿拉木斯称,"立法过程中并未过多考虑网约车等新业态,立法最初

① 新加坡等东南亚国家最为常用的顺风车平台,一家是在东南亚地区提供共享出行服务的技术公司和交通网络公司,总部位于新加坡。

② Grab 官网,https://www.grab.com,最后访问日期:2020年4月18日。

③ 王旭升:《顺风车保险拒赔案件裁判标准的审思与构建——以无讼网53份判决为基础的实证分析》,载《法律适用》2019年第14期。

设想规定的就是一般的商品交易”。

笔者认为适用《电子商务法》第 38 条第 1 款[①]的前提是顺风车车主属于平台内经营者,但根据《指导意见》及各市人民政府出台的关于私人小客车合乘的规范性文件可知,车主提供合乘并非经营行为,而系车主与乘客自愿实施的民事互助行为,故第 38 条第 1 款并不能适用于顺风车侵权案件;适用第 38 条第 2 款[②]前半段的前提仍是车主属于平台内经营者,后半段应与前半段相对应,在前半段中提供合乘行为的车主不能视为平台内经营者,同理乘客亦不能构成后半段规定的消费者,故第 2 款亦不能适用于平台侵权案件。

3.平台侵权责任应当直接适用《民法典》第 1165 条

《民法典》第 1194 条[③]系针对网络服务提供者利用网络侵权的情形,而适用该条的前提系平台利用网络实施侵权行为,侵权行为的手段及载体均应系通过网络,而顺风车侵权案件的直接侵权行为人一般是车主、乘客或车外第三人,侵权行为均发生在实际物理空间内,而非以网络为手段和载体,故平台侵权案件不能适用第 1194 条。

《民法典》第 1198 条[④]规定了经营场所、公共场所经营者、管理者及群众性活动组织者的安全保障义务,平台并非实体经营场所或公共场所的经营者或管理者,如前所述平台亦非群众性活动的组织者,故平台侵权案件亦不能适用第 1198 条。对于平台侵权案件,若平台存在过错行为,可直接适用《民法

---

① 《电子商务法》第 38 条第 1 款规定:“电子商务平台经营者知道或者应当知道平台内经营者销售的商品或者提供的服务不符合保障人身、财产安全的要求,或者有其他侵害消费者合法权益行为,未采取必要措施的,依法与该平台内经营者承担连带责任。”

② 《电子商务法》第 38 条第 2 款规定:“对关系消费者生命健康的商品或者服务,电子商务平台经营者对平台内经营者的资质资格未尽到审核义务,或者对消费者未尽到安全保障义务,造成消费者损害的,依法承担相应的责任。”

③ 《民法典》第 1194 条规定:“网络用户、网络服务提供者利用网络侵害他人民事权益的,应当承担侵权责任。”

④ 《民法典》第 1198 条规定:“宾馆、商场、银行、车站、机场、体育场馆、娱乐场所等经营场所、公共场所的经营者、管理者或者群众性活动的组织者,未尽到安全保障义务,造成他人损害的,应当承担侵权责任。因第三人的行为造成他人损害的,由第三人承担侵权责任;经营者、管理者或者组织者未尽到安全保障义务的,承担相应的补充责任。经营者、管理者或者组织者承担补充责任后,可以向第三人追偿。”

典》第七编"侵权责任"第一章"一般规定"中的第1165条[①],无须扩大第1198条的适用范围。

四、标准构建:平台侵权责任裁判标准

(一)法经济学视角下平台注意义务的来源及判断标准

1.理论依据:风险开启理论、报偿理论

根据侵权法的一般理论,危险是注意义务产生的根源,危险的制造者或管控者应承担损害预见义务和损害防止义务。[②] 平台虽未直接支配机动车,但基于风险开启理论及报偿理论仍须承担注意义务。一方面,机动车作为快速交通工具,对其他参与交通的主体具有高度的危险性,顺风车车主经平台审核注册成功后,即可发布合乘信息,平台在提供顺风车信息共享、促成合乘服务的同时不可避免地开启机动车这一"危险源",且有权对违规车主、乘客账号采取封号等管控措施,对危险源具有一定的控制力。另一方面,平台享有顺风车运行利益,如嘀嗒顺风车每单收取1～2元的信息服务费,滴滴顺风车每单收取5%～10%的合乘费用作为信息服务费。尽管每单平台获取的运行利益较低,但正是1500万顺风车车主及5亿乘客的选择堆砌起来资本市场对嘀嗒及滴滴等互联网企业的估值认同,从长远来看,平台运营公司从顺风车业务中获益巨大。[③]

2.义务内涵:现行规范性文件及善良管理人标准

平台注意义务的内容主要来源于以下两个方面:一是各级人民政府发布的私人小客车合乘规范性文件,这类规范性文件均对合乘车辆、驾驶人、合乘行为规范、平台行为规范作出了具体规定。平台应当按照规范性文件要求履行不同阶段的注意义务,如在车主注册时审查车辆的适驾性和驾驶人员的适格性;在行程开始前审查人车线上线下的一致性;在行程中提供科学的导航服务、建立紧急情形快速响应机制(包括但不限于App内一键报警按钮);在行程结束后,及时妥善处置乘客及车主的投诉,并对违规乘客或车主账号进行停止合乘服务等惩

① 《民法典》第1165条规定:"行为人因过错侵害他人民事权益造成损害的,应当承担侵权责任。"

② 屈茂辉:《论民法上的注意义务》,载《北方法学》2007年第1期。

③ 北京市通州区人民法院民事判决书,(2018)京0112民初11689号。

处措施。二是尽到善良管理人的注意义务标准,顺风车业务具有公益性,数以亿计的乘客基于信任选择平台,这意味着平台须承担相应的社会责任,当发生现有规范性文件未作出具体规定情形时,平台应当在现有技术条件下尽到一个善良管理人应该且能够尽到的注意义务。

3.判断方法:若根据汉德公式 B<P×L 则认定平台存在未尽注意义务的过失

法经济分析学派常常使用"汉德公式"(The Learned Hand Formula)判断侵权行为人是否存在未尽注意义务的过失。汉德公式由 Learned Hand 法官在 1947 年审理美利坚合众国诉卡罗尔·托英拖轮公司一案时提出的代数方程式 B=P×L,即潜在侵权方采取预防措施的标准取决于三个变量之间的关系。B 是指降低预期损害的预防措施成本,P 是指发生事故的概率,L 是指事故发生造成的损害程度。若 P×L>B,意味着侵权方预防损失的成本要低于给他人造成的损失,则侵权方应当预防事故的发生,此时社会的净财富或福利就得以最大化,如侵权方未采取措施则应认定其存在过失,并应承担侵权责任[①];若 P×L<或=B,则意味着当事人自身采取措施避免事故发生才是社会成本最优化的选择,此时则潜在侵权方无须承担侵权责任。

该公式亦可用于判断平台是否存在未尽注意义务的过失,若平台运用技术手段履行注意义务的成本显然低于事故发生概率与事故损害后果之积,则可以认定平台存在未尽注意义务的过失,应当承担赔偿责任。若在现有技术条件下平台履行注意义务需要付出的成本远高于事故发生概率与事故损害后果之积,则不宜认定平台存在未尽注意义务的过失。例如在现有技术条件下,顺风车平台在审核车主注册时能发现而未发现违规之处,或已经发现违规之处但为追求利润最大化依然通过注册,该情形下平台履行注意义务需要付出的成本显然低于违规车主发生事故给受害人造成的损失,则可以认定平台存在未尽注意义务的过失,应当承担侵权责任。

(二)平台存在过错行为时应承担补充赔偿责任

如前所述,实践中法院判决平台承担赔偿责任的形式为连带责任、按份责

---

① See P. Z. Grossman, R. W. Cearley, D. H. Cole, Uncertainty, insurance and the Learned Hand formula, *Law, Probability and Risk*, 2006, Vol.5, pp.1-18, https://doi.org/10.1093/lpr/mgl012,最后访问日期:2020 年 4 月 18 日。

任、补充责任及对受害人进行适当补偿。笔者认为,平台承担侵权责任应当适用过错责任原则,若平台无过错则无须承担赔偿责任。若平台存在未尽到前述注意义务的过错行为,则应承担补充赔偿责任。

1.平台不应当承担连带赔偿责任

根据《民法典》第 1168 条的规定,平台承担连带责任的前提是存在共同侵权的行为。共同侵权行为有简单共同行为(侵权行为人均为实行行为人)与复杂共同行为(侵权行为人可分为实行行为人、教唆行为人和帮助行为人)之分。平台显然不属于侵权行为实行行为人,那么平台未尽注意义务的过错行为能否认定为对合乘双方侵权的帮助行为呢?帮助侵权系指行为人明知他人的行为构成侵权仍然给予他人帮助的行为,如提供工具或指导方法。很显然帮助侵权人在主观上须具有帮助的故意,但平台并无帮助合乘双方侵权的故意,平台与合乘双方之间就各自过错行为在主观上并无意思联络。

部分学者采用间接侵权说[①],认为平台虽没有直接侵权行为,但其未尽注意义务的行为应解释为间接侵权行为,合乘双方违反交规等行为系直接侵权行为,二者共同造成损害后果,故平台应当承担连带责任。但笔者认为目前间接侵权行为说多适用于知识产权侵权领域,其他领域尚无直接侵权行为与消极的间接侵权行为相结合,进而构成共同侵权行为的法律依据。综上,平台不应当与合乘双方承担连带赔偿责任。

2.平台应当承担补充赔偿责任

补充责任是指在不能够确定实际加害人或者加害人不能够承担全部责任的情况下,由补充责任人在一定范围内对受害人直接承担赔偿责任的责任形态。[②]《民法典》侵权责任编仅有第 1198 条、第 1201 条规定存在第三人侵权时安全保障义务人及学校等教育机构对受害人承担相应的补充责任,由此可以总结出适用补充责任的侵权行为模式为“直接侵权人的侵权行为+义务人对受害人负有管理及保护义务+作为义务人的不作为”,补充责任是一种不作为侵权责任,具有过错性、顺位性、补充性的特征。顺风车侵权案件直接侵权人均非平台,但平台基于风险开启理论及报偿理论对乘客、车主、车外第三人的人身安全均负有注

① 马新彦、姜昕:《网络服务提供者共同侵权连带责任之反思——兼论未来民法典的理性定位》,载《吉林大学社会科学学报》2016 年第 1 期。

② 王利明:《侵权责任法研究(上)》,中国人民大学出版社 2010 年版,第 43 页。

意义务,故当平台未尽到注意义务时,可以拓宽《民法典》侵权责任篇规定的补充责任适用情形,由平台对受害人承担补充责任。

3.平台补充责任的范围和追偿权享有问题

有学者认为平台应当在获益范围内承担补充责任,亦有学者认为平台应当按照其获益范围承担按份责任。笔者认为,平台系基于营利为目的深度开展顺风车业务,并且对合乘双方具有一定的管控能力;平台为合乘双方投保保险的行为,亦表明平台对开展顺风车业务可能引发的危险具有预见性并通过保险分散风险,乘客及车主亦是基于对平台的信赖而开展合乘,平台未尽注意义务时应在合乘双方造成的全部损害范围内承担补充责任,方能最大限度地保护受害人的权益,亦是平台承担社会责任的体现。平台承担补充责任,可以反向加深乘客及车主对平台的信赖,从长远来看有利于顺风车业务的巩固与拓展。

平台在承担补充责任后,应当有权向直接侵权人进行追偿。首先,《民法典》第1198条、第1201条均赋予安全保障义务人及学校等教育机构追偿权;其次,从原因力的角度造成受害人损害的全部原因在于直接侵权行为人,尽管平台也有一定的过错,对损害后果也有一定的原因力,但未尽到注意义务的过错和原因力是间接的、相对微小的;最后,从法经济学博弈论的角度来看,法律通过配置责任和实施赔偿规则,外化个人行为成本,促使个人作出最优选择,以法律的形式赋予平台追偿权不会过于加重平台负担,亦不会降低顺风车车主的安全驾驶义务,有利于顺风车产业的健康发展。

(三)交通事故案件中平台侵权责任的裁判标准构建

通过对案例进行统计发现,平台侵权案件案由基本为交通事故案件,故笔者将重点分析不同责任形态下平台侵权责任的裁判标准,并就此类案件中的一些特殊情形处理问题进行阐述。

1.不同责任形态下平台侵权责任裁判标准探析

因责任形态及诉讼主体的不同,顺风车平台承担的责任范围亦会有所差异,具体存在以下六种情形,详见表2。

当顺风车驾驶人负事故全责,而乘客及车外第三人均无责(包括顺风车单方事故在内)并分别以驾驶人及平台为被告时,若平台未尽注意义务,则应对乘客及车外第三人的合理损失与驾驶人承担补充赔偿责任。

当驾驶人、车外第三人对事故均负有责任,而乘客无责并以驾驶人、第三人、平台为被告起诉时，若平台未尽注意义务，则应在驾驶人应当承担的责任比例范围内承担补充赔偿责任。

驾驶人、乘客、车外第三人对事故均负有责任或驾驶人及乘客对事故负有责任而第三人无责情形下，平台未尽注意义务时，若第三人以驾驶人、乘客及平台为被告提起诉讼，则平台仅在驾驶人及乘客应当承担的责任比例范围内对第三人承担补充赔偿责任；若乘客以驾驶人、第三人及平台为被告起诉时，对于乘客及第三人应当承担的责任比例，平台不应当承担赔偿责任，平台仅在驾驶人应当承担的责任比例范围内承担补充责任；若驾驶人以乘客、第三人及平台为被告起诉时，对于驾驶人及第三人应当承担的责任比例，平台不应当承担赔偿责任，平台仅在乘客应当承担的责任比例范围内承担补充责任。任何责任形态下若侵权人为乘客及驾驶人，根据侵权法的基本法理，不论行为人对自身之损害系故意为之或放任发生，其损害结果均应由行为人自负，平台对乘客及驾驶人因自身侵权行为遭受的损失均不承担赔偿责任。

当车外第三人负事故全部责任，而驾驶人及乘客无责并以第三人及平台为被告起诉时，尽管平台未尽到注意义务，但因为平台的不作为侵权与驾驶人及乘客的损害后果无因果关系，平台不应承担赔偿责任。

表 2　不同责任形态下平台侵权责任裁判标准探析

情形	驾驶人	乘客	车外第三人	原告	被告	平台未尽注意义务时的责任范围
1	全责	无责	无责	乘客或车外第三人	驾驶人及平台	在驾驶人的责任比例范围内承担补充赔偿责任
2	有责	有责	无责	乘客	驾驶人、第三人、平台	在驾驶人的责任比例范围内承担补充赔偿责任
3	有责	有责	有责/无责	第三人	乘客、驾驶人及平台	在驾驶人、乘客的责任比例范围内承担补充赔偿责任

续表

情形	驾驶人	乘客	车外第三人	原告	被告	平台未尽注意义务时的责任范围
4	有责	有责	有责/无责	乘客	驾驶人、第三人及平台	在驾驶人的责任比例范围内承担补充赔偿责任
5	有责	有责	有责/无责	驾驶人	乘客、第三人及平台	在乘客的责任比例范围内承担补充赔偿责任
6	无责	无责	全责	乘客或驾驶人	第三人及平台	平台不承担侵权责任

2.平台为合乘人员投保的保险是否应并案审理

经过对案例统计发现,涉及平台投保保险理赔的案件共 2 起,均系嘀嗒顺风车为合乘人员投保的公众责任险。因平台为合乘人员投保的保险理赔事宜与侵权纠纷案件不属于同一法理关系,法院不宜在侵权案件中一并处理保险赔偿事宜。无论平台是否应承担赔偿责任,顺风车车主及乘客作为被保险人可就平台及保险公司单独提起保险合同纠纷诉讼。但在保险合同纠纷诉讼中,裁判时应当扣除受害人已经通过侵权之诉获得的赔偿。

3.平台垫付赔偿款应当一并处理

经对 60 个案例进行分析发现,平台对受害人垫付钱款的案件有 4 起,涉及平台均是滴滴顺风车,其中有 2 起案件判决平台承担责任,将平台垫付的赔偿款直接进行抵扣;有 1 起案件判决平台无须承担赔偿责任,1 起案件未评价平台的责任,该 2 起案件均未一并处理平台垫付款项的返还问题。笔者认为,对于平台垫付的赔偿款应在侵权案件中一并处理,若法院经审理后认为平台应当承担赔偿责任,则直接将垫付款进行抵扣;若法院认为平台无责任,则收款方已无继续占有钱款的正当理由,应当一并判决收款方退还平台垫付款。此举不仅能减轻平台诉累,还能鼓励平台今后继续承担社会责任,为合乘行程中事故受害人提供先行垫付,以确保受害人得到更好的救治。

结　语

通过对顺风车平台的侵权责任问题进行系统梳理研究,笔者认为顺风车平台未尽注意义务时由平台在合乘各方(直接侵权行为人)承担的赔偿责任范围内承担补充责任,较为适宜。这不仅能确保受害者得到有效赔偿,更有利于顺风车行业的长远发展,缓解城市交通拥堵。一方面,期冀笔者构建的平台侵权责任裁判标准,对人民法院今后审理此类案件有所裨益。另一方面,如若本文能为有关部门今后制定顺风车行业标准(包括合乘各方关系、强制保险等方面)及平台侵权责任承担等问题的立法提供参考,笔者将甚感荣幸。

民法典视野下公司清算义务人制度之重构

——以《民法典》第70条的解释论为中心

吴斯嘉*

摘要:我国《民法典》第70条构建了统一的法人清算义务人制度,其应理解为对公司法解释相关规定的有意修正。公司清算义务人制度应以《民法典》第70条为中心进行解释论重构。《民法典》第70条公司清算义务人的职责是根据股东(大)会决议、公司章程或者法律规定,及时召集并组建清算组。董事是担任有限公司清算义务人的合适人选,其正当性应从理论与实践等方面进行多角度论证。公司清算义务人赔偿责任应回归侵权责任的定位,公司清算义务人仅在未及时启动清算程序,导致公司财产灭失时才对债权人承担相应的赔偿责任。为解决公司启动清算难问题,应构建有限公司解散信息公示及责任制度,强化主管机关启动清算的职权。

关键词:民法典;公司法;清算;清算义务人

引　言

公司解散清算是公司在非破产状态下退出市场的必经程序。然社会上存在大量公司解散后不及时清算,甚至故意借解散之机逃废债务的情形。① 虽然立法机关与司法机关长期以来都试图通过多种措施打击上述违法行为,但过程却颇为曲折:起初,最高人民法院《关于适用〈中华人民共和国公司法〉若干问题的规定(二)》[以下简称《公司法解释(二)》]创设了公司清算义务人制度,填补了公

* 作者系西南政法大学民商法学院2019级硕士研究生。

① 刘岚:《规范审理公司解散和清算案件——最高人民法院民二庭负责人答本报记者问》,载《人民法院报》2008年5月19日第2版。

司从解散到启动清算之间的程序空隙。2012 年又公布了第 9 号指导案例“上海存亮贸易有限公司诉蒋志东、王卫明等买卖合同纠纷案”(以下简称“指导案例 9 号”),进一步明确了该类案件的审理思路。根据指导案例 9 号的裁判要旨,有限责任公司的股东、股份有限公司的董事和控股股东,应当依法履行清算义务,不能以其不是实际控制人或者未实际参加公司经营管理为由,免除清算义务。① 但该案因涉嫌违反公司独立人格和两权分立原则,导致小股东承担远超其出资额责任的不公平局面,而招致非常激烈的反对意见。② 因此在 2019 年颁布的《全国法院民商事审判工作会议纪要》(法〔2019〕254 号,以下简称《九民纪要》)中,最高人民法院又对有限公司清算义务人责任的认定给出了与指导案例 9 号截然不同的意见,起到了实质上废止指导案例 9 号的效果。③ 而新近颁布的《民法典》第 70 条同样规定了清算义务人制度,并将这一制度扩张到了整个法人领域。该条规定:“法人解散的,除合并或者分立的情形外,清算义务人应当及时组成清算组进行清算。法人的董事、理事等执行机构或者决策机构的成员为清算义务人。法律、行政法规另有规定的,依照其规定。清算义务人未及时履行清算义务,造成损害的,应当承担民事责任;主管机关或者利害关系人可以申请人民法院指定有关人员组成清算组进行清算。”④

民法典的颁布标志着清算义务人制度在立法上的最终落地,随之而来的是解释学上的双重困惑:其一,在民法典之前,《公司法解释(二)》对公司清算义务人制度已经有所规定,而无论是被废止的指导案例 9 号,还是现行生效的《九民纪要》,其实都是在《公司法解释(二)》的基础之上所作出的解释。然而在《民法典》第 70 条对清算义务人制度又作出了全新的规定,司法解释的“锚点”已经发

① 最高人民法院指导案例 9 号,上海存亮贸易有限公司诉蒋志东、王卫明等买卖合同纠纷案,http://www.court.gov.cn/shenpan-xiangqing-13306.html,最后访问日期:2020 年 8 月 10 日。

② 王长华:《论有限责任公司清算义务人的界定——以我国〈民法总则〉第 70 条的适用为分析视角》,载《法学杂志》2018 年第 8 期;李清池:《公司清算义务人民事责任辨析——兼评最高人民法院指导案例 9 号》,载《北大法律评论》第 15 卷第 1 辑;梁上上:《有限公司股东清算义务人地位质疑》,载《中国法学》2019 年第 2 期。

③ 在《九民纪要》事实上废止了指导案例 9 号之后,正式废止的通知也在不久后下达。2021 年 12 月 29 日,最高人民法院举行贯彻实施民法典、全面完成司法解释清理和首批司法解释新闻发布会。会上,最高人民法院即宣布废止第 9 号指导案例。

④ 2017 年颁布的《民法总则》第 70 条与之规定相同。

生变化的前提下,《九民纪要》相关规定是否继续适用?《公司法解释(二)》和《九民纪要》应当如何同《民法典》第70条进行衔接?这些问题尚不明确。其二,就《民法典》第70条规范本身而言,其内容也过于笼统,实际操作性不强,同样需要进一步解释。目前学界对公司清算义务人制度的理解仍建立在《公司法解释(二)》及《九民纪要》相关规定之上,对《民法典》第70条的系统性解读尚付阙如,亟待更深入的研究。

需要注意的是,公司清算义务人制度完全是从实践中发展而来的,因此对该制度的解释论构建应以解决实践问题为导向展开。[①] 有鉴于此,笔者将遵循《民法典》第70条的规范安排,结合司法实践情况,从具体职责、选任规则、法律责任以及强制清算规则四个方面入手,厘清民法典和公司法相关规定的适用顺序,在解释论上重构公司清算义务人制度。值此民法典初生之际,为民法典之解释与适用提供理论依据,也为日后公司法修法指明方向。

一、公司清算义务人职责之厘清

(一)公司法对清算义务人职责界定之缺失及其弊端

理论上,对公司清算义务人职责的界定是整个公司清算义务人制度的核心要素。因为只有明确公司清算义务人需要履行的职责,才能确定由哪一主体作为清算义务人最为合适,也才能明晰其在何种情形下才构成"未履行义务",据此承担相应责任。但在民法总则之前,这一方面一直是有所缺失的。《公司法》第183条规定,除公司合并、分立外,公司应在出现解散事由后15日内成立清算组,开始清算。该条规定"公司"有义务"成立清算组,开始清算",但并未明确启动清算程序的主体是清算义务人。直到《公司法解释(二)》,最高人民法院才通过设置禁止性规范的方式,在第18条至第20条中规定"有限责任公司的股东"和"股份有限公司的董事或者实际控制人"不得为哪些行为,进而督促上述主体及时启动清算程序,间接确定了公司的清算义务人,但同样未使用"清算义务人"

① 本文在"中国裁判文书网"上以"清算义务人"为关键词进行搜索,并限定文书类型为"判决书",法院层级为"最高人民法院"和"高级人民法院",结案时间为2013年1月1日至2020年8月6日,最终得到涉及请求清算义务人承担赔偿责任的案例65件,其中共有69个企业的清算义务人被起诉。在写作过程中,本文将根据上述样本案例提取实践中的问题并通过解释论的工作加以解决。

的概念。[①]

具体界定的缺失导致司法机关长期不能认识到清算义务人的真正内涵。虽然在《公司法解释(二)》的官方释义中,清算义务人被界定为"基于与法人之间的特定法律关系,在法人解散时对法人负有及时清算义务人的主体"[②]。而且清算义务人不等于清算组,前者负责启动清算程序,后者负责具体清算事务。[③] 但是,包括最高人民法院在内的实务机关普遍对清算组和清算义务人的职责与定位仍常有混淆。比如不少法院认为清算义务人不仅需要成立清算组启动清算,还需负责实际的清算工作。[④] 还有观点认为清算义务人的职责包括妥善保管公司财产、财务账册、重要文件,及时确认清算组制作的清算报告。[⑤] 在"施瞻东与胡厚发宁波龙峰储运股份有限公司等民间借贷纠纷"一案中,债务人公司早已成立清算组,启动解散清算程序。清算组并未实际清算,且违法将公司剩余资产私分给了各股东,法院却判决清算义务人承担赔偿责任。[⑥] 而在"魏向阳、王浩等

---

① "清算义务人"的概念实际上源起于最高人民法院关于《公司法解释(二)》的答记者问环节。参见刘岚:《规范审理公司解散和清算案件——最高人民法院民二庭负责人答本报记者问》,载《人民法院报》2008 年 5 月 19 日第 2 版。

② 参见最高人民法院民法典贯彻实施工作小组主编:《中华人民共和国民法典总则编理解与适用(上)》,人民法院出版社 2020 年版,第 363 页。

③ 参见宋晓明、张勇健、刘敏:《〈关于适用公司法若干问题的规定(二)〉的理解与适用》,载《人民司法》2008 年第 11 期。

④ 参见深圳市国烨置业有限公司、开封东京经贸有限公司借款合同纠纷案,最高人民法院(2016)最高人民法院民再 37 号民事判决书;王建中、夏文标等与太仓市金鑫铜管有限公司、王宏股东损害公司债权人利益责任纠纷案,江苏省高级人民法院(2016)苏民终 189 号民事判决书;浙江西一电气有限公司与张山才、黄忠玉等股东损害公司债权人利益责任纠纷案,(2016)浙 0324 民初 4711 号民事判决书;类似意见,参见刘敏:《实践中的商法》,北京大学出版社 2011 年版,第 19 页。

⑤ 参见段卫华:《论股东在公司解散清算中的义务与责任》,载《河北法学》2016 年第 1 期。持类似观点的司法裁判有:中闻集团济南印务有限公司与山东黄金集团有限公司、山东省企业集团海外发展促进会等清算责任纠纷案,山东省高级人民法院(2013)鲁民提字第 239 号民事判决书;常晴有限公司、辽宁恒宇投资管理有限公司股东损害公司债权人利益责任纠纷案,辽宁省高级人民法院(2019)辽民终 868 号民事判决书;深圳市兄弟能源有限公司、李平股东损害公司债权人利益责任纠纷案,广东省高级人民法院(2015)闽民终字第 977 号民事判决书。

⑥ 参见浙江省高级人民法院(2015)浙商提字第 127 号民事判决书。

与曹坤清算赔偿责任纠纷”案中,法院认为清算义务人未依法将公司清算事由通知债权人,并据此制作了虚假的清算报告,违反《公司法解释(二)》第 11 条第 2 款和第 19 条的规定,应当承担赔偿责任。① 但《公司法解释(二)》第 11 条第 2 款规定的是清算组的通知义务②,而第 19 条则是清算义务人责任的规定③,二者适用的主体和条件完全不同。这些案例反映出,清算义务人实际被理解为集启动清算、实际清算、管理财务等职责于一身的,处理公司清算事务的“全权责任人”,这样的理解显然与最高人民法院起初对清算义务人的预设相背离。

针对这一问题,《民法典》第 70 条第 1 款规定:“法人解散的,除合并或者分立的情形外,清算义务人应当及时组成清算组进行清算。”该款系立法首次正面使用“清算义务人”的概念,并开宗明义地规定清算义务人的职责是“及时组成清算组进行清算”,值得赞同。但这一表述仍比较模糊,尤其是本条第 3 款的表述是“清算义务人未及时履行清算义务,造成损害的,应当承担民事责任”,而清算组的职责也可以理解为是一种“清算义务”,二者应如何区分仍需进一步解释。

(二)公司清算义务人应承担的职责

除合并或者分立外,公司出现解散事由的应当进行清算。但是公司不会直接进入清算程序,而是要在 15 日内由公司自行启动,清算义务人就是负责启动清算程序的主体。《民法典》第 70 条第 1 款规定,清算义务人的职责是“及时组成清算组进行清算”。最高人民法院的官方解释认为该条是关于法人应及时清算及未及时清算责任的规定。④ 照此理解,这里的“进行清算”实际上是及时启动清算程序,而“组成清算组”则是启动清算的方式。因此关键在于如何解释“组

① 参见江苏省高级人民法院(2015)苏商终字第 00044 号民事判决书。

② 《公司法解释(二)》第 11 条:“公司清算时,清算组应当按照公司法第一百八十五条的规定,将公司解散清算事宜书面通知全体已知债权人,并根据公司规模和营业地域范围在全国或者公司注册登记地省级有影响的报纸上进行公告。清算组未按照前款规定履行通知和公告义务,导致债权人未及时申报债权而未获清偿,债权人主张清算组成员对因此造成的损失承担赔偿责任的,人民法院应依法予以支持。”

③ 《公司法解释(二)》第 19 条:“有限责任公司的股东、股份有限公司的董事和控股股东,以及公司的实际控制人在公司解散后,恶意处置公司财产给债权人造成损失,或者未经依法清算,以虚假的清算报告骗取公司登记机关办理法人注销登记,债权人主张其对公司债务承担相应赔偿责任的,人民法院应依法予以支持。”

④ 最高人民法院民法典贯彻实施工作小组主编:《中华人民共和国民法典总则编理解与适用(上)》,人民法院出版社 2020 年版,第 359 页。

成清算组”。

从文义来看,“组成清算组”最起码有两种含义,第一种是清算组成员须从清算义务人中选任,第二种是清算组成员须由清算义务人组织确定。有学者认为应作第一种解释。[①] 此说并非没有道理,因为《公司法》第 183 条第 1 句就规定,公司应当成立清算组开始清算,此处的“开始清算”即《民法典》第 70 条第 1 款中的“进行清算”,“成立清算组”则意味着公司需要组织确定清算组的人选。而《公司法》第 183 条第 2 句又规定,“有限公司的清算组由股东组成,股份有限公司的清算组由董事或者股东大会确定的人构成”。由此可见,《公司法》第 183 条分开规定了由谁组织成立清算组和清算组应从哪些主体中挑选组成,前者用语是“成立”,后者则是“组成”或者“构成”。按理说,《民法典》第 70 条第 1 款中的“组成清算组”也应作同样解释。但依此说,清算义务人唯一的任务便是等待被选任成为清算组,没有任何实际价值。更何况《公司法》第 183 条第 2 句对清算组的“候选人员”已经有所规定,民法典无须重复。因此综合来看,《民法典》第 70 条第 1 款中的“组成清算组”只能理解为“清算组由清算义务人确定”。至于《民法典》为何会用“组成清算组”而非“成立清算组”的表述,只能理解为一个立法错误。

进一步的问题是:在清算组的组成过程中,清算义务人具体扮演了何种角色?是决策者还是执行者,抑或二者兼是?有观点认为,清算义务人的任务是“作出清算决议、负责委任清算人”,即清算义务人是决定清算并选任清算组的主体。[②] 这种看法并不正确。因为公司清算程序的决策主体和清算组的选任者另有其人。根据《公司法》第 37 条第(九)项、第 46 条第(七)项的规定,是否清算公司的决议应由股东会作出,而公司具体的解散方案由董事会制定,清算组人选当然也属于公司解散方案需要确定的内容。而且从上述规定中也可以看出,决定是否对公司进行清算和清算组人员的选任都事关公司根本利益,因此必须由公司股东会或者董事会通过合议的方式确定。而《民法典》第 70 条第 2 款规定,清算义务人是“执行机构或者决策机构的成员”而非这些机构本身,即法律并没有将清算义务人界定为一个需要合议行事的机关,单个或者多个管理者并不适宜

① 陈甦主编:《民法总则评注》(上册),法律出版社 2017 年版,第 271～279 页。

② 刘敏:《公司解散清算制度》,北京大学出版社 2010 年版,第 242 页。

直接作出攸关公司利益的重大决策,而更适合担当执行决策的角色。[①]

综上,清算义务人只是单纯的执行主体,其职责是执行公司章程、股东(大)会的决议或者公司的具体情况,最终召集并组建清算组。依照公司法所设想的流程,原则上应该由股东(大)会通过清算公司的决议,再由董事会制定具体的解散清算方案并交由股东(大)会通过。清算义务人的职责是需执行上述方案;若股东(大)会没有选定清算组,但公司章程有确定清算组人选的,清算义务人应组织召集章定清算人;[②]而在公司未作出决议且章程未规定的情况下,清算义务人应直接召集法定清算人。照此来看,清算义务人并非公司的必设机关。在有限公司自行决定清算并选任清算组的,由于清算组人数一般较少,因此无须由清算义务人另行召集。只有在公司被行政解散、司法解散或者股东会无法形成有效决议时,清算义务人才有发挥其独立价值的空间。实践中很多法院往往忽略了这一点,在人数较少的有限公司股东会决议解散公司后直接由全体股东直接成立清算组的情况下,反而直接将全体股东认定为清算义务人,这才是造成前述混淆清算义务人和清算组现象的真正原因。

(三)公司清算义务人无须承担的职责

公司清算义务人职责的边界在哪里?如前所述,实务界和理论界对此误解颇深。笔者认为,清算义务人除了负责启动清算程序外,原则上不承担其他职责。首先,清算义务人不负责保管公司财产、账册、重要文件。《企业破产法》第15条规定,妥善保管企业财产、印章、账簿等资料的义务由法定代表人、财务管理人员和其他经营管理人员。有学者将这些专门人员称为"配合清算义务人",

---

① 有学者指出,由清算义务人通过民主决策组建清算组,再由清算组执行具体清算事宜,既增加了立法及清算成本,又降低了清算效率,而且本身其概念就不严密,容易与其他法律主体混淆彼此之间的法律义务与责任。参见王文丽:《对公司解散后清算组久拖不立的法律思考》,载《商场现代化》2005年第11期。

② 《民法总则》草案也曾规定清算义务人可以由"章程另有规定和权力机关另有决议的",但最后这一规定被删除,参见李宇:《民法总则要义:规范释论与判解集注》,法律出版社2017年版,第180页。实践中,公司通过章程确定清算义务人的比较少见,但并非没有。参见李本祥诉青岛第四印染厂清算责任纠纷案,山东省高级人民法院(2019)鲁民再1号民事判决书。

借此区分清算义务人。[①] 其次,清算义务人也不需要负责制定或确认清算报告。据《公司法解释二》第 15 条,清算组制定的清算方案应报股东(大)会确定或者法院确定。因此,清算程序中的监督机构应当是股东(大)会或法院。最后,清算义务人不负责管理公司,不会因他人的过错而承担管理者责任。有的法院认为:"虽然公司账册、重要文件系由他人保管,但保管人员导致上述文件灭失的情节恰恰说明了公司管理混乱,股东有不可推卸的过错。"[②]这种看法显然是错误的,因为虽然股东、董事对公司负有管理义务,但一方面,直接保管人员存在过错不能直接推导出"股东有不可推卸的责任",司法机关不能混淆业务责任和管理责任的边界;另一方面,即使股东、董事的确存在管理过失,也与清算义务人的职责无关。因为清算义务人并不等同于股东、董事,前者仅是特定时期的特别主体,原则上只负责启动清算程序。如果法院认为担任清算义务人的股董有管理失职,完全可以通过股东责任或者董事责任制度追究其责任,而与其清算义务人身份无涉。

二、公司清算义务人选任规则之重构

(一)公司清算义务人选任规则的司法现状及其反思

在现行法框架下,《公司法解释(二)》第 18 条至第 20 条与《民法典》第 70 条第 2 款都规定了法人清算义务人的选任规则。前者规定有限公司的清算义务人是股东,股份公司的清算义务人则是董事和实际控制人。而《民法典》第 70 条第 2 款则统一规定清算义务人是"董事、理事等执行机构或者决策机构的成员"。其中的"董事"是公司特有的主体,立法者不再区分公司类型,意即将公司的清算义务人统一设置为董事。虽然本款也规定决策机构的成员可以是清算义务人,但从文义来看,这里的"执行机构或者决策机构"与之前的"董事、理事"是一一对

① 所谓配合清算义务人,是指在公司清算程序中负有全面配合和协助清算组清算工作义务的公司内部人员。参见王欣新:《论清算义务人的义务及其与破产程序的关系》,载《法学杂志》2019 年第 12 期。

② 参见阿马士公司与杨善耕之妻、杨善耕长女等股东损害公司债权人利益责任案,江苏省高级人民法院(2016)苏民终 617 号民事判决书。最高人民法院在对指导案例 9 号的理解与参照中也谈到,有限责任公司的股东、股份有限公司的董事和控股股东的清算义务不因实际控制人的原因而免除赔偿责任。参见姚宝华:《指导案例 9 号〈上海存亮贸易有限公司诉蒋志东、王卫明等买卖合同纠纷案〉的理解与参照》,载《人民司法》2013 年第 3 期。

应的关系；换言之，该款的“决策机构的成员”专指事业单位法人和捐助法人的理事，不涉及公司法人。[①] 该款第 2 句又规定“法律、行政法规另有规定的，依照其规定”。由此观之，民法典与公司法解释在有限公司清算义务人的选任规则上存在直接的规范冲突，究竟应当适用何种规范，取决于二者的法律适用关系。对于这一问题，实务机关的态度十分明确，那就是在民法典（民法总则）颁布后，法院仍应继续适用公司法解释的规定。在笔者搜集的 65 件案例中，有 22 件发生在民法总则生效之后，而这 22 件案例全部援引《公司法解释（二）》的规定来认定公司清算义务人。《九民纪要》对公司清算义务人制度的解读也是基于《公司法解释（二）》第 18 条作出的。[②] 民法典出台后的司法实践同样将《民法典》第 71 条第 2 款视为一般性规定，对于公司领域的清算义务人，公司法及其司法解释有特别规定，应优先适用。[③] 司法机关的上述做法更多源于实务操作的惯性，其合理性是值得质疑的。首先，从规范属性本身而言，《公司法解释（二）》能否被归入《民法典》第 70 条第 2 款但书中的“法律另有规定”之范畴是存疑的。根据《立法法》第 104 条的规定，司法解释并非法律，而只是最高人民法院针对具体法律条文作出的，符合立法目的、原则和原意的应用法律的解释。换言之，司法解释本身原则上不能超过具体法律条文的射程范围。但如前所述，《公司法》第 183 条并未明确清算义务人的主体，因此《公司法解释（二）》实际上已经超越了公司法的规定，“创设”了公司清算义务人的选任规则。因此有实务机关提出，《公司法解释（二）》第 18 条至第 20 条是最高人民法院对《公司法》未规定内容所作出的“创设性司法解释”，不应作为“法律”对待。[④] 也有反对观点称，最高人民法院作出的司法解释是对立法原意的确认与深化，《民法典》（《民法总则》）第 70 条第 2

---

① 李宇：《民法总则要义：规范释论与判解集注》，法律出版社 2017 年版，第182 页。

② 在法律适用的问题上，最高人民法院在《九民纪要》中展现了其极为谨慎的态度，其认为相关问题究竟适用民法典还是公司法解释尚不明确，在“公司法修改已经纳入议事日程的情况下，这一问题应该交由修改后的公司法解决”。参见最高人民法院民事审判第二庭编著：《〈全国法院民商事审判工作会议纪要〉理解与适用》，人民法院出版社 2019 年版，第164～166 页。

③ 最高人民法院民法典贯彻实施工作小组主编：《中华人民共和国民法典总则编理解与适用（上）》，人民法院出版社 2020 年版，第 359 页。

④ 张俊勇、翟如意：《有限责任公司清算义务人主体问题研究》，载《法律适用》2019 年第 19 期。

款中的“法律”应作扩张解释,涵盖《公司法解释(二)》的相关规定。[①] 笔者认为,上述争议均未抓住问题的重点,因为《公司法解释(二)》即使超越了公司法的规定也不必然导致其丧失作为“准法律渊源”的正当性:由于既定法的不完备性,法律必然会出现不能通过解释论填补的漏洞,此时法律续造就十分有必要。换言之,既然《公司法》第183条没有明确清算义务人的选任规则,司法实践对此又有急迫的需求,那么《公司法解释(二)》通过法律续造进行漏洞填补就是合理的。这也就是为什么在司法实践中,最高人民法院颁布的司法解释通常都被视为法律渊源或者“准法律渊源”的原因。因此,讨论《公司法解释(二)》第18条至第20条是否超出《公司法》第183条的范围是没有意义的。在这里,真正影响法律适用的是,《公司法解释(二)》的法律续造是否“符合立法目的、原则和原意”?如果答案是肯定的,那么《公司法解释(二)》相关规定在民法典生效后仍可以适用;如果是否定的,则《民法典》第70条第2款则应理解为是对《公司法解释(二)》的刻意修正。根据《九民纪要》第3条的规定,当民法典(民法总则)刻意修正公司法有关条款的,根据“新法优于旧法”的原则,应当优先适用前者的规定。但问题在于,“立法者的意图”空泛且不可查证,客观目的解释更多的是要实现司法者或解释者所期望的法律效果。所谓“目的”事实上是与特定结果相联系的概念,人们通常是基于对某种行动结果的预测与追求来设定自己的目的,就此而言,目的解释应当与某种实用主义的后果相考量。[②] 从功能主义的立场看,有限公司清算义务人的选任不仅应当契合清算义务人本身的定位、公司治理理论,还要符合司法实践的需求。明确民法典与公司法解释的适用问题,寻找最适宜担任清算义务人的主体应当从以上方面着手。

(二)谁来担任有限公司清算义务人:制度发展与理论争议

在有限公司清算义务人的选任问题上,理论界的意见并不统一。笔者检索现有文献以及规范文件,发现大致有“全体股东说”、“董事说”、“参与管理的股东说”和“清算义务人否定说”四种观点,观点的不同本质上是对立法目的的理解差异。哪种学说最为契合理论和实践的需求,需要逐一讨论分析。

---

① 王长华:《论有限责任公司清算义务人的界定——以我国〈民法总则〉第70条的适用为分析视角》,载《法学杂志》2018年第8期。

② 杜宇:《刑事政策与刑法目的论解释》,载《法学论坛》2013年第6期。

1.全体股东说

此说由《公司法解释(二)》和指导案例9号共同确定。《公司法解释(二)》规定,有限公司由股东负责启动清算,而股份公司则由董事和控股股东担任清算义务人。① 至于为何将股份公司与有限公司分开规定,最高人民法院给出的理由是:上市公司的股东人数众多且流动性较大,不适合承担清算义务,董事和控股股东负责清算符合股份公司经营管理的实际状况;但有限公司则不同,有限公司股东人数较少,且人合性较强,由股东组织清算组进行清算具有合理性和可操作性。② 指导案例9号则更近一步,认为"有限责任公司的全体股东在法律上应一体成为公司的清算义务人,无论股东所占股份为多少,是否实际参与了公司的经营管理,都有义务及时组织清算"③。

"全体股东说"作为《九民纪要》之前的通说,其最大的问题在于罔顾公司治理实际,将全体股东视为一个整体而承担责任,使得不参与公司经营管理的小股东也承担了过重的连带责任。该说已随着指导案例9号的废止而被彻底放弃,故不再赘述。

2.参与公司经营管理的股东说

"参与公司经营管理的股东说"为《九民纪要》所采,系"全体股东说"的修正。最高人民法院认为,根据《民法典》第70条第2款的但书,有限公司只能适用《公司法解释(二)》,即有限公司的清算义务人仍是股东。但全体股东控制公司亦非治理常态,由小股东承担责任会使其遭受大股东的倾轧。基于以上考量,《九民纪要》采取了折中的方案,一方面依然遵循《公司法解释(二)》的相关规定,另一方面通过解释论使不参与公司经营的小股东可以免除责任。据《九民纪要》第14条的规定,满足以下三个条件的股东可以免除赔偿责任:(1)在公司发生解散事由时,该股东未直接或间接担任公司董事或监事。前者指股东自己担任,后者则为其选派人员担任。(2)该股东从未参与公司经营。(3)该股东系"小股东",

---

① 最高人民法院民事审判第二庭编著:《最高人民法院关于公司法司法解释(一)、(二)理解与适用》,人民法院出版社2010年版,第334页。

② 姚宝华:《指导案例9号〈上海存亮贸易有限公司诉蒋志东、王卫明等买卖合同纠纷案〉的理解与参照》,载《人民司法》2013年第3期。

③ 最高人民法院指导案例9号,上海存亮贸易有限公司诉蒋志东、王卫明等买卖合同纠纷案,http://www.court.gov.cn/shenpan-xiangqing-13306.html,最后访问日期:2020年8月10日。

即持有少量股份,难以对公司产生实质控制的股东。

"参与公司经营管理的股东说"较之"全体股东说"有明显的进步,但仍存在诸多问题。首先,最高人民法院认为,鉴于有限公司的治理实际,由有限公司的实际掌控者——实际管理与控制公司的部分股东——担任清算义务人最为合适。但根据《九民纪要》第14条,未参与公司经营管理的股东并不免除启动清算的行为责任,而是免于承担不启动清算程序的赔偿责任。换言之,最高人民法院将"不参与经营管理"理解为股东不具备可归责性的情形,迂回解决了小股东担责的问题,但也回避了"清算义务人由谁承担"这一核心命题,这是该说的最大缺陷。其次,该说确定的具体标准也十分不合理:既然未担任董事或监事的股东可以免除责任,那么担任清算义务人的究竟是谁?难道不应该是董事或者监事吗?监事会是监督机构而非管理机构,即使股东担任监事也有可能未参与公司管理,为何其不能免责?曾经参与过公司经营,后来退出的股东为何不能免责?以上诸多问题,《九民纪要》均无法回应。概言之,"参与公司经营管理的股东说"试图回避法律适用上的争议来解决实践问题,但制度设计上仍存在漏洞,笔者并不赞同。

3.董事说

"董事说"认为,有限公司的清算义务人也应当设置为董事(包括控股股东),此为学界通说。"董事说"是在理论界对"全体股东说"的批评中逐步确立的。李清池认为,"全体股东说"无视了有限公司中的小股东或不参与经营管理的股东同样是"受害者"的可能。[①] 李建伟教授认为,虽然个别股东符合清算义务人的特征,但全体股东不可能都具备之;出资是股东对公司的全部法定义务,此外别无义务;如认定少数股东属于清算义务人,就会出现此受害人对彼受害人承担责任的乖戾后果。[②] 梁上上教授则认为,股东不直接参与公司的经营与管理,令股东来判断是否应该启动清算程序无异于"盲人摸象",违反了公司独立人格与股东有限责任两大基本原则。[③] 这些学者都认为从公司治理结构来看,董事是公司业务的执行者和管理者,其有能力在第一时间得知公司解散的情况并组织启

① 李清池:《公司清算义务人民事责任辨析——兼评最高人民法院指导案例9号》,载《北大法律评论》第15卷第1辑。

② 李建伟:《公司清算义务人基本问题研究》,载《北方法学》2010年第2期。

③ 梁上上:《有限公司股东清算义务人地位质疑》,载《中国法学》2019年第2期。

动清算程序,因此董事才是合乎公司治理的清算义务人,启动清算义务是董事勤勉义务的必然要求。

“董事说”虽然符合公司治理理论,但既有的研究论据脱离了有限公司的治理实践,不具有说服力。“董事说”的支持者一般从“所有权与经营权分离”原则出发,认为无论是有限公司还是股份公司,作为所有者的股东都不担任公司职务,管理公司是董事的职责。“有限责任公司与股份有限公司之间的差异没有想象中那么显著,同样可将有限责任公司的清算义务人确定为董事和控股股东。”[①]但实际情况却与之截然相反:在实践中,有限公司的治理都呈现出强烈的任意性色彩。我国民营经济中99%以上的企业都是小微企业。[②] 在这些小型公司中,分权治理的意义并不大,作为公司利益享有者和风险承担者的股东更倾向于自己把持公司。[③] 因此多数有限公司的董事会都流于形式,董事资格也经常会被股东所瓜分,或者被大股东安插人手,沦为股东集权的抓手。总之,两权分离原则更多地体现在股份公司的治理结构中。在有限公司中股东控制公司才是常态。仅从应然层面试图说明有限公司的清算义务人应当是董事,其实践合理性很难成立。

4.清算义务人否定说

此说对清算义务人本身进行了反思。该说认为,大陆公司法鲜有使用“清算义务人”概念者,多使用“法定清算人”概念[④];清算义务人是我国缺乏法定清算人制度又迫于司法实践的需要不得不从公司法“解释”出来的,其含义不如法定清算人明确;清算义务人与清算组的关系也无法界定。[⑤] 统一的清算义务人规则忽视了被行政解散的公司往往处于人去楼空、违法、犯罪的状况,忽视了部分控股股东、董事不愿意也不适合承担清算义务的客观实际,忽视了中小股东、债

---

① 李清池:《公司清算义务人民事责任辨析——兼评最高人民法院指导案例9号》,载《北大法律评论》第15卷第1辑。

② 王俊峰、王岩:《我国小微企业发展问题研究》,载《商业研究》2012年第9期。

③ 许可:《股东会与董事会分权制度研究》,载《中国法学》2017年第2期。

④ 法定清算人,即以公司解散之日为清算人就任之日的清算人,借此可消除解散和清算人就任之间的时间空隙。参见李建伟:《公司清算义务人基本问题研究》,载《北方法学》2010年第2期。

⑤ 韩长印、楼孝海:《建立公司法定清算人制度》,载《法学》2005年第8期。

权人珍惜清算权利但难以及时获得解散信息的现实，实践效果堪忧。[①] 故建议废止清算义务人制度，改为设置统一的清算人制度。

笔者认为，“清算义务人否定说”亦有缺陷，因为清算义务人有其特有的价值。由于我国公司解散后并不会自动进入公司清算程序，需要清算义务人负责启动清算程序。此外，《公司法》第 184 条也规定了法定清算人，但这些法定清算人也需要被组织和召集。由此可见，法定清算人并不能代替清算义务人。此外，“清算义务人否定说”还认为由于公司解散的多样性和不确定性，统一确定清算义务人客观不可能。“同种类的公司因不同原因解散，适合选任清算人的人员是不确定的，有时股东会议适合，有时董事适合，有时股东会议、董事均不合适，只能求助于债权人、主管机关、法院。”[②]但这种观点曲解了清算义务人的职责。如前所述，清算义务人并非执行主体也非决策主体，《公司法》第 183 条明确规定，清算组的选任者是董事会或者股东(大)会，如果认为其他主体更适合选任清算人，那么也应针对《公司法》第 183 条展开讨论，与清算义务人无关。更何况无论由谁选任清算人，具体的召集工作都应交由清算义务人负责。如果公司内部没有合适的清算义务人人选，从维护债权人利益的角度出发，则应当由公权力机关介入。因此，事先确定公司清算义务人并不困难。

(三)本文立场:修正的董事说

综上所述，“清算义务人否定说”、“股东说”和“参与公司经营管理的股东说”存在根本缺陷，相比之下，“董事说”只是论证路径存在问题，其结论仍至少符合公司治理架构，也有实证法的依据。有限公司清算义务人原则上仍应规定为董事，但须摒弃单从应然层面论述的错误路径，其正当性应从理论预设、实践需求、体系协调等多个方面展开，尤其关注有限公司的治理实践与公司法理论的调和，此为“修正的董事说”。

第一，将董事设置为清算义务人是合乎理论的“理想模型”。据前所述，清算义务人的定位是具体事务的执行者，与之最为契合的便是董事。虽然有限公司中股东控制公司是常态，但实践中许多股东控制公司并非基于股东身份，而有可能是因其同时兼任了董事，又或者说大股东一般也会选择兼任董事。与非持股董事相比，持股董事违反信义义务的成本更低，但这并不代表股东需要承担信义

① 肖雄:《论公司清算人中心主义的回归与重建》，载《政治与法律》2017 年第 6 期。

② 肖雄:《论公司清算人中心主义的回归与重建》，载《政治与法律》2017 年第 6 期。

义务。换言之,即使对于所有权与控制权结合于同一人的公司,公司法也需要区分其作为股东的行为和作为董事的行为。① 如此看来,将董事设置为公司业务的执行者,由其承担启动清算义务符合公司法的预设。

第二,由董事担任有限公司清算义务人只是公司法给出的建议,不具有强制力。鉴于有限公司的任意性色彩,公司法只需要充当"模板合同",为有限公司治理提供建议以及填补漏洞即可。换言之,《民法典》第 70 条第 2 款只是任意性条款,有限公司完全可以根据实际情况通过章程或决议改变启动清算程序的主体。甚至在公司自行解散,股东会径直成立清算组的场合,不设立清算义务人也并无不妥。如此一来,以董事作为清算义务人的规定就不会与有限公司的治理实践相冲突。从这一点来看,将董事设为有限公司清算义务人本身没有问题,反而是将清算义务人视为公司的必设机构才是对有限公司任意性的忽视。

有学者认为,"董事说"会使职业经理人负担过多的责任,徒生道德危机。② 但实际情况恰恰相反。如前所述,作为有限公司的控制股东往往会同时兼任董事,进而更好地掌控公司,因此董事基本上都是公司的管理者。实践中更有可能出现的情况是某个公司有多个管理者,但并非所有的管理者都兼任董事。而即使在这种情况下,"董事说"也不会使真正责任人逃脱惩罚。试举一例说明之:A 公司有甲、乙两名股东,二人各占股 50%,由甲出任 A 公司的执行董事,后公司被吊销营业执照,甲、乙二人一直拖延启动清算程序,私下合谋瓜分公司财产。此时债权人有两种选择。一是根据《公司法》第 20 条主张甲、乙两股东滥用法人人格独立地位逃避债务,但是证明法人形骸化的难度非常高。二是只追究甲怠于启动清算程序的赔偿责任,此时甲为避免自己承担全部责任,势必会将乙拉入诉讼,这样不仅降低了债权人的诉讼成本,还可以督促董事寻找真正责任人,从内部瓦解公司的利益同盟,进一步保护债权人的利益。

第三,董事担任清算义务人与清算义务人责任制度相契合。"股东说"认为,清算义务人责任的基础是法人人格否认理论。③ 根据《公司法》第 20 条第 3 款的规定,股东只有滥用法人独立地位才会承担连带责任,"滥用"意味着股东必须

① [英]保罗·戴维斯:《英国公司法精要》,樊云慧译,法律出版社 2007 年版,第308 页。

② 肖雄:《论公司清算人中心主义的回归与重建》,载《政治与法律》2017 年第 6 期。

③ 宋晓明、张勇健、刘敏:《〈关于适用公司法若干问题的规定(二)〉的理解与适用》,载《人民司法·应用》2008 年第 11 期。

具备逃避债务的故意。换言之,即使股东存在无法被原谅的过失,其也能够免责。但是《九民纪要》明确指出,怠于履行义务的主观过错包括过失,二者存在不可调和的矛盾。这说明股东责任与清算义务人责任的性质完全不同。反之,如果将清算义务人责任纳入董事责任,董事信义义务要求董事以公司利益为优先,勤勉地行使自己的权力,因此清算义务人的过失亦属于对董事勤勉义务的违反,也会导致其承担赔偿责任。当然,清算义务人责任虽然可以被归为董事责任,但前者仍有其独立的意义。尤其是当公司自行选任董事以外的其他主体担任清算义务人时,该主体也应当如同董事一般勤勉地完成其启动清算程序的义务。

总之,民法典将有限公司和股份公司的清算义务人统一规定为董事既符合理论预设,又契合实践需求。无论站在何种立场,民法典的规定都是"更优解"。因此,在解释论上,笔者认为《民法典》第 70 条第 2 款与《公司法解释(二)》的相关规定应是"新法—旧法"的关系,民法典的规定应当被优先适用。至于《公司法》第 183 条,其本身对于公司清算义务人的选任规则也是空白状态,在《公司法解释(二)》的相关规定被《民法典》取缔后,宜遵循作为一般法的《民法典》之规定做同样解释。

三、公司清算义务人赔偿责任体系之重塑

(一)公司清算义务人赔偿责任应回归侵权责任定位

当公司清算义务人怠于履行其职责,造成公司财产毁损灭失,进而损害债权人利益时,应对债权人承担赔偿责任,这种赔偿责任的实质是清算义务人侵害他人债权而承担的侵权责任。[①] 但自指导案例 9 号始,司法实践中的清算义务人赔偿责任更接近于一种法定责任,侵权责任要求的责任成立要件往往被忽视,这令清算义务人承担了过于严苛的责任。

上述清算义务人赔偿责任脱离侵权责任定位的现象,集中体现在以下两个方面。其一,实务机关忽视对损害范围的审查,动辄判决清算义务人承担连带责

① "清算义务人未在法定期限内成立清算组开始清算,导致公司财产贬值、流失、毁损或者灭失的,应当在造成损失的范围内对公司债务承担赔偿责任。该责任是从法人财产制度和侵权责任角度作出的规定。"参见宋晓明、张勇健、刘敏:《〈关于适用公司法若干问题的规定(二)〉的理解与适用》,载《人民司法·应用》2008 年第 11 期。

任。侵权责任强调的是行为与损害之间的因果关系,以及责任与损害的相当性。[①] 也正因如此,《公司法解释(二)》第 18 条分为两款:第 1 款规定当清算义务人怠于履行其义务的,在造成的公司财产灭失范围内对债权人承担赔偿责任;第 2 款则是若因清算义务人怠于履行义务导致公司已经完全无法清算的,则清算义务人应对公司债务承担连带责任。抛开《公司法解释(二)》第 18 条在立法论上的问题,该条分两款规定的目的显然是旨在强调司法机关应明确清算义务人所造成的损害范围,并据此认定不同的赔偿责任。但司法实践普遍偏离了这一裁判要旨,即使适用的是《公司法解释(二)》第 18 条第 1 款,也往往不审查公司财产的损失范围,直接判决清算义务人对全部公司债务承担赔偿责任。[②]

其二,清算义务人的免责抗辩难以被法院采纳。在部分案件中,清算义务人的"责任"不仅是法定的,而且纵使被告提出合理抗辩亦不能免除,堪称"无过错的绝对责任"。在一般的侵权案件中,被告往往可以抗辩自身对损害发生没有过错或者自身行为与损害之间没有因果关系来免除责任。在公司清算义务人赔偿责任案件中,被告的免责抗辩主要有两类:第一类是主张公司财物、账册、文件的灭失是因为他人原因导致的,自己不存在过错;第二类则是主张自己虽然怠于履行职责,但在公司解散之前,公司早已没有财产。但以上抗辩均难以成立。针对第一类抗辩,指导案例 9 号即认为,有限责任公司的股东、股份有限公司的董事和控股股东的清算义务不因实际控制人的原因而免除赔偿责任。[③] 实践中许多法院也遵循了这一意见,认为:"虽然公司账册、重要文件系由他人保管,但保管人员导致上述文件灭失的情节恰恰说明了公司管理混乱,股东有不可推卸的过

① 许德风:《论公司债权人的体系保护》,载《中国人民大学学报》2017 年第 2 期。

② 参见鞍山钢铁集团公司与葛强、张鹏等与公司有关的纠纷案,山东省高级人民法院(2014)鲁商终字第 40 号民事判决书;徐乐群、林希舜无因管理纠纷、不当得利纠纷案,江西省高级人民法院(2017)赣民终 130 号二审民事判决书。这些案件虽然适用《公司法解释(二)》第 18 条第 1 款,但审理法院均未查明具体造成的损害范围,径直判决被告对全部公司债务承担赔偿责任。

③ 姚宝华:《指导案例 9 号〈上海存亮贸易有限公司诉蒋志东、王卫明等买卖合同纠纷案〉的理解与参照》,载《人民司法》2013 年第 3 期。

错。”[①]就第二类抗辩而言，多数法院认为，即使另案执行程序中已经认定公司无财产可供执行，但也不等于公司财产在被吊销营业执照前已全部灭失，因此因果关系仍然成立。[②] 总之，在公司清算义务人赔偿责任案件中，纵使被告举出翔实的证据证明自己没有过错，或者证明自己的行为与债权人损失无关，在“绝对化责任”化审判倾向下也很免除赔偿责任。

总而言之，虽然名义上公司清算义务人赔偿责任定性为侵权责任，但其在司法实践中却发生了异化，最终演变成了追究清算义务人责任的工具，这种“为了追责而追责”固然是为了尽可能地保护债权人的利益，但也令清算义务人承担了过重的负担。对此，虽然实践中已经由法院开始转变裁判思路，着重考量债权人与公司清算义务人利益的衡平，逐步采纳被告的免责抗辩。[③] 但实践争议依然非常大，甚至同一法院都会作出截然不同的判决。[④] 因此，最高人民法院不得不在《九民纪要》中再次重申：“关于有限责任公司股东清算责任的规定，其性质是因股东怠于履行清算义务致使公司无法清算所应当承担的侵权责任。”此外，《九民纪要》还明确“怠于履行义务”是指清算义务人“故意拖延、拒绝履行清算义务，或者因过失导致无法进行清算的消极行为”，即认为清算义务人承担责任需要以具有过错为前提；又强调清算义务人可以主张其行为与损害结果没有因果关系

① 参见阿马士公司与杨善耕之妻、杨善耕长女等股东损害公司债权人利益责任案，江苏省高级人民法院(2016)苏民终617号民事判决书。类似意见还可参见辽宁省大连市中级人民法院(2016)辽02民初248号民事判决书、福建省高级人民法院(2015)闽民终字第977号民事判决书。

② 参见辽宁省高级人民法院(2019)辽民终868号民事判决书、福建省高级人民法院(2016)闽民终365号民事判决书(本案一审法院判决该因果关系不成立的抗辩成立，但二审予以改判)、甘肃省高级人民法院(2018)甘民终747号民事判决书、北京市高级人民法院(2018)京民终135号民事判决书、福建省高级人民法院(2015)闽民终字第977号民事判决书。

③ 参见最高人民法院(2016)最高人民法院民再37号民事判决书、山东省高级人民法院(2016)鲁民终1362号民事判决书、山东省高级人民法院(2019)鲁民再1号民事判决书、浙江省高级人民法院(2018)浙民终1044号民事判决书、辽宁省高级人民法院(2017)辽民终155号民事判决书。

④ 例如同样是针对清算义务人提出的公司在解散前已经为另案确定没有财产可供执行的抗辩，辽宁省高级人民法院在2017年的一个案件中对这类抗辩予以采纳，在2019年的一份裁判中却予以驳回。参见辽宁省高级人民法院(2017)辽民终155号民事判决书、辽宁省高级人民法院(2019)辽民终868号民事判决书。

进而免责;并明确了该类纠纷的诉讼时效起算点。这些举措都是在强调清算义务人责任的侵权责任属性,强调清算义务人承担赔偿责任的相当性,值得肯定。

(二)清算义务人违反义务情形的梳理

虽然《九民纪要》使得清算义务人的赔偿责任回归了侵权责任的定性,但囿于纪要本身的低位阶,《九民纪要》终归只能在《公司法解释(二)》的基础上"修修补补",无法触及立法论的问题。然而《公司法解释(二)》第 18 条至第 20 条对公司清算义务人责任的规则体系本身亦值得检讨。具体来看,《公司法解释(二)》第 18 条至第 20 条共规定了清算义务人承担赔偿责任的五种情形:(1)未在法定期限内成立清算组开始清算(第 18 条第 1 款);(2)怠于启动清算导致公司无法清算的,此时需承担连带责任(第 18 条第 2 款);(3)恶意处置公司财产(第 19 条前段);(4)以虚假清算报告骗取公司注销登记(第 19 条后段);(5)未经清算即办理注销登记(第 20 条第 1 款)。但据笔者看来,以上五种情形,除第(1)种应予以保留外,其余均应当尽早废除。

第一,《公司法解释(二)》第 18 条第 2 款缺乏法理基础,怠于启动清算程序不应承担连带责任。据考证,《公司法解释(二)》第 18 条第 2 款的规定源自法人人格否认理论。《公司法解释(二)》的起草法官就认为,在公司出现解散事由时,清算义务人若怠于履行清算义务,导致公司主要财产、账册、重要文件灭失,无法清算的,明显属于股东利用公司的独立人格逃废债务。[①] 指导案例 9 号也将《公司法》第 20 条(股东直索责任)作为案件审理的"相关法条"。但是清算义务人责任与股东直索责任是性质迥异的两个制度。首先,前者的责任主体原则上是董事,而后者是股东。其次,前者以故意或者过失为主观要件,后者则必须基于"滥用"的故意。最后,前者违反义务的方式仅要求"怠于履行义务",是一种消极的不作为;而股东直索责任则要求股东"滥用法人独立人格",即要求股东有积极逃废债务的行为,如转移财产、虚构债务等。[②] 清算义务人责任系因侵害债权而生之侵权责任,强调的是行为与损害之间的因果关系,以及责任与损害的相当性。[③] 而股东直索责任则更多侧重于对有限责任原则的例外突破。二者在立法

① 刘敏:《实践中的商法》,北京大学出版社 2011 年版,第 247 页。

② 持类似观点者,参见高永周:《清算义务人承担连带清偿责任的法理逻辑——评最高人民法院指导案例 9 号案》,载《中南大学学报(社会科学版)》2014 年第 5 期。

③ 许德风:《论公司债权人的体系保护》,载《中国人民大学学报》2017 年第 2 期。

取向上不宜作类似解释。司法实践中的许多法院忽略对损害要件的审查,动辄判决清算义务人对全部公司债务承担赔偿责任。[①] 这与清算义务人责任的侵权责任定位相冲突。清算义务人怠于启动清算程序的,其责任应严格限缩于其造成的损失范围内,不能任意突破有限责任的框架,否则会使得清算义务人责任趋于无限责任,进而使得债权人从破产清算向非破产清算"逃逸",进而严重破坏市场退出规则。[②]

第二,《公司法解释(二)》第19条系对清算义务人职责的误读,应予以删除。首先,该条前段规定的"恶意处置公司财产"并非清算义务人违反义务的典型情形。如前所述,法律规定公司财产由法定代表人、财务管理人员和其他经营管理人员保管,在上述主体未担任清算义务人的情况下,清算义务人并不负责保管公司财产。恶意处置公司财产的可能是股东、董事或者直接保管人员,而无论恶意处分公司财产的行为是哪一主体所为,公司法都有相应的规制,无须另行通过清算义务人责任实现追索。在司法实践中,债权人援引该条款主张清算义务人承担赔偿责任的情形也十分罕见,因为外部债权人很难举证证明"恶意处置公司财产"的事由。[③]

而该条后段的"以虚假清算报告骗取公司注销登记"同样不是清算义务人的责任。根据《公司法》第184条的规定,制作清算报告属于实际清算的工作,是清算组的义务,清算组伪造清算报告骗取注销登记的,应当由清算组承担责任。虽然从理论上讲,清算义务人也可能伪造清算报告来骗取注销登记。但从司法实践上来看,法院援引该款进行裁判的案件均是公司成立清算组后,因清算组虚构

① 参见鞍山钢铁集团公司与葛强、张鹏等与公司有关的纠纷案,山东省高级人民法院(2014)鲁商终字第40号民事判决书;徐乐群、林希舜无因管理纠纷、不当得利纠纷案,江西省高级人民法院(2017)赣民终130号二审民事判决书。这些案件虽然适用《公司法解释(二)》第18条第1款,但审理法院均未查明具体造成的损害范围,径直判决被告对公司全部债务承担赔偿责任。

② 梁上上:《有限公司股东清算义务人地位质疑》,载《中国法学》2019年第2期。

③ 在本案搜集的全部样本案例中,债权人主张清算义务人"恶意处置公司财产"的出现次数为0。

清算报告而造成债权人损害的情形。[①]《公司法解释(二)》第19条将伪造清算报告也视为清算义务人不履行义务的情形,本质上是混淆了清算义务人和清算组的表现。

第三,《公司法解释(二)》第20条规定的情形不必由公司清算义务人制度规制。该条规定的“未经清算即办理注销登记”在理论上本不可能,因为主管机关不会同意未经清算程序的公司办理注销登记。只有公司大股东或实际控制人虚构股东会决议、清算报告的才可能骗取注销。[②] 但此时完全可以直接追究大股东或者实际控制人逃避债务的责任,这属于法人人格否定的范畴,无须通过清算义务人制度实现。质言之,此时设置清算义务人责任缺乏必要性。

综上,《公司法解释(二)》对清算义务人责任的规范设置杂乱,内在逻辑与体系定位不清,且与清算义务人的职责不相匹配。在实践运用中,这些规范中也多误用于处理清算组、实际控制人等主体的违法行为。准此而言,既然清算义务人的职责只有“及时启动清算”,那么与之相对的,清算义务人也只有在未完成这一义务时才需要承担赔偿责任。反观民法典的规定就简单很多,《民法典》第70条第3款前段仅规定清算义务人仅在未及时履行清算义务时才需承担赔偿责任。[③] 正如前文对清算义务人选任规则的分析一样,笔者同样认为《民法典》第70条第3款前段属于对《公司法解释(二)》的刻意修正,应解释为民法典已经摒弃了除《公司法解释(二)》第18条第1款以外的其他需要清算义务人承担赔偿责任的情形。

---

① 参见浙江省高级人民法院(2015)浙商提字第127号民事判决书、江苏省高级人民法院(2015)苏商终字第00044号民事判决书、山东省高级人民法院(2015)鲁商终字第142号民事判决书、山东省高级人民法院(2012)鲁商终字第100号民事判决书、福建省高级人民法院(2019)闽民终200号民事判决书、浙江省高级人民法院(2018)浙民终6号民事判决书、山东省高级人民法院(2016)鲁民再389号民事判决书、浙江省高级人民法院(2017)浙民再20号民事判决书。

② 参见深圳市南头城实业股份有限公司与温进才、李殷英借款合同纠纷案,广东省高级人民法院(2015)粤高法民二终字第971号民事判决书;中国农业银行股份有限公司济南天桥支行与张立柱、张湜等金融借款合同纠纷案,山东省高级人民法院(2013)鲁商初字第4号民事判决书。

③ 据前文所述,该款“未及时履行清算义务”的表述并不准确,因为“清算义务”更接近清算组的职责,该条的真正含义是“未及时启动清算程序”。

四、公司启动强制清算程序规则之完善

理论上,立法者赋予公司以外的主体申请公司强制清算的权利,以对抗清算义务人和清算组的违法行为,避免损害的发生。《民法典》第70条第3款后段规定,“主管机关或者利害关系人可以申请人民法院指定有关人员组成清算组进行清算”。与之不同的是,《公司法》第183条仅规定,公司逾期不成立清算组的,只有债权人可以向法院申请指定人员组成清算组进行清算。《公司法解释(二)》第7条又规定,公司逾期不成立清算组的,在债权人未申请强制清算时,股东亦可申请强制清算。由此观之,《民法典》第70条第3款后段虽然规定主管机关也可以申请法人清算,不过这一规定似乎主要指慈善组织①、事业单位②、社会团体③等法人组织,而不涉及公司法人。

但这一解释方案并不能真正解决公司启动清算难的问题:司法实践说明,一旦公司内部的清算义务人不能或者不愿启动清算程序的,仅凭债权人和股东也很难及时启动。尤其是公司因违法、犯罪被行政解散的,公司控制者基于利己的立场往往会选择不公开信息,或者公司控制者本身就因违法犯罪而逃逸或者被捕,实际上已经失去了履行义务的能力,但上述情况很难为利害关系人及时知悉,即使利害关系人申请了强制清算,其也与公司解散的时间相隔甚久,公司早已人去楼空。在笔者所收集的样本案例中,共有14起纠纷的利害关系人申请了强制清算,而这14个案例从公司解散到强制清算启动的时间最短接近2年,而最长达到13年,平均时间为6.86年,已经远远超过《公司法解释(二)》第7条规

① 《慈善法》第18条第1款:“慈善组织的决策机构应当在本法第十七条规定的终止情形出现之日起三十日内成立清算组进行清算,并向社会公告。不成立清算组或者清算组不履行职责的,民政部门可以申请人民法院制定有关人员组成清算组进行清算。”

② 《事业单位登记管理条例》第13条第2款:“事业单位办理注销登记前,应当在审批机关指导下成立清算组织,完成清算工作。”

③ 《社会团体登记管理条例》第20条:“社会团体在办理注销登记前,应当在业务主管单位及其有关机关的指导下,成立清算组织,完成清算工作。清算期间,社会团体不得开展清算以外的活动。”

定的15日的法定期限。[①] 这不禁让人反思:公司解散清算程序的顺利进行是公司、利害关系人以及主管部门多方协作的结果。在公司因正当理由而被解散时,应充分尊重公司自由,不宜像破产清算一样由司法机关直接介入。但公司在非正常情况下被解散时,公司股东、债权人本就承担了极高的风险,此时公权力机关应及时介入,保证相关主体的合法利益。但现行公司法并没有确立主管机关介入公司解散清算程序的通道,这就导致作为解散决定的作出者的主管机关即使在第一时间就能得知公司解散的事由,也无法采取相应措施。[②] 笔者认为,《民法典》既已授予主管机关启动清算程序的职权,鉴于司法实践的需要,这一规定也应扩张到公司法领域。同时,公权力机关的介入也不仅限于直接启动清算程序,而是通过多元的监督手段来督促公司自行清算,或者提醒利害关系人申请清算,未来公司法修法时需对此予以完善。具体建议如下:

第一,主管机关应重点关注有限公司的解散清算程序。从实证数据来看,笔者所搜集的69个涉案企业中,有限公司的数量为56个,占全部样本的80%以上,另有13个企业为公有制企业,而股份责任公司的数量则为0。这说明有限公司是清算义务人责任纠纷发生的"重灾区"。其原因在于与股份公司相比,有限公司在解散时缺乏有效的监督:在外部监督方面,凭借公开的外部市场与强制信息披露机制,股份公司解散的消息可以第一时间被利害关系人知悉;而有限公司的封闭性意味着利害关系人缺少获取信息的途径。在内部监督方面,股份公

---

① 2017年贵州省高级人民法院的调研显示,贵州高级人民法院自2008年至2015年被吊销执照的公司共有6381件,但相比之下,全省受理的强制清算案件不超过20件。参见段建桦:《"僵尸公司"强制清算问题探析——以贵州省法院审判实践为视角》,载《法律适用》2017年第8期。值得注意的是,在经济较为发达的广州地区,强制清算案件的数量虽然更多,但公司主动清算和被动清算的比例同样很低:广州市中级人民法院2009年到2013年间被吊销营业执照的企业中,正常注销的仅占14.5%。参见刘冬梅、张妍、范晓玲:《打破僵尸企业不死神话——以股东清算义务之法律规制为研究视角》,载《法治论坛》2016年第4期。

② 公权力介入通道的缺位导致主管机关在面对违法不清算的企业时没有反制的手段,唯一的办法是选择将案涉公司强制注销。但主管机关的上述做法也会使得公司彻底无法清算,公司债权人无法获得清偿,只能追索相关责任人的责任,如此一来,维权成本和风险都会显著提高。参见"高云海股东损害债权人利益责任纠纷",云南省高级人民法院(2014)云高民二终字第6号民事判决书。本案中,在松海公司营业执照被吊销之前,工商发布公告告知松海公司限期办理年检,如不办理将吊销企业营业执照,但公司股东依旧未办理企业年检,导致公司未经清算即被工商行政管理部门依职权注销。

司的治理结构更加复杂,管理层分工明确并相互掣肘;而有限公司治理机构单一,监事会大多属于"橡皮图章",管理层合谋抽空资产的成本更低。因此,主管机关应着重关注有限公司的启动清算难问题,通过公权力强化有限公司解散的监督和直接介入。对此,有学者主张建立有限公司解散登记和公示制度,即有限公司被行政解散的,作出决定的主管机关有职责通过公告、登记、信息公示等方式及时告知利害关系人;有限公司被司法解散的,由法院依职权进行信息公示;有限公司自行解散的,法律应规定公司应自行进行信息公示。[①] 笔者对此表示赞同,并在此基础上提出补充性建议:在公司自行解散的情况下,对外进行信息公示的主体也应当是清算义务人。若清算义务人未及时披露信息且存在过错的,应当对债权人承担民事赔偿责任。《公司法解释(二)》第11条规定了清算组的通知与公告义务及违反义务应承担的责任。未来立法可以参照该条规定,构建完善的清算义务人信息披露规则。

第二,当治理结构异常简单的公司被解散时,主管机关有必要直接启动清算程序。统计显示,在前述存在相关纠纷的56家有限公司中,股东人数为3人以下的公司就占全部样本的约80%,而且全部样本中没有一家公司的股东人数超过10人。[②] 这说明治理结构简单、股东人数少的公司违法清算的成本更低,更容易发生相关纠纷。域外法对这些治理结构异常单一的公司的清算程序有特别规定。比如韩国《商法》规定,当仅剩一名股东的公司解散时,或者清算时因各种原因导致实际能够行使职务的清算人仅剩一名时,法院可以排除公司自行启动清算程序的权利,直接根据利害关系人或检察官之请求,或者依职权选任清算人。[③] 我国可以借鉴韩国商法的规定,甚至可以适当放宽,授予主管机关更大的权力。比如规定当股东人数为2人及以下的公司解散时,主管机关可以直接根据利害关系人的请求或者视情况依职权启动清算程序。

第三,对公司因重大违法事由而被解散的,行政机关认为有必要的,可以向法院申请启动清算。当公司管理层因违法犯罪而丧失启动清算程序的能力时,

① 肖雄:《论公司清算人中心主义的回归与重建》,载《政治与法律》2017年第6期。

② 具体比例为:股东人数为1人的公司有7家,占比13.5%;股东人数为2人的公司有21家,占比40.4%;股东人数为3人的公司有13家,占比25.0%;股东人数为4人的公司有8家,占比15.4%;股东人数为5~10人的公司共有7家,占比13.5%。

③ [韩]李哲松:《韩国公司法》,吴日焕译,中国政法大学出版社2000年版,第138页。

公司必然会陷入不能启动清算的困境,实践中这类情况十分普遍,此时行政机关应当直接申请法院启动清算。而公司的其他违法情形也影响公司清算程序启动的,行政机关当然也可以直接启动清算程序。比如《美国示范商业公司法》第14.30节规定,在公司因通过欺诈获得公司章程,或者该公司持续超出或者滥用法律赋予的权限被行政解散的,由行政机关提起解散公司的诉讼程序。[①]

第四,被司法解散的公司若存在以上事由的,法院同样有权径直启动清算程序。换言之,《民法典》第70条第3款应作目的性扩张解释,将人民法院也纳入"主管机关"的范畴中。

结 语

从规范演进历程来看,民法典中的法人清算制度是以公司清算制度为原型而构建的。[②] 但吊诡的是,在清算义务人制度领域,作为"一般规定"的民法典却与作为"制度原型"的公司法规定相去甚远,这着实令人费解。彼时《公司法解释(二)》制定时,司法机关没有很好地把握公司治理理论和实践需求,也未曾理解清算程序的内在价值与具体构造,在"乱世用重典"[③]的价值取向下制定出的清算义务人制度,其实践效果并不尽如人意。在后民法典时代,《公司法解释(二)》的相关规定不宜继续适用,清算义务人制度应以《民法典》第70条为中心进行解释论重构。如今司法机关正在进行对民法典相关的司法解释清理整合工作,笔者建议趁此机会对《公司法解释(二)》第18条至第20条作出修正,以根除法律适用之顽疾。

---

① 沈四宝编译:《最新美国标准公司法》,法律出版社2006年版,第212页。

② 《民法典》第71条规定:"法人的清算程序和清算组职权,依照有关法律的规定;没有规定的,参照适用公司法律的有关规定。"这说明公司清算制度是整个法人清算制度的基石。

③ 刘岚法官在说明《公司法解释(二)》制定背景时如是说。参见刘岚:《规范审理公司解散和清算案件——最高人民法院民二庭负责人答本报记者问》,载《人民法院报》2008年5月19日第2版。

民法典与刑法关系的协调
——以民间借贷刑民交叉案件处理困境及破解路径为视角

张俊明* 陈书琴**

摘要:民间借贷类刑民交叉案件具有涉众性、取证难、跨区域等特征,加之法律关系交织,实务处理中常面临法律依据不足、管辖权消极冲突、工作机制不协调、涉案财物处理脱节等困境。民法典及配套司法解释施行后,要在此类案件处理中实现民法典与刑法体系的协调,需在刑事立法上更为充分地回应,同时在配套工作机制上予以细化。

关键词:民间借贷;刑民交叉;刑民先后三步法;协同机制创新;涉案财物处置

引 言

随着我国经济的快速发展,资金供需矛盾日益显现,民间融资因其便利性备受青睐,高利贷也以燎原之势出现在日常生活中。近年从几乎遍地开花的非法集资案,到时有报道的女大学生裸贷,再到缘于企业借高利贷的于欢伤人致死案,民间高利贷裹挟吞噬的群体不断扩大,矛盾隐患日益突出。为了适应新的社会情况,《中华人民共和国民法典》颁布实施,其中第680条第1款规定:"禁止高利放贷,借款利率不得违反国家有关规定。"新修订的《最高人民法院关于审理民间借贷案件适用法律若干问题的规定》明确了以非法吸收公众存款取得资金放贷等合同无效的情形,相关案件的民事处理已较为清晰。同时,《刑法修正案(十一)》也增设了催收非法债务罪的规定。但实务中,民间借贷类案件往往呈现民

* 作者系江苏省南京市人民检察院员额检察官,法学学士。

** 作者系江苏省宿迁市宿城区人民法院法官助理,法学学士。

事、刑事法律关系交织的特点,仍有诸多现实冲突和困境,要在此类案件处理中实现刑民体系的协调,不仅要在刑事立法上予以回应,还应在工作机制上进行配套细化。

一、特征分析:以案例样本为切入点

刑事案件和民事案件属于两种不同性质的案件,二者根据不同的法律规范和诉讼程序来解决和处理。原则上它们并无交集,即使产生交集也可单独处理。但由于法律事实的复杂性和认知能力的局限性,刑民交叉现象在司法实务中屡见不鲜。所谓刑民交叉案件是指一个案件同时涉及刑事法律关系和民事法律关系,彼此相互交叉、相互影响。[①] 如民间借贷中,借款人为达到融资目的,向不特定社会公众吸收资金,演化为庞氏骗局;出借人为实现高利目的,采取“砍头息”、循环转账虚增交易流水、签订虚假买卖合同、刻意制造违约等方式,异化为“套路贷”。此类案件具有一定的共性,以笔者参与办理的几起案件为例。

案例1:2016年9月,原告朱某芹将被告曹某俊诉至法院,主张确认房屋买卖合同无效。理由为,其与被告曹某俊并非真实的房屋买卖合同关系,房屋买卖合同实际是其为获得借款,应放贷人曹某武(与曹某俊系父子关系)要求签署,其真实意思仅为借款抵押。后借款未按约清偿,曹某俊将房屋过户至其个人名下。诉讼前,案涉房屋面临拆迁,双方就拆迁款归属发生争议,因而成讼。[②] 法院在审理中发现,同期受理的原告王某平诉被告张某(系曹某武前妻)确认房屋买卖合同无效纠纷一案[③],情况类似,出借人、房屋买方均为曹某武的关联人。曹某武系当地职业放贷人,在全市法院共有288件涉诉案件,另其关联人张某等10余人亦有大量诉讼案件。

案例2:2018年9月,王某帅以债权转让纠纷为由,将被告田某梅、李某明等诉至法院,同期立案20余件。审理法院查明,王某帅实际系上海某财金公司在本地分公司的负责人,该公司及关联公司以高利为诱饵向不特定的公众销售“理

① 何帆:《刑事交叉案件审理的基本思路》,中国法制出版社2007年版,第26页。

② 朱某芹诉曹某俊房屋买卖合同纠纷案,江苏省宿迁市宿城区人民法院(2016)苏1302民初6919号民事判决书。

③ 王某平诉张某敏房屋买卖合同纠纷案,江苏省宿迁市宿城区人民法院(2016)苏1302民初6920号民事判决书。

财产品”实施非法集资活动，再以实际控制人姚某发个人名义发放贷款收取高利。诉讼时，该财金公司及多地分公司均出现资金链断裂，产品逾期无法兑付，大量案件进入诉讼程序。①

案例 3：2012 年 6 月，被告蔡某威、李某娟向原告陶某利借款 28 万元，2018 年 7 月，陶某利以二人未清偿借款为由诉至法院。诉讼时被告李某娟因非法吸收公众存款罪在监狱服刑，蔡某威已出狱但下落不明。审理中，李某娟认可借款事实，但辩称其犯罪自首时已经供述了该笔款项，不知为何最终刑事判决未有认定。② 通过检索关联案件发现，二被告于 2013 年 1 月被逮捕，2014 年 1 月因非法吸收公众存款罪被判处刑罚。2012 年 12 月原告陶某利曾以民间借贷纠纷起诉，2013 年 2 月被以案件涉嫌刑事犯罪为由，裁定驳回起诉移送公安机关，公安机关未有后续反馈。2013 年 11 月其就同一事由再次起诉，2013 年 12 月被裁定驳回起诉移送公安机关，公安机关未有后续反馈。2014 年 3 月(刑事判决后)，其就同一事由再次起诉，2014 年 9 月被裁定驳回起诉移送公安机关，公安机关未有后续反馈，直至 2018 年其再次提起本次民事诉讼。

从以上案例中不难看出，民间借贷类刑民交叉案件呈以下特征：

一是涉众性。民间借贷行为异化为犯罪，往往有量变到质变的过程，相关行为危害性须达到一定的标准才能入罪。在吸储过程中，行为人可能涉嫌的非法吸收公众存款、集资诈骗等都是涉众型经济犯罪，有入罪数额标准，也要满足向不特定的公众吸收存款的要件。因此，此类案件中的受害人往往多、广、杂。在催收过程中，由于出借人所追求的高出国家规定部分的利息不受法律保护，其仅以简单的催讨行为往往难以实现非法目的，因此此类案件中行为人的逼债行为往往花样繁多，且多是有组织、团伙实施，进而可能滋生涉黑、涉恶等组织性犯罪。如案例 1 中曹某武及其关联人在当地长期从事高利放贷，内部人员有较为明确的分工，多年来在全市涉诉案件达数百件，受害人数量大，在当地影响恶劣。

二是取证难。民间借贷行为掩饰下的犯罪行为，往往行为方式隐蔽，且为规避法律规定不断翻新升级。如“套路贷”行为人为了实现非法占有借款人房屋的

① 王某帅诉田某梅、李某明债权转让合同纠纷案，江苏省宿迁市宿城区人民法院(2016)苏 1302 民初 6920 号民事裁定书。

② 陶某利诉蔡某威、李某娟民间借贷纠纷案，江苏省宿迁市宿城区人民法院(2018)苏 1302 民初 7155 号民事判决书。

目的,早先仅是利用借款人资金需求的紧迫性,在借款的同时签订房屋买卖合同,以期在诉讼时规避物权法关于禁止流质条款的相关规定。后发现在民事判决中该类房屋买卖合同会被认定无效后,又采取将借款人和“购房人”分立的方法,由出借人签订借款合同,关联人签订房屋买卖合同,企图割裂借款合同与房屋买卖合同的联系,增加了案件审理的难度。如案例 1 中,抵押借款合同载明的出借人与房屋买卖合同买方并无特殊关系,增加了查明二者关联的难度,后通过多方调查取证,才将二者通过中间人曹某武关联起来。如果未有相关证据,案件事实无法查清,原告将面临举证不能的风险。又如,为防止虚假诉讼、打击套路贷行为,近年来,法院在民事案件审理中对借贷合同的资金交付审查均从严把握后,高利放贷人的行为手段亦从虚假现金收条升级到循环转账的方式,且循环转账中的关联人越来越多,部分案件需要调取 10 余人多年的银行流水记录,才能形成循环转账的闭环,加之部分受害人迫于威胁,不愿到庭答辩,案件事实更难以查清。

三是跨区域。行为人以高息揽存或低息贷款为诱饵,吸引大量“投资人”和借款人,随着互联网的发展,传播方式亦由传统的“口口相传”向 P2P 平台延伸,存在领域因此向虚拟网络扩张,网络借贷、股权众筹、虚拟货币等互联网金融领域逐步成为高发地。如案例 2 中的财金公司,其总公司在上海,在全国多地均设有分公司,案发后在全国各地引发大量诉讼案件,具有较强的跨地域性。

二、民间借贷刑民交叉案件处理的现实困境

(一)刑事立法与司法需求不对应

高利放贷人为实现高息目的往往实施一系列侵害法益的行为,在《刑法修正案(十一)》施行之前,我国刑法除了“高利转贷罪”之外,没有其他条文直接加以规制,司法实践中只能将行为予以拆分,再单独与有关罪名对应,部分适用争议较大的情况再通过司法解释予以补充,但相关司法解释主要是基于实践的迫切需要而提出的局部的、面上的对策。①

一是针对性不强。如 2019 年 10 月 21 日最高人民法院会同最高人民检察院、公安部、司法部联合发布并实施的《关于办理非法放贷刑事案件若干问题的

① 吴加明:《刑事实质何以刺破“套路贷”民事外观之面纱》,载《江西社会科学》2019 年第 5 期。

意见》明确规定,将超过实际年利率36%的非法放贷行为列入非法经营罪定罪进行打击处罚,非法经营是指违反国家规定,未经许可经营国家专营、专卖等限制买卖物品以及非法经营证券、期货、保险、资金支付结算等业务扰乱市场秩序的行为。而高利放贷行为并不完全符合该罪的构成要件和立法精神,以此入刑难免有错愕之感。① 同时,以该罪名论处并没有涉及该行为的本质特征,也难以对该类行为形成有效打击。②

二是法律适用繁复。将连续且高度关联的行为拆分入罪,行为越多,不同行为之间的甄别及不同罪名的竞合关系就越复杂。仅高利放贷行为,可能涉嫌高利转贷、骗取贷款、诈骗、非法经营、强迫交易、催收非法债务、非法拘禁、黑社会性质组织等10余项罪名,民事法官在证据有限的情况下甄别是否构成犯罪,以及构成何种罪名较为困难,部分案件裁定驳回起诉时,仅简单写明行为人可能涉嫌犯罪,对于涉嫌何种犯罪未言其详,当事人难以信服。同时,法律适用过于繁复,亦可能导致刑事裁判不统一,还可能产生漏罪、漏罚等问题。

(二)先刑后民的质疑

所谓先刑后民,是指在民事诉讼活动中发现涉嫌刑事犯罪时,应当在公安机关对涉嫌刑事犯罪的事实查清后,由法院对刑事犯罪进行审理,再就涉及的民事责任问题进行审理,或者由法院在审理刑事犯罪的同时,附带审理民事责任问题。在此之前不应单独就其中的民事责任予以审理判决。③

目前,民间借贷类刑民交叉案件处理的法律依据主要为最高人民法院、最高人民检察院、公安部《关于办理非法集资刑事案件适用法律若干问题的规定》,最高人民法院《关于在审理经济纠纷案件中涉及经济犯罪嫌疑若干问题的规定》,最高人民法院《关于审理民间借贷案件适用法律若干问题的规定》,一般做法是在判断刑事、民事案件是否基于同一事实、同一法律关系的基础上,以确定民事案件是否继续审理,如涉嫌犯罪则裁定驳回起诉,移送公安机关侦查,反之则分别审理。其理论基础是公私权冲突时,公权优先的原则,有利于更好地调查取证、提升司法效率,如在案例2一类的跨区域、涉众型非法集资类犯罪中尤能

① 王志祥、韩雪:《论高利放贷行为的刑法命运》,载《法治研究》2015年第5期。

② 姚万勤:《新时代民法典与刑法的协调与衔接》,载《检察日报》2020年6月13日第3版。

③ 江伟、范跃如:《刑民交叉案件处理机制研究》,载《法商研究》2005年第4期。

体现。

但此种优势具体到个案中并非完全适用。如案例1,被告的行为符合“套路贷”的表征,但案件仅为借款人的确认合同无效之诉,诉讼时案涉房屋已经纳入当地拆迁范围。如果仅作为民事案件处理,基于已查明事实,以双方签订房屋买卖合同掩盖流质条款为由,确认房屋买卖合同无效。判决后,拆迁款归属问题解决,且不影响将犯罪线索移送公安机关,社会效果更好。相比之下,如果立足于被告的犯罪嫌疑,裁定驳回起诉,移送公安机关侦查,办理时限将拉长,影响受害人权利及时得到救济及当地拆迁工作进度,社会效果不佳。另外,在某些案件中,机械适用先刑后民原则,还可能面临犯罪嫌疑人不能及时抓获,被告人通过不正当手段制造涉嫌刑事犯罪假象,以逃避民事责任等问题,导致案件久拖不决。

(三)工作机制不协调

1.管辖权消极冲突

民间借贷刑民交叉案件法律关系复杂,涉及多方利益,人民法院、公安机关在处理此类案件时,对案件管辖权可能出现的消极冲突,互相推诿、不作为。在民事程序中,当事人举证能力有限,审判人员难以有效地掌握涉嫌犯罪的事实,为缓解办案压力、规避错案风险,往往倾向于先移送公安机关侦查,将此作为案件办理的兜底。部分案件仅仅借款人辩称原告系“套路贷”,未有其他实质证据证明,便裁定驳回起诉移送公安机关,裁定中亦未对犯罪嫌疑的有关事实充分说理,公安机关时常不接收、不回复、不处理。如案例3,案件多次移送公安机关均未得到处理反馈,导致当事人每隔一段时间就重新起诉,浪费大量的司法资源。虽然部分地区已建立了打击非法金融的网络工作平台,线上和线下同时移送非法金融线索,但运行后仅能对接所在地区的公安部门,未能实质解决管辖权的消极冲突问题,反而增加了移送工作量。

2.检察监督不充分

检察机关有效行使立案监督权,有利于准确认定案件性质,督促法院、公安机关依法履职。但目前由于线索移送不规范、不及时等客观原因,检察机关监督相对滞后和缺位。一是法院、公安机关主动接受监督的意识不强甚至排斥监督,对于移送线索,未抄送检察机关。就目前民间借贷类案件的体量,要让检察机关在大量的案件中自行筛查并行使监督权,不符合当前检察机关的资源现状。二是关于工作机制的规定少且泛化,民事案件审理中发现犯罪线索移送的时限、公安机关接收后的处理时限、检察机关何时介入监督等均未细化。而对于节点及时限的把控,恰又是监督的重要内容,以至于检察机关行使监督权缺乏有力的抓手。三是部分受害人出于个体利益,排斥刑事处理,亦导致检察监督缺少了一项重要的启动依据。部分非法吸收公众存款罪的受害人,明知借款人可能构成犯罪,仍试图通过抢先进入民事执行程序,以达到先于其他受害人获得清偿的目的,其对于法院裁定驳回起诉已持异议,显然不会在移送过程中申请检察院进行监督。

(四)涉案财物处理冲突

财产处置直接关系着受害人的权利救济,最为重要且敏感,犯罪行为与财物高度关联。无论是在刑事诉讼还是民事诉讼中,查封、扣押、冻结都属于未决性措施[①],对同一财物采取此类措施就会产生处理冲突。

1.民刑各行其是

《民事诉讼法》、最高人民法院《关于人民法院民事执行中查封、扣押、冻结财产的规定》以及最高人民法院《关于人民法院办理财产保全案件若干问题的规定》都规定了民事保全有关事项,《刑事诉讼法》赋予检察机关、公安机关根据侦查犯罪需要查封、扣押、冻结财产的权力。另《公安机关办理刑事案件程序规定》《关于公安机关办理刑事案件适用查封、冻结措施的有关规定》进行了相关细化。但对于刑民交叉案件,涉案财物采取何种措施及顺序没有具体规定。

2.适用一般法律规定处理刑民交叉案件导致案件处理风险

根据最高人民法院《关于适用〈中华人民共和国民事诉讼法〉的解释》第166条规定:“裁定采取保全措施后,有下列情形之一的,人民法院应当作出解除保全裁定:……(三)申请人的起诉或者诉讼请求被生效裁判驳回的。”如果严格适用该规定,民事审理中发现犯罪嫌疑裁定驳回起诉的,应当在驳回起诉裁定生效后解除相关财产的保全。但此种做法:一是可能导致相关财物在移送期间被犯罪嫌疑人处置、转移甚至灭失;二是如果公安机关未予以回复或者立案,原告二次起诉时重新保全,又将改变原来的保全顺位,特别是原第一顺位的保全人,将因此丧失执行过程中略高比例的分配权益,当事人会认为系法院错误移送导致其分配权益的丧失,在标的额较大的情况下可能引发重大信访,严重影响司法公信

① 宋英辉、曹文智:《论刑民交叉案件程序冲突的协调》,载《河南社会科学》2015年第5期。

力。但如果不及时解除保全并告知申请保全人,不仅违反法律规定,被保全人可能以此提出异议,再次起诉立案,又会出现强制执行依据的生效判决与财产保全裁定不同案的情况。如二次起诉审理或执行过程中保全到期,只能续行保全,再用原来案件的案号续保,逻辑上也稍显牵强。对于刑民交叉案件裁驳移送后是否解除保全,如果不解除措施持续到何时,公安机关未立案后重新提起民事诉讼,执行过程中是否按照原始保全顺位分配还是按债权比例分配,这部分的关键问题都未有特别规定。

3.民事执行与刑事退赔的冲突

民间借贷刑民交叉案件涉及刑事、民事关系,到执行阶段,必然面临民事执行与刑事退赔程序,就会产生私权利之间的冲突或公权与私权利之间的冲突。① 非法集资类犯罪尤为明显,通常集资人面临多方债务,不同的债权人往往选择不同的救济途径,如果分属不同地区的司法机关管辖,更易产生退赔财产与执行分配的冲突。实务中争议较大的有两个方面:一方面是财产属合法财产还是犯罪所得问题,二者的性质难以区分;另一方面主要是受偿优先次序的问题。部分非法集资类犯罪,通常刑事程序时限更长,如果其中部分借款未认定为犯罪,并经过民事判决进入执行程序,执行法院优先于公安机关保全到财产,该部分出借人可能先行获得受偿,而集资人的财产又是高度混同的,刑事案件中的受害人权益难免受到影响。

三、破解路径:与《民法典》相适应的刑法体系及工作机制

(一)立法完善

《民法典》规定禁止高利放贷。对于高利贷行为,应该看到它的严重危害性,不能让意思自治、契约自由成为其合法的挡箭牌,也不能一味地用经济思维去思考和处理法律问题,刑罚谦抑性原则不应适用于此等严重的危害行为。

1.域外立法现状

域外多个国家和地区对于高利贷设置明确的罪名予以规制。日本有关法律规定,对于贷款业者而言,处罚高额利息的上限是年 20%,对于一般债权人即一般私人贷款而言,处罚的高额利息上限则是 109.5%,这样行为人签约或领受超

① 宋英辉、曹文智:《论刑民交叉案件程序冲突的协调》,载《河南社会科学》2015 年第 5 期。

过上限利息,就应受到刑事处罚。……芬兰《刑法典》第36章“欺诈与其他不诚实行为”第6条规定,凡利用他人在合同或其他交易中造成的财务上的或其他方面的困境,依赖地位、缺乏了解和无知,而为本人或者他人取得完全与酬劳不成比例的经济利益的,以高利贷罪论处。[①] 我国香港地区放贷人条例中对利率标准也采取了不同档次的做法,即年利48%以下合法受保护,超过48%推定为敲诈,年利率60%的构成犯罪。美国是联邦制国家,由各州自己规定法定最高利率,比如新泽西州的法律规定,个人贷款利率超过30%就被认定成高利贷。在联邦层面,美国联邦政府《反欺诈腐败组织法案》规定,如果利率超过各州规定的法定最高利率2倍,不管是金融机构借贷还是民间借贷都构成“放高利贷罪”,属联邦重罪。[②]

2.现实司法需求

从之前的将催收高利贷的行为拆分入罪,到《刑法修正案(十一)》后将催收非法债务入罪,对于高利放贷中侵害受害人人身权益的行为,有了直接的法律规定予以规制,打击更有针对性,更为精准,避免了拆分行为适用法律规定的繁复。如案例1中的曹某武,其从事高利放贷多年,其行为在《刑法修正案(十一)》施行之前,最终其被立案查处,也是得益于当前打击“套路贷”的高压态势,以及其团伙放贷过程中致借款人亲属自杀的严重后果,但其被提起公诉的罪名也仅为诈骗罪、非法侵入住宅罪及伪造、买卖国家机关证件、印章罪。如果是在《刑法修正案(十一)》施行后,其催收非法债务的行为则有了更为直接的刑法评价。但是对于未有资质从事职业放贷,仅侵害财产权益、扰乱国家金融管理秩序职业放贷人,仍然是以非法经营罪论处,针对前述法律适用的困境,应当逐步确立单独的罪名以回应民法典关于禁止高利放贷的规定。

(二)确定刑民先后顺序三步法

刑事案件的处理需遵循排除合理怀疑的最高证明标准,而且刑事程序中公安机关调查取证的手段与能力都要强于民事审理程序,因而学术界通说认为,在事实相同的刑民交叉案件中,刑事案件先于民事案件审理有利于查清案件事实,作出正确的裁判。[③] 对于部分案件,如非法吸收公众存款罪,需达到一定的金额

① 龚振军:《民间高利贷入罪的合理性及路径探讨》,载《政治与法律》2012年第5期。

② 吕如龙、冯兴元:《“高利贷”的问题及其对策》,载《学术界》2017年第9期。

③ 杨兴培:《刑民交叉案件的类型分析和破解方法》,载《东方法学》2014年第4期。

才构成犯罪,在民事审理中对民间借贷进行要素式审判,可能更有利于查清事实。如部分当事人在民事审理中会如实陈述高额利息约定,到了公安机关反而会隐瞒该事实。因此,先刑后民的效率优势,并非通用于所有的案件。

总之,无论是实行"先刑后民""先民后刑",还是实行"刑民并行",都有一定的合理性和可行性,但每种规则又不能涵盖所有刑民交叉案件。[①] 笔者认为,"同一事实""同一法律关系"仅是判断刑事、民事关系是否交叉及交叉点的依据,而并非确定刑民先后的依据。在确定刑民先后问题上,不能"一刀切",可按照以下几个步骤判断:

第一步:判断牵连关系。根据当事人请求权的基础,确定民事案件与刑事案件是否基于"同一事实""同一法律关系",是否有牵连,如果没有,则可刑民并行。第二步:民事裁判考量。如果二者有牵连关系,进一步判断民事审理是否足以查清事实,是否事实清楚、证据充分,是否以刑事案件结果为依据,如果民事审理不足以查清事实或需以刑事处理结果为依据,则让位于刑事,反之则不。第三步:利益衡量。根据个案,结合当事人的权益保护、诉讼效率、社会效果对结论予以修正。

以案例1为例,演绎三步法模型示意。第一步:判断牵连关系。通过关联案件掌握的线索,被告曹某武因"套路贷"、职业放贷可能涉嫌犯罪,签订房屋买卖合同系实施"套路贷"犯罪行为的方式,刑民属同一事实,刑民有牵连关系,不能并行。第二步:民事审判考量。(1)民事审理已经足以查清被告以签订房屋买卖合同的形式实施"套路贷",以达到违约即过户占有借款人房屋的目的,事实清楚,违反物权法禁止流质条款的规定,可以径行确认合同无效。(2)作出该裁判结果,不以涉嫌"套路贷"、职业放贷的刑事判决结果为依据。第三步:利益衡量。直接确认合同无效,有利于保障受害人权利及时得到救济,减少当事人诉讼时间及精力成本,同时保障当地拆迁工作进度,社会效果更好。裁判后将犯罪线索移送公安机关侦查,也并不影响刑事处理。因此,本案应采取先民后刑方式处理。

(三)协调工作机制

1.程序细化及规范

要解决不同司法机关之间案件管辖权消极冲突的问题,需要对刑民交叉案件移送的内部程序、移送程序、立案程序予以细化和规范,防止工作中互相推诿

① 江伟、范跃如:《刑民交叉案件处理机制研究》,载《法商研究》2005年第4期。

的现象。对于民事案件中发现犯罪线索的移送,可将法官会议或审判委员会审查作为必经程序,防止滥用,同时建立全国范围的关联案件检索制度,实现案件系统互联,便于民事法官更好地掌握职业放贷风险人的涉诉情况,更为全面地掌握案件线索。对于人民法院及公安机关之间移送、接收、立案、回复的程序予以规范,特别是处理的时限应明确,如果脱离时限,程序将流于形式。

2.突出检察机关的监督权

为增强检察院的监督抓手,除程序、时限的细化外,可建立强制抄送制度,人民法院移送公安机关的案件,同时抄送检察院,便于其了解案情并视情况进行监督。现在部分地区已经建立了打击非法集资活动办案联动平台,应进一步扩大联动范围、建立信息共享机制,建立严格的移送、接收、退回等系统流程,并强化检察院监督参与。

(四)完善涉案财物处理机制

1.细化处理规定

最高人民法院《关于刑事裁判涉财产部分执行的若干规定》第 13 条规定,一般情况下退赔被害人损失应当优先于犯罪人的其他民事债务,遵循了刑事优先原则;在债权人对执行标的依法享有优先受偿权的,应当优先于刑事退赔。[①] 应结合该规定,对民间借贷类刑民交叉案件,有针对性地就涉案财物的性质甄别、查扣冻顺序及优先、分配方式等予以细化。

2.完善民事诉讼法关于裁定驳回起诉即解除保全的规定

对于涉嫌刑事犯罪裁定驳回起诉的案件,为防止解除保全后,被保全财物在移送过程中被处置、转移或者灭失,同时保障权利人的合法权益,移送时应当将保全的情况一并告知公安机关,保全措施应当持续至公安机关回复结果之后,并区分情况处理:如果公安机关不予立案或者侦查后认为不构成犯罪的,应当告知权利人将在一定期间内解除保全,以及其重新提起民事诉讼的权利。如果公安机关立案的,应当待公安机关采取措施后解除。对于公安机关不予立案或者侦查后认为不构成犯罪,再以民事案件起诉的,原则上按照债权比例在执行中进行分配,不再对首位保全的当事人给予更高的分配比例。

---

① 莫红:《破解刑民交叉司法困境的现实路径——以非法集资类案件为视角》,载《西南民族大学学报》2017 年第 12 期。

3.破产制度的引入

在刑民交叉案件中引入破产制度,有利于发挥破产程序专业化、社会化、规范化优势。尤其是民间借贷类刑民交叉案件具有涉众性、跨区域性的特征,破产制度的优势将更为显现,能有效地解决财物追回、财物性质分析、多方债务的分配等问题,进而有效化解社会矛盾。民间借贷类刑民交叉案件中很大部分嫌疑人为个人,部分地区试点建立的个人破产制度,也为刑民交叉案件中引入破产制度提供了更为贴切的研究依据和参考。

结　语

以民间借贷类刑民交叉案件为切入点不难看出,刑民交叉案件处理是实现刑民体系协调的症结所在,改变现行规定的模糊化、原则化,是消解现实困境、消除梗阻的有效路径。具体到司法实践中,应对刑民先后问题,不能一刀切地机械化处理,而需根据具体案情,按照更具合理性、逻辑性、效率性的三步法进行审查判断,确定刑民先后顺序,充分利用刑事、民事处理方式的各自优势,达到更为妥善地处理案件并充分发挥法律效果和社会效果的目的。同时,突破现实司法困境,实现刑民体系的协调,不仅要在刑事立法上予以回应,还应在工作机制上进行细化配套,强化机制构建与设计,理顺审理、移送、监督的关系,探索个人破产等创新制度。

民事法律专论

网络公告运行检视与完善

——以民事送达制度改革为视域

张浩涵[*]

摘要：网络公告送达是互联网时代公告送达方式的创新，与电子送达既有联系，又有区别，但其法律效果同公告送达，是一种推定送达。网络公告有利于提高送达效率、降低送达费用，保障受送达人权利，促成事实送达进而缩短公告期。但实践中，其应用地位低，应用面狭窄，表现为传统公告送达的补充方式，其应有价值得不到发挥。要扭转这种局面，就必须认清其本质，辨析出"虚拟性"的真实缺陷。通过采用建立统一网络平台、组合模式使用、模块化公告内容的方式完善其功能，进而实现网络公告发展向"网络公告＋报纸公告""网络公告＋张贴公告""统一网络公告"模式转化，并促成网络公告送达从推定送达向事实送达的价值转换。

关键词：网络公告送达；拟制送达；推定送达；事实送达

引　言

《人民法院第五个五年改革纲要(2019—2023)》要求"健全完善民事、行政案件法律文书送达机制"，改革公告送达方式正当其时。法院的公告送达模式必须

* 作者系湖南省邵阳市双清区人民法院诉讼服务中心副主任，法律硕士。

改变，应该加大便于受送达人及其成年近亲属接触的新媒体使用。[①] 毫无疑问，互联网时代已经到来，受送达主体身处的环境、生活方式已然发生了巨大变化。2019 年我国在线政务服务用户规模达 3.94 亿，占整体网民的 47.5%。[②] 人们已习惯于通过互联网获取政务服务。网络公告送达解决了法律文书送达难、公告送达慢、成本高的问题，提升了司法审判效率。[③] 但网络公告优势却未见发挥。这一方面是由于传统报刊公告、张贴公告方式依旧强大，成了公告送达方式的首选，大幅压缩了网络公告的使用空间；另一方面是由于网络公告的虚拟化、无纸化，让人们产生了不信任、不可靠的错觉，限制了其使用。网络公告作为新生事物，要促进其使用，发挥其价值，就必须认清其本质属性，坚守其应有的使用底线，然后才能发挥其功能优势。本文拟通过对网络公告及其价值研究，辨析其运行中的问题成因，进而完善其使用方式，为网络公告的发展找到方向。

一、网络公告的法理基础

（一）网络公告的缘起

在各国民事诉讼制度发展史中，送达方式的演进一直伴随，并反映特定历史阶段新技术的发展。我国《民事诉讼法》为适应网络时代发展需要而作出改变，肇始于 2012 年《民事诉讼法》修改增加电子送达方式。但“网络公告”在我国民诉法中未有明确定义，只在最高人民法院《关于适用〈中华人民共和国民事诉讼法〉的解释》（以下简称《民诉法解释》）第 138 条第 1 款存在相关规定，“公告送达可以在法院的公告栏和受送达人住所地张贴公告，也可以在报纸、信息网络等媒体上刊登公告……”。因此，司法解释完善了公告送达的内容和方式，增加了网络公告的规定，并可据此将网络公告定义为在信息网络上发布的公告，即“互联网+公告”。在公告送达方式中，其与报纸公告、张贴公告并列，是互联网时代公告送达方式的创新。

---

① 李少平：《〈最高人民法院关于进一步推进案件繁简分流优化司法资源配置的若干意见〉读本》，人民法院出版社 2016 年版，第 70 页。

② 倪弋：《〈中国互联网络发展状况统计报告〉发布在线政务服务近 4 亿用户》，载中华人民共和国中院人民政府网，http://www.gov.cn/zhuanti/2019-03/01/content_5369625.htm，最后访问日期：2019 年 3 月 1 日。

③ 最高人民法院司法改革领导小组办公室编：《新时代深化司法体制综合配套改革前沿问题研究》，人民法院出版社 2018 年版，第 455 页。

(二)网络公告与电子送达的异同

电子送达与网络公告送达在送达载体上存在交集,即均可采用互联网进行送达,而在启动条件和送达效果上存在区别。从送达方式谱系上看(见表1),电子送达的启动与公告送达属于同一层次,但先于公告送达,同时高于网络公告层级。但两者的本质区别仍在于实质的送达效果,电子送达是事实送达,网络公告送达是推定送达,故电子送达在启动上优先于网络公告送达——网络公告需要满足“受送达人下落不明,或者以其他方式无法送达”的启动条件。因此,电子送达不成功后,仍要尝试其他送达方式,而不能直接将网络公告送达作为补充,除非就送达方式有其他约定。

表1　送达方式谱系

送达								
直接送达	留置送达	电子送达	委托送达	邮寄送达	转交送达	公告送达		
						报刊公告	张贴公告	网络公告

但为了保证电子送达的事实送达效果,电子送达的使用条件较为严苛。例如,对电子送达的使用不止于网络公告送达的启动程序限制,而是有单独的、明确的、实质性的限制。一是需受送达人同意,而网络公告送达不需要,因为受送达人下落不明无法表示。二是要确保受送达人知悉,而网络公告送达推定知悉即可。三是不能用于裁判文书送达,网络公告送达无此限制。此外,有观点认为网络公告也具有即时性,但实际混淆了电子送达与网络公告送达的本质。因为网络公告送达是推定送达,不需要像电子送达一样需采用确认其收悉的方式,就无所谓及时的要求了。因此,《民事诉讼法》对电子送达的使用限制,并不适用于网络公告送达。网络公告送达较电子送达,虽在启动上严,但在使用条件上受限小,技术要求低,应用场景大。

(三)网络公告的送达效果

对网络公告的认识,不能仅停留在公告送达的新形式上,更需要对其送达效果进行再认识。公告送达,是指在受送达人下落不明,或者以其他方式无法送达的情况下,人民法院以张贴公告、登报等方式发出公告,通知受送达人在规定期间为一定诉讼行为，或将诉讼文书的内容公开告知受送达人的一种拟制送达方式。[①] 公告送达是民事程序中的一种信息传播方式，送达公告实为一种特殊的媒介广告。[②] 公告送达方式包括报纸公告、张贴公告、网络公告方式。《民事诉讼法》规定的多种送达手段仅仅是送达方式的不同，并不必然要求法院必须采用全部的送达方式之后才可以公告。[③] 因此，网络公告送达虽然是送达方式中公告送达的方式，同时与其他送达方式之间存在着补充关系（见表 1），即“其他方式＋网络公告”，但其在送达效果上与公告送达一致，即是一种法定送达、拟制送达、推定送达。而留置送达、公告送达、送达地址确认书等都是推定送达制度的体现，[④]故网络公告与这几种送达方式在本质上相同，功能上差别不大。此外，有观点认为，“传统公告方式＋网络公告方式”，即报刊公告上网、张贴公告上网，这只是传统公告送达的一种辅助手段，仅能起到拓展信息传播渠道和增加受送达人知晓诉讼文书的机会的作用，不能产生送达的法律效果。[⑤] 对此，笔者并不认同：一是法律并不禁止传统公告送达方式与网络方式的并行运用；二是这种“报刊公告＋网络公告”“张贴公告＋网络公告”，实质上有利于公告信息的传播，有利于保障受送达人的权利，有利于受送达人通过搜索引擎获取公告内容；三是受送达人通过网络方式获取公告信息，并不影响其据此向法院主张权利。因此，“传统公告方式＋网络公告”不但合法，而且有效，更是逐步推进“网络公告＋报刊公告”“网络公告＋张贴公告”“统一网络公告”的先行路径。

二、网络公告的制度价值

送达是连接程序和实体的重要诉讼行为。民事送达承载的基本功能为诉讼文书的“送”与“达”。“送”为手段、方式，“达”为效果、目的。“送”与“达”共同指

① 江必新主编：《新民事诉讼法理解适用与实务指南》，法律出版社 2015 年版，第 377 页。

② 何四海、何文燕：《民事公告送达的法理分析》，载《求索》2008 年第 6 期。

③ 最高人民法院司法改革领导小组办公室编：《新时代深化司法体制综合配套改革前沿问题研究》，人民法院出版社 2018 年版，第 487 页。

④ 廖永安、胡军辉：《试论我国民事公告送达制度的改革与完善》，载《太平洋学报》2007 年第 11 期。

⑤ 黄良友、文庭婷：《网上公告送达制度研究》，载《吉首大学学报（社会科学版）》2013 年第 1 期。

向的对象是诉讼文书载明的诉讼信息,其目的在于传递诉讼信息给诉讼参与人,并以此为前提连接人民法院、当事人和其他诉讼参与人之间的诉讼行为。[①] 因此,要想进一步减少送而不达的现象,更好地建立多层次的民事诉讼公告送达方式,完善公告信息发布的途径尤为重要。[②] 亦如前文所述,网络公告具有传统公告所不能比拟的信息传播优势,甚至能极大地促成事实送达,故应更加重视其价值。

(一)提效降费

现代信息技术具有覆盖面广、传输快、效率高、成本低的特点与优势,为法院增加送达途径、降低诉讼成本、提高审判效率提供了更多可选择的途径。[③] 网络公告采用人们熟悉、常用的现代信息技术进行送达,符合时代特性,有利于提高审判效率,降低诉讼成本。而网络公告较之传统纸媒亦具有"效率—成本"优势。因为通过纸媒发布公告,其流程就较为复杂。为此,现代纸媒进行了自我改革,但复杂程度未减。例如,人民法院报为简化公告程序,也借助互联网技术,精简了传统发布流程,但仍然复杂。因为无论如何,都少不了报刊的排版、刊发、邮寄流程。而建立网络公告平台后,对外联系公告内容,可集成为内部系统,即办案系统和公告系统可直接进行数据交换,传递公告内容。还可将审查、校对等程序性事项设计为软件功能,大幅减少工作量,提升办事效率。例如,重庆市江北区人民法院采用网络公告送达后,公告耗时从传统的 15～20 天缩短为 2 天。[④] 此外,网络公告平台建成后,由于发布成本较低,可不受制于纸媒体的版面、发布时间、字号字数限制,甚至可根据实际情况及时、自主调整公告内容字数、字号,或者根据紧急情况在网站重要位置刊发或多次刊发,这种精准刊发能够提高公告内容的即时性、关注度和准确性,避免因为"费用、版面、字数"三重制约而造成信息过度浓缩、内容叙述不清的问题。另在费用上,由于发布成本低,有的法院甚

---

① 江必新主编:《新民事诉讼法理解适用与实务指南》,法律出版社 2015 年版,第 363 页。

② 董少谋、闫向琼:《我国民事诉讼公告送达制度探究》,载《民事程序法研究》2017 年第 1 期。

③ 江必新主编:《新民事诉讼法理解适用与实务指南》,法律出版社 2015 年版,第 364 页。

④ 最高人民法院司法改革领导小组办公室编:《新时代深化司法体制综合配套改革前沿问题研究》,人民法院出版社 2018 年版,第 455 页。

至已作出了不收费的尝试。例如，四川省高级人民法院《关于网络公告送达的规定(试行)》[①]第 3 条的规定，“网络公告适用于民事、执行案件，不得收取当事人公告费用”。而网络公告的可复制转发性，从“传播效果—费用”来看，也具有极高的性价比。

(二)保障权利

传统公告送达受到诟病，主要原因在于推定送达的实质送达效果差，造成受送达人“被缺席”，无法充分保障其权利。因此，公告送达必须创新已有的送达方式，根据受送达主体的实际情况，以方便受送达主体知悉公告内容为原则。[②] 而要克服传统公告送达的缺陷，促使受送达人知悉公告内容，最大限度地实现信息传播目的，就必须遵循信息有效传播的原则。就网络公告而言，人们通过网络传递信息，甚至超过了传统的纸媒介，同时由于互联网覆盖面宽，没有时间和地域限制，加之网上公告可以长时间保留在互联网上并可进行查询和搜索，受送达人知晓公告和诉讼文书的概率将大大提升，受送达人的程序利益和审判的正当性也将得到更为有效的保障。[③] 故互联网覆盖面广、保存时间久、易于查询的特性，当然有助于公告送达实现“事实送达”的价值，进而有利于保障受送达人的权利。

(三)缩短公告期

就保障民事诉讼活动顺利进行而言，有必要缩短公告期间。为此，有观点认为，从防止某些当事人恶意拖延诉讼的视角出发，也有必要缩短公告送达的生效时间，并认为将生效时间缩短为 1 个月左右或者更短。[④] 但这种带有惩罚目的的修改，只是从形式上生硬缩短公告期。既有扩大打击面的可能性，就如其观点所称只是某些人，又有不兼顾受送达人权利的嫌疑。因为，公告时间越久就越有可能将公告内容传递给受送达人，而缩短时间则有可能降低事实送达的概率。但造成公告期间调适失范的本质原因，并不是程序权利与实体权利平衡不当，而

① 川高法〔2018〕187 号，2018 年 7 月 12 日发布。

② 廖永安：《“职权主义”与“当事人主义”再考察：以“送达难”为中心》，载《中国法学》2014 年第 4 期。

③ 黄良友、文庭婷：《网上公告送达制度研究》，载《吉首大学学报(社会科学版)》2013 年第 1 期。

④ 廖永安、胡军辉：《试论我国民事公告送达制度的改革与完善》，载《太平洋学报》2007 年第 11 期。

是传统公告方式只具有单向传递信息的功能。即受送达人即便看到了、收到了公告内容,也难以通过公告传递媒介及时向法院作出其已收悉的意思表示,或被法院验证为收悉,而必须采用其他联络方式与法院进行联系(见图 1),法院亦无法通过公告媒介验证得知受送达人是否收悉,或何时知悉。收悉功能被虚化、空置,导致公告连接法院与受送达人的效率大幅降低,对于受送达人而言是诉累。对于法院而言,公告期限固化——即便受送达人实质已收悉,也不能及时终止公告期,导致审判周期大幅增加。因此,传统公告方式缺少互动,不利于法院与受送达人第一时间形成民事诉讼法律关系。

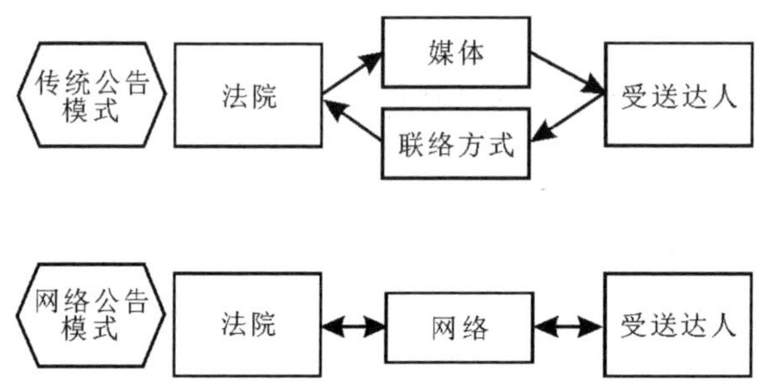

图 1　传统与网络方式传递诉讼信息路径比较

互联网则是“互”字当头,网络空间中每个主体都是信息的生产者也是信息的接收者,普通网络用户之间的互动,成为当前互联网空间的主导运行机制。① 因此,充分利用互联网在“法院—当事人”联络时的互动性、双向性,可及时实现和验证“受送达人收悉”,促成网络公告送达的事实送达,进而在兼顾效率和保护权利的前提下,达到缩短“裁判文书生效期”的目的。例如,可在网络公告送达设置“收悉”功能,当受送达人收悉公告内容时,可通过指纹验证、人脸识别、拍摄视频短片留证进行身份验证,从而迅速实现公告送达向事实送达转化,缩短固化的 60 天公告期间,减少送达时间。而除了主动和被动验证外,还可以促成受送达人态度向主动验证转化。例如,可在基本公告内容外,附加允许受送达人通过验证身份才可阅读的公告内容,甚至诉讼材料——可获得更多诉讼信息,吸引受送达人主动验证实现事实送达。另外,公告送达这样设置,既方便受送达人查阅公告,又能避免个人信息、案件信息泄露。综上所述,网络公告送达具有较高的期待价值,但在现实中,仍面临着各种各样的问题,难以运用。

① 于志刚:《虚拟空间中的刑法理论》,社会科学文献出版社 2018 年第 2 版,第1 页。

三、网络公告的运行困境

(一)法律规定不明确

司法解释,是指最高司法机关在适用法律过程中对具体法律应用所作的解释。网络公告虽然缘起于《民诉法解释》,但在具体规定中,只是惊鸿一瞥,其操作方式仍然缺失。部分法院虽然尝试制定了操作规则,但效力位阶低,可推广、可复制性差。毕竟在立法、立法解释、司法解释三者之间的效力位阶中,立法效力大于立法解释,立法解释大于司法解释,而法院的规定仅具有指导作用。因此,仅仅在《民诉法解释》层面,将信息网络增加为公告送达的载体,是滞后于互联网对社会影响的实际情况的,同时在操作上也是粗陋的,甚至可以说是空白的,最终导致了网络公告难以被运用。

法律规定的粗陋,同时导致了网络公告与电子送达的混淆,限制了其运用。电子送达是民事诉讼法在新技术背景下,为适应网络时代发展而作出的有关送达方式的新规定。按照《民事诉讼法》第 87 条的规定,"经受送达人同意,人民法院可以采用传真、电子邮件等能够确认其收悉的方式送达诉讼文书,但判决书、裁定书、调解书除外"。显然,规定中的电子邮件是依托互联网运行的,且互联网通信亦是能够确认受送达人收悉的方式。因此,网络公告与电子送达在载体上具有部分相似性——可利用互联网作为载体传递信息。但因此容易将两者混淆,进而限制了网络公告的使用。例如,有观点认为网络公告属于电子送达,网络电子送达为网络送达,甚至直接冠名为电子网络公告。又或者将网络公告作为电子送达的补充。而将电子送达内容公布于网络,可能造成公民个人信息泄露,进而违反送达规则,甚至侵犯隐私权。

(二)受传统方式压制

为规范公告送达,最高人民法院多次下发通知,明确指定《人民法院报》为唯一报纸媒介。这些通知不但提升了公告的规范性、权威性,而且提升了报纸在公告方式中的地位和权重,并延续影响了网络公告的使用顺位,促使实践中形成了"报纸公告＞张贴公告＞网络公告"的通常认识。但这种认识具有滞后性,夸大了"网络虚拟性的不真实、无纸化的不可靠",并不符合互联网时代信息传递的规律。例如,当下对文档的保管,多采用信息技术将其转化为电子文档,存储在计算机、光盘,甚至网络"云端"服务器中,以防止文件丢失、损毁。在实践中,网络公告虽有法院尝试采用,如四川、河北高级人民法院及其下属法院,但范围有限、效果不佳，往往是作为公告送达的补充方式，即“报纸公告再上网”（报纸公告＋网络公告）或“张贴公告再上网”（张贴公告＋网络公告）。例如，人民法院报除在报刊上刊登公告外，同时在其网站上也同步发布网络公告。由此可见，网络公告很难单独成行，甚至不能成行，其价值在互联网时代中得不到充分体现。

（三）正当性受到质疑

民事送达能否在得以正当化的基础上提高效率，取决于立法上能否设计出能够满足不同的诉讼行为要求的送达规则。① 毫无疑问，网络公告能够提高送达效率，但其送达规则的正当性因虚拟方式而受到质疑。然而事实并非如此。送达最原始的功能是“告知”和“通知”。② 而公告送达实际上是将“广而告之的送”在经历一定时间后推定为“达”，即将“形式送”推定为“实际达”，其正当性在于保障民事诉讼活动顺利进行。但公告送达并不因此牺牲受送达人权利，不再要求“事实送达”，公告的“推定送达”是法律设计中不得已的权宜之计。公告送达仍应尽量使受送达人的知情权、程序参与权、听审权等权利得到切实的保护，以最大限度地减少公告送达可能对审判公正造成的损害。③ 因此，“事实送达”永远是公告送达追求的最高价值，即通过公告这种方式，使得当事人实质获得诉讼信息。而实际上，就下落不明的当事人而言，若要获得诉讼信息，公告较其他方法更为有效。但理想与现实存在差距，公告送达之价值在未得到受送达人明确表示知悉前，只能是趋近于“事实达”的价值，即便在60天后达到“推定达”，也只是无限趋近于“事实达”价值（见图2）。因为推定价值不可能等同于事实价值，而要弥合两者间的价值差就必须扩大公告覆盖面，延长公告期。事实上，在公告送达的概念中，定量要素只有时间要素，而无空间要素。这是因为空间要素进入立法，一是不利于准确界定、规范空间要素的量，二是空间宽窄在量上的认定也难以操作。但并不影响空间作为影响公告送达效果的要素，因为时间和空间要素可以相互转化。例如，在信息传播面较为狭窄的情况下，也可以通过延长时间来促成受送达人知晓，故规定较长公告期的实质也是以时间换空间而已。

① 王福华：《民事送达制度正当化原理》，载《法商研究》2003年第4期。

② 廖永安：《在理想与现实之间：对我国民事送达制度改革的再思考》，载《中国法学》2010年第4期。

③ 廖永安、胡军辉：《试论我国民事公告送达制度的改革与完善》，载《太平洋学报》2007年第11期。

因此,时间和空间是影响公告送达的双重要素。而互联网在传播效果上,公告不但在时间维度受到的限制小,而且在空间维度受到的限制也小。特别是互联网时代,因为受送达人接触、使用互联网概率高,天然有利于公告送达,进而能够极大地促成公告送达由"推定送达"向"事实送达"转换。因此,采用网络方式送达公告能够在保障诉讼效率的情况下,最大限度地保障受送达人的权利,因而更具正当性。

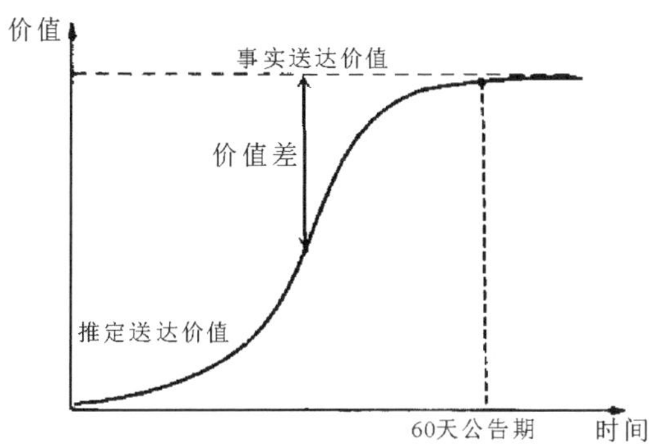

图 2　推定送达价值与事实送达价值之联系

四、网络公告的完善路径

公告送达承担的程序保障任务主要体现在两个方面:一是保障双方当事人的程序利益;二是保障诉讼程序的顺利进行。[①] 通常认为,由人民法院报对法院公告进行统一刊登,具有权威、规范、快速、便捷之特点。[②] 但如前文所述,随着互联网时代的到来,纸媒的快速、便捷之优势早已不明显,或者根本丧失。而公告送达采用网络方式,在保障诉讼程序顺利进行方面优势明显,但不争的事实是网络也具有虚拟性,难以被人们充分信赖,其在权威性、规范性上,还需要对标纸媒公告进一步完善。

① 陈欢欢:《民事诉讼公告送达——程序与实体双重视域的矫正和制衡》,载《黑龙江省政法管理干部学院学报》2019 年第 3 期。

② 江必新主编:《新民事诉讼法理解适用与实务指南》,法律出版社 2015 年版,第 379 页。

（一）建立统一网络平台

建立统一网络平台，首先有助于提升权威性、专业性，避免各地网络平台政出多门、互相冲突，导致公告发布要求、内容模式、查询方法不统一，而引发不必要的争论，降低平台的通用性、易用性，甚至公信力。例如，转发公告来源不统一，难以查询，难以验证真实性。事实上，发布公告就传统纸媒而言，为了方便制作、管理和查询，也是将公告聚合、集中发布在某个版面，这与建立统一平台在方法上是一致的。另外，建立统一平台，还有助于将公告发送过程全程留痕，可以增加公信力。例如，2018 年 6 月，新版人民法院公告网上线，优化了公告上网流程，增加了数据稽核策略，确保数据更完整、更安全、更准确。虽然新版人民法院公告网的本质只是报刊公告上网(报纸公告＋网络公告)，但就网络公告平台建设而言，仍具有极大的示范效应。只是人民法院新闻传媒总社作为组建方，仍缺少权威性、影响力和覆盖面，需要进一步加强，甚至要得到最高人民法院的授权。例如，如何联合或嵌入其他网络平台以实现内容共用、数据共享；网络平台间是通过民事途径寻求合作，还是司法机关授权使用。

其次，有助于降低建设成本、运营成本。发布网络公告虽然成本低廉，但是并非不需成本。例如，接入互联网的计算机软硬件系统都需要投资建设。而建立统一平台，有利于整合资源，避免重复建设，更有利于统筹资源的使用，避免分配不均导致部分地区平台资源匮乏，部分资源过剩，闲置浪费，加重所在法院的资金建设压力。从运行上看，统一网络平台便于维护、运营、抵御网络病毒，提高经济性、可靠性。而在实践中，建设统一平台的优势已有证明。例如，中国裁判文书网公开文书 6382 万份，访问量 226 亿次，已经大幅提升了司法权在互联网上的权威性和公信力，其积累的建设、运行、维护经验，也为建设统一的网络公告平台提供了坚实的基础，甚至可以以此为平台将网络公告作为平台功能融入其中。但从中国裁判文书网的实际运行压力来看，网络公告宜挂靠首页，成为访问入口，而功能实现应另建系统，或与未来的电子送达平台共建系统，这样有助于分流访问人数，有利于网络平台独立、安全运行。

（二）采用组合模式使用

实现网络公告送达程序价值要从保障权利和增强传播效果二维度着手。首先，就保障权利而言，要严守使用程序，使其不被滥用，以免损害受送达人的权益。而采用“串联组合”模式有利于限制网络公告送达的滥用，即坚守底线——公告送达是对其他送达方式的补充。其串联的逻辑模式是“必要的、递进的”，而不是无前提的，简而言之就是“→关系”，即“其他送达→网络公告送达”。而这种审核使用逻辑，在计算机编程、设置平台验证功能时，容易实现，也容易操作。例如，不能直接送达则要上传送达情况照片留证，不能邮寄送达则要上传回执留证等等，完成以上步骤后，网络公告才能被激活，无以上操作则不能使用网络公告功能。

其次，就增加覆盖面、增强传播效果而言，多层次的公告方式更有利于受送达人及时知晓公告内容，有利于正确行使自己的诉讼权利，履行诉讼义务。[①] 在平台载体上，实现内部平台整合对接，外部数据互联互通，形成系统集成、集约高效、信息共享的平台建设模式。[②] 采用“并联组合”模式有利于扩大网络公告的传播面、覆盖面，即在网络方式内外部采用组合模式进行公告——统一平台＋其他平台。如上文所述，网络公告平台可挂载在中国裁判文书网，这是对内整合。而对外，由于我国已经建立了多种信息网络平台，故网络公告平台可对外联络各个平台。例如，除了在专门的网络平台上发布公告，还可以在政务平台、银联取款平台、微信、大型购物网站等网络平台上同步发布公告，弥补覆盖面的不足。且这种联络并不是静态的，而是可联动送达的。例如，公安平台、社保平台、企业信息管理、出入境平台、购物购票平台等等。这些已有信息平台，通常包含有当事人的信息、数据，甚至还有行动信息。例如，公安部门的警务通系统可以及时查询可疑人员、驾驶员身份证信息，公告信息挂载在警务通平台，如遇到受送达人，在核对其身份信息时，完全可以将公告内容或查询方式告知，同时通过指纹、拍照、视频留证，促成公告送达向事实送达转换。又如银联自助取款机网络，可将公告内容推送到受送达人银行账号内，在其取款时进行送达，同时调用内部摄像头，验证受送达人身份。还如社保平台，可在定期进行身份验证时，对受送达人推送公告内容。另要追求真实性，则可采用区块链技术，继续保留各地法院网站发布公告的功能，通过相关公告多方转发，从而实现真实性互相验证之目标。

(三)公告内容模块化

公告内容模块化是指由“基本内容＋选择内容”组成公告内容。首先，模块

---

① 赵友新《民事公告送达的实践困惑与价值实现的路径选择》，载《法律适用》2009 年第 5 期。

② 《为网络社会治理贡献法治智慧》，中国法院网，https://www.chinacourt.org/article/detail/2019/09/id/4447096.shtml，最后访问日期：2019 年 9 月 7 日。

化的内容：一是容易将公告的关键信息轻重分离；二是便利平台系统存储关键信息，制定查询策略，便于查询；三是有利于规范公告内容。例如，可编制软件使得公告内容根据诉讼材料一键生成，避免人为遗漏关键信息；设置审批校对程序，采用“人工智能＋人工”的辅助检查模式，减少机械检查工作量，能够避免人为错误和越权；设置审批后自动发送程序，避免人为遗忘、漏发，或延时发送，避免增加诉讼时间。其次，有利于保护受送达人信息。网络公告送达虽无受字数限制导致内容不清的问题，但内容过多，又容易泄露受送达人信息，模块化公告内容易于固定基本内容，添加选择内容，甚至功能。例如，有观点认为，为了提高公告内容的准确性，应当刊登受送达人的身份号码，用于区分同名同姓者。这种观点虽有一定道理，但显然泄露了公民个人信息。而借助网络公告的互动性，则可以设置身份证查询、比对功能，为阅读者提供半公开的核对受送达人身份的途径。最后，有利于受送达人获取进一步的关键诉讼信息，主动参与诉讼。公告内容为了避免信息泄露，确实需要“浅尝辄止”。事实上，作为受送达人，在获取公告内容后，不论是基于时间，还是空间的限制，其通过公告平台进一步获取诉讼信息的需求，不但存在，而且迫切存在。例如，增加选择内容，就同裁判文书网中的关联裁判文书查询功能一样，有利于获取相关信息。又如，链接到“中国审判流程信息公开网”有助于受送达人进一步获取诉讼信息，既能够实现网络公告送达之价值，又能通过推送诉讼信息，促成受送达人应诉之价值。

结　语

网络公告应时而生，但实践中的使用情况并不理想。在充分保障受送达人的权利、规范行使司法权的情境之下，法院必然会谨慎使用网络公告。而对网络公告的虚拟化——不真实、无纸化——不可靠的传统观点，更加限制了其使用。因此，在互联网时代要扭转网络公告的使用局面，就必须对网络公告的本质及功能进行再认识，坚守底线、发挥优势，进而改变目前“报纸公告→张贴公告→网络公告送达”为“网络公告＋报纸公告”“网络公告＋张贴公告”“统一网络公告”模式，并促成网络公告送达从推定送达向事实送达的价值转换，以此充分发挥网络公告的功能。或许，这才是网络公告运用、发展的方向和去路。

论公司决议撤销之诉的原告主体范围

戴雨勤*

摘要:公司决议撤销之诉原告主体范围的界定,应以民事诉讼法上当事人适格理论为原则性规则。公司决议效力的广泛性要求原告范围具有相应扩张性,但决议效力之否定性评价对公司运行稳定性的不利影响又要求原告范围具有相应限缩性。同时,公司决议撤销之诉制度的功能定位也会影响原告的主体范围。在股东利益维护功能定位之下,原告应当只限于自身利益直接受损的股东;在决议程序控制功能定位之下,原告应当是公司董事和监事。我国《公司法》将公司决议撤销之诉的原告范围限于公司现有股东的规定,过于简略且范围过窄。公司董事和监事应有权提起公司决议撤销之诉,公司股东有权提起公司决议撤销之诉,但出席股东会议,明知公司决议有效力瑕疵且未提出异议的股东除外。

关键词:公司决议撤销之诉;当事人适格;公司决议;制度功能

引　言

公司决议在内容和程序上的瑕疵将导致该决议行为的效力瑕疵。目前,我国公司决议效力瑕疵形态分为三类:公司决议的不成立、公司决议的无效以及公司决议的可撤销。

公司决议包括股份有限公司的股东大会决议和董事会决议,以及有限责任公司的股东会决议和董事会决议。基于以下原因,笔者选择股份有限公司的股东大会决议作为本文的论述对象展开论述:其一,董事会决议作为公司决议的一种,虽在职权、召集程序以及表决机制等方面与股东决议会存在区别,但提起决议撤销之诉的基本法理是一致的,即通过司法介入对团体决议的程序或内容瑕

* 作者系中国政法大学民商经济法学院硕士研究生。

疵进行矫正与救济。即使成员不同导致诉权赋予的具体主体不同,通过体系解释也可以基于股东会决议撤销之诉的规则推出董事会决议撤销之诉的原告范围。其二,股份有限公司和有限责任公司的区别不是本文探讨的重点。同时,在现代公司"资本多数决"原则和"所有权和经营权分离"原则的背景下,股份有限公司的股东大会决议是更为典型的团体决议。[①] 本文如无特殊说明,公司决议即指股份有限公司的股东大会决议。

根据《中华人民共和国公司法》(以下简称《公司法》)第22条第2款的规定,股东有权提起股东会决议撤销之诉。根据《最高人民法院关于适用〈中华人民共和国公司法〉若干问题的规定(四)》[以下简称《公司法司法解释(四)》]第2条的规定,提起决议撤销之诉的原告必须在起诉时具有公司股东资格。一方面,仅限于公司现有股东作为原告提起公司决议撤销的规定过于狭窄;另一方面,所有股东有权提起诉讼的规定过于简单。因此对撤销之诉的适格原告范围重新界定确有必要。

决议撤销诉讼制度本身存在学科交叉,在实体法上,决议撤销制度,兼具决议效力瑕疵救济与股东权利保护性质;在程序法上,由于股东大会决议撤销权属于形成诉权,须以诉讼的方式行使撤销公司决议的权利。故从实体和程序两个角度才能对公司决议撤销之诉的主体范围作出合理探讨。本文即定位于探讨公司决议撤销之诉的原告主体范围,首先从程序法入手,明确民事诉讼程序中界定当事人主体范围的一般规则——当事人适格理论。但基于公司内部决议法律关系与个人之间的传统民事法律关系在实体法上的区别,公司决议撤销诉讼不同于个人之间民事纠纷所生之诉讼,也不同于公司对外交易行为所生纠纷之诉讼。在对决议撤销之诉原告范围的重新界定中,至少要回答以下问题:其一,在公司决议撤销之诉场合,股东之外的主体,如公司董事、监事是否应具有原告主体地位。其二,公司决议撤销之诉的原告股东是否应有进一步的资格限制,如附加持股比例、出席情况、投票情况、持有特别股等特殊限制。

以民事诉讼主体范围的一般性规则为基础,若能对决议撤销之诉的特殊性作出有效回应,对原告主体作出进一步探讨,对公司决议撤销之诉的制度完善将有重要作用。

① 李建伟:《公司专题诉讼》,中国政法大学出版社2008年版,第167页。

一、公司决议撤销权的程序法基础:当事人适格理论

适格当事人的确定,是为了解决“为使纷争有效且恰当地获得解决而应当在何人之间进行诉讼”的问题。[①] 在民事诉讼程序中的启动,必须经利害关系人向法院申请,法院不得主动行使国家审判权对民事案件进行裁判。在具体案件中,诉讼当事人范围的确定,对于诉讼程序的启动、裁判后果的承担,都具有重要意义。此外,民事诉讼目的的实现,无论是解决纠纷、保护利益还是维护社会秩序,都必须明确民事法律关系发生于哪些主体之间,诉讼程序上需要哪些主体的参与。

(一)当事人适格的基本内涵与一般判断规则

当事人适格的判断,即判断当事人是否为正当当事人的一般标准,是诉讼实施权理论,[②]即对诉讼标的有实施诉讼的权能,能在具体诉讼中具有以自己的名义起诉或应诉,请求法院裁判的资格,并最终受法院裁判约束的主体。

除以上标准,还有其他学说:(1)实体利益说,即以具体实体利益的归属,来判断诉讼中的适格当事人;(2)争议法律关系主体说,即以所争议的民事法律关系的主体,来判断诉讼中的适格当事人;(3)利害对立说,即在法律上有利害关系的对立方,构成诉讼法上的适格当事人。[③]

从当事人适格的概念出发,对当事人适格的判断,应根据原告或者被告在具体诉讼中与诉讼标的的关系来确定。对于诉讼标的具有实体法上管理处分权的主体,就相应地在诉讼程序中具有诉讼实施权,即属于适格当事人。[④] 根据《中华人民共和国民事诉讼法》第119条的规定,民事诉讼的原告是与案件有直接利

① [日]高桥弘志:《民事诉讼法——制度与理论的深层分析》,林剑锋译,法律出版社2003年版,第206页。

② 肖建华:《中国民事诉讼法判解与法理:当事人问题研析》,中国法制出版社2001年版,第123页;李龙:《民事诉讼当事人适格刍论》,载《现代法学》2000年第4期。

③ 张卫平:《民事诉讼法》,法律出版社2016年版,第136页。

④ 但是并不是所有情况,具有实体法上的权利,就具有诉讼法上的诉讼实施权。当实体权利人的诉讼权能被依法转移给他人时,即构成诉讼担当,而诉讼担当人也有诉讼实施权。

害关系的人。① 一般适格原告应具有以下特征:(1)能够以自己的名义提起诉讼,此点可以与诉讼参加人进行区分。(2)与案件具有利害关系,这也是正当当事人的实质性要件。(3)应受生效裁判拘束。

(二)公司决议撤销之诉适格当事人的判断

适格当事人在不同的诉讼类型中有不同的确定标准。公司决议撤销之诉属于形成之诉。② 依照"形成诉讼明定之原则",限于法律上明确规定有形成权,且该形成权须经法院判决才能达到变更现存法律关系的效果时才能提起形成之诉。③ 形成之诉的提起原因具有法定性,④原告一般限于实体法上明文规定为须以诉讼的方式行使形成权的主体,故确定撤销之诉原告资格的标准最终还是指向实体法的具体规定。

在确定公司决议诉讼原告范围时,实体法应当关注到对决议行为加以调整的组织法上的特殊规则。公司决议效力瑕疵纠纷,是公司运行过程中,组织体内部多层次利益主体之间的纠纷,其与传统个体民事主体之间的法律关系不同,应首先以组织法上的规则加以调整。在实体法上承认公司决议诉讼的特殊性,对于准确判断公司决议撤销之诉适格当事人大有裨益。公司决议诉讼难以适用以个人法为基础的民事诉讼制度,在诉讼规则构建上,应体现相应的组织法规则。

总之,公司决议撤销之诉作为形成之诉,原告范围的确定最终还是要从实体法规范中得到具体确定,当事人适格理论是只能作为判断民事诉讼原告主体范围的原则性规则。从实体法角度看,公司决议撤销之诉的诉讼标的,即公司决议行为,区别于个体法上的法律行为,其特殊的效力规则以及公司内部治理过程中的多层次利益主体,对公司决议诉讼中原告范围的确定也有重要意义。

二、公司决议撤销权的实体法基础:决议行为理论

《中华人民共和国民法典》(以下简称《民法典》)明确了决议行为属于民事法律行为的基本性质,故对决议行为的法律规制理应落入民事法律行为的一般规

---

① 《民事诉讼法》第119条:"起诉必须符合下列条件:(一)原告是与本案有直接利害关系的公民、法人和其他组织;(二)有明确的被告;(三)有具体的诉讼请求和事实、理由;(四)属于人民法院受理民事诉讼的范围和受诉人民法院管辖。"

② 柯芳枝:《公司法论》,中国政法大学出版社2004年版,第236页。

③ 陈计男:《民事诉讼法论》(上),三民书局2006年版,第104页。

④ 邵明:《论诉的利益》,载《中国人民大学学报》2000年第4期。

则之内,比如决议行为作为民事法律行为也存在效力评价的法律问题。[①] 另外,《民法典》也关注到了决议行为的特殊性,确立了决议形成规则不同于一般的双方法律行为或单方法律行为。根据《民法典》第134条第2款的规定,公司决议须依照法律或者章程规定的议事方式和表决程序作出。普通的双方法律行为作为典型法律行为,意思表示一致即可成立;单方法律行为基于单方意思表示的成立即可成立,都无特殊的程序或内容要求。

(一)公司决议行为的特殊性

决议行为在过去一直被认为是多方法律行为,是合同行为的一种,直到冯·图尔和梅迪库斯,才认为应将决议行为从合同行为中分离出来,作为与合同行为并列的一种法律行为。[②] 通常表现为组织体或其内部机构通过语言形式表达意思而形成的结果,该结果可以是以全体一致通过的方式作出,也可以是以多数票通过的方式作出,多数票的计算方式可以是"人数多数"也可以是"资本多数"。实际上,不只是公司法人或其内部机构,几乎所有组织,如破产程序中的债权人会议、业主大会以及农村村民委员会等都要通过决议来形成组织体的独立意思。

股东大会决议是在遵循公司章程的基础上,根据章定或法定的程序进行表决,并遵循多数决规则所达成的决议结果。股东大会决议的成立规则有二:一是遵守《公司法》以及公司章程所规定的程序;二是成员的一致表意达到《公司法》或公司章程所规定的"人数多数"或"资本多数"的比例。[③] 这也是决议行为与最典型的民事法律行为——双方法律行为(契约行为)在形成上的区别,前者是一种集体意思形成的行为,只要表意相同的人数达到法定或章定标准,决议行为即可成立,即使存在部分成员不一致的表意内容,也不影响决议行为的成立。契约行为则必须要求双方意思表示的完全一致。

此外,决议的效力范围具有特殊性。这是因为决议必须在公司这一组织体的平台之上形成,组织体的决议行为一经作出,即成为组织体自身的意思表示

---

① 从《民法典》第134条第2款条文表述上来看,并未明确表明决议行为就是法律行为的一种,但立法释义与司法解释均认为该条文确立了决议行为系法律行为。参见李适时主编:《中华人民共和国民法总则释义》,法律出版社2017年版,第420页;杜万华主编:《最高人民法院公司法司法解释(四)理解与适用》,人民法院出版社2017年版,第14页。

② [德]迪特尔·梅迪库斯:《德国民法总论》,邵建东译,法律出版社2000年版,第165页。

③ 参见《公司法司法解释(四)》第5条。

(法律行为),[①]其首先约束的应当是组织体自身,借助组织体这一中介还约束组织体成员股东,以及内部董事、监事和高管,根据决议内容还将约束后来加入的公司成员,即新股东。传统民事法律行为中,契约行为遵循相对原则,仅约束契约行为人。可见公司决议效力范围的射程,适用传统个体法是无法解释的,只能在组织法的框架内获得理解。同时也体现了决议程序正当的意义:首先在于维护决议行为人即组织体的利益;其次是当大股东滥用"资本多数决"的规则时,可以防止大股东滥用权利,保护小股东利益。

契约行为关注行为个体意思表示之效力。而公司决议行为中,股东个人通过行使表决权所为的表意行为仅是决议作成程序的一个环节,非组织体本身意思表示(决议行为)。[②] 个体股东是公司决议的表意人,而不是决议行为人。决议行为的基本规则是多数决民主原则和严格的程序正当原则,与法律行为的意思自治原则不同。故对决议效力瑕疵的救济,包括对瑕疵决议撤销权的规制,也不能直接适用法律行为的效力瑕疵理论,应适用体现决议的团体行为性质的组织法规则。法律行为理论中,契约行为几乎居于最重要的地位,但私法有关决议行为的理论探讨极为有限,主要被置于公司法中。[③] 决议行为虽已从合同行为中分离出来成为与之并列的一种法律行为,却未得到与合同行为相同的重视,没有形成完善的理论与制度规范,这要求我们在对公司决议撤销之诉的原告范围探讨中,对组织体内部的团体关系给予必要关注。

(二)公司决议行为之特殊性对诉讼中原告主体范围的影响

关于股东会决议撤销权的主体,我国《公司法》规定了"单纯股东主义",仅确立了股东的决议撤销权,而德国、韩国等国的公司法采"利害关系人主义",将股东会决议撤销权主体扩至董事和监事。[④]

---

① 李建伟:《公司法学》,中国人民大学出版社2018年版,第89页。

② 李志刚:《公司股东会撤销决议之诉的当事人:规范、法理与实践》,载《法学家》2018年第4期。

③ 陈醇:《商法原理重述》,法律出版社2010年版,第129页。

④ 《德国股份法》第245条第5款:"撤销权人可以为任何一名董事会和监事会成员,但以董事会或监事会的成员因执行决议而将作出犯罪行为或违反秩序的行为,或以其将负有赔偿义务为限。"《韩国商法典》第376条:"股东大会的决议程序或者决议方法违反法令或者章程或者显著不公正时,股东、董事或者监事可以自决议之日起两个月内提起决议取消之诉。"

公司决议在成立、效力射程上的特殊性，以及决议经司法审查作出否定评价后的团体效力都决定了公司决议撤销之诉的原告主体范围不能直接依据个体法上法律行为撤销之诉的当事人规则来判断。其需审查的因素应当是更多元化并能针对组织体决议的特殊性。横向比较公司决议无效与公司决议不成立确认之诉的原告范围，又可以看到实体法上效力瑕疵事由的不同对原告主体范围可能的影响。

在决议瑕疵导致可撤销的实体法律关系中，相比一般的法律行为更多地关注到：第一，决议效力以及所涉利益主体的广泛性，相应有较大权利救济的必要性；第二，决议被撤销后的团体效果对组织体运行稳定性的影响较大，故应适当限制司法对决议效力的否定评价。

1.决议行为效力射程以及权利救济必要性要求原告主体具有相应的广泛性

股东会决议行为效力射程的广泛性以及股东会决议在整个公司决策与安排中占据着重要地位，对公司决议正当性的要求更高，因此公司决议撤销之诉的主体范围应当保持一定的广泛性。

首先，股东作为公司的持股人，股东会决议与其利益息息相关，公司决议存在瑕疵已经对其产生了抽象的利益损害，也应当赋予其原告主体地位。其次，董事和监事的法律地位及其对公司承担的诚信义务，提起公司决议撤销之诉是对其积极履职，维护公司的运行秩序与整体利益的正当要求。董事本就是公司意思的代表人，监事又有法定的监督职责以及起诉权利，他们作为股东会决议撤销权的主体具有正当性与合理性。

2.决议行为的团体法效果与组织体运行稳定性需求要求原告主体具有相应的限缩性

我国《公司法》将决议撤销之诉的原告限于公司股东，而将确认决议无效、不成立之诉的主体范围扩至公司的股东、董事以及监事。并且在决议程序仅有轻微瑕疵，对决议未产生实质影响的情况下，法院可以适用裁量驳回制度。[①] 可见

① 所谓裁量驳回制度，是指当股东向人民法院申请行使撤销权时，法院通过证据的审查及认定、对法律事实的进一步判断，衡量该决议瑕疵是否对股东大会决议产生正当性、公正性影响，如不产生实质性的影响，人民法院可以对撤销请求予以驳回的制度。陈国猛主编：《法院改革与民商事审判问题研究》，人民法院出版社 2018 年版，第 218 页。转引自张萍、郭翔：《论股东大会决议瑕疵及其救济》，载《岱宗学刊》2008 年 3 月第 12 卷第 1 期。

立法与司法实践中，都关注到了决议的团体效果以及组织体内部运行稳定的需要，并以实体瑕疵事由及瑕疵程度来控制公司决议诉讼的原告范围，试图把握团体决议之稳定与决议瑕疵之矫正的平衡。

立法者对团体决议被否定后不利影响的顾虑以及司法对介入公司自治的谦抑态度使得撤销之诉的原告主体范围较狭窄。对原告范围适当限缩的态度正是对决议行为特殊性的关注，具有合理性。但其似乎没有解答为何立法以及司法中直接否定了公司董事和监事提起诉讼的权利，却没有对股东内部的原告主体资格进行限制。若不能对此问题进行解答，那这样的规定是否真正具有维护公司内部稳定的效果仍然存疑。

(三)公司决议行为之实体法性质对诉讼中原告主体范围认定的局限性

由以上论述可知，实体法上决议行为的特殊性质，相应地会影响公司决议撤销之诉原告主体范围的界定。但是会产生救济的广泛性与司法介入的谦抑性之间的冲突结论。在决议行为之特殊性质对原告主体范围之控制作用的探讨中若能解决这一冲突，也就是可凭实体法规范与法理解释，达到公司内部多层次利益救济与司法适当介入的平衡。相反，若不能解决这一冲突，则将实体法基础作为确定原告主体范围的控制因素具有局限性，至少不能作为单一控制因素。这种局限性不仅体现在其本身对于限缩和扩张之间的态度矛盾无法解决，以致无法达到司法救济与组织体稳定性的平衡，也体现在实体法只能作出一种宽泛的态度界定，并不能对原告主体范围作出进一步的具体界定，即如果要对现行规定作出进一步限缩，具体哪些主体的原告资格应当受到限制；如果要进一步扩张，则适格原告的范围应当扩张至何处？

同时，笔者认为不能完全否认对决议行为特殊性的探讨对于原告范围界定的意义，决议行为借助公司组织体所体现的特殊性，决定了对公司决议撤销之诉的原告主体范围进行探讨之必要性。使决议行为特殊性探讨在撤销之诉的原告主体范围界定中发挥更大作用的方式应当是：进一步明确这种限缩与扩张之间的态度冲突以及功能局限对主体范围的界定会产生怎样的影响；必要时应当区分不同主体进行分析。

1.该局限对公司董事和监事的原告主体地位之影响

若要回答该局限对公司董事和监事的原告主体地位是否会有影响以及有什么影响的问题，关键在于明确若赋予董事和监事原告资格是否会导致滥诉，打破了权利的司法救济与组织体自治性、稳定性之间的平衡。笔者认为，赋予公司董事和监事的原告主体资格并不会导致滥诉,即该局限并不影响对公司董事、监事原告资格的赋予,并且董事、监事取得公司决议撤销之诉的原告主体地位是公司治理理论以及公司法规范中应有的制度安排。

其一,董事、高管以及公司的法定代表人是公司意思的代表主体。公司的独立法人地位要求股东的意思独立于公司的意思。公司的董事、高管、法定代表人在为公司利益提起诉讼时,应当拥有优先于股东的诉讼权利。其二,现代公司治理中,尤其是股份有限公司,董事会是公司之内部监督者及事务决策者。[①]"两权分离"结构下,[②]公司集中管理程度提高,董事会职权得到强化,很多时候成为公司治理的核心。董事会如何正确行使职权,忠诚地履行其职责成为公司治理以及立法的关注重点。既然董事会逐渐成为公司治理的中心,理应主动对决议不公现象进行矫正。其三,根据《公司法》的规定,监事作为内部监督机关,有权监督公司决议的程序与内容是否符合公司章程以及法律的规定。其具有提起诉讼的法定权利与对监督公司运行的法定职责,对于具有效力瑕疵的公司决议提起撤销之诉理应在勤勉忠实履职范围内。其四,即使董事、监事有违反法定诚信义务,也有相应的内部追责机制,并可以监督董事、监事的积极、正当履职。相比股东滥诉对公司造成损失的追责制度空白,可以相信赋予董事、监事原告资格不会破坏公司自治和司法介入之间的平衡性。

2.该局限对公司股东的原告主体地位之影响

实际上以决议行为的实体法性质对主体范围作出准确界定的局限主要体现在公司股东原告资格的界定上,对滥诉的担忧也主要来自公司每个股东都可以提起撤销之诉。笔者认为,在股东的原告资格确定上至少有以下疑惑:(1)是否所有股东都有资格提起诉讼?(2)如果不是所有股东都有资格提起诉讼,那么具体哪些股东应该有资格提起诉讼?对股东的分类标准以及赋予某类股东主体资格的依据来源是什么?

以上问题的出现,主要源于股东的法律地位。一方面,股东作为公司成员,对于公司决议有广泛的利益相关性,故相应地应被赋予广泛的救济权利。从诉

---

① 赵万一:《公司治理法律问题研究》,法律出版社 2004 年版,第 96 页。

② 公司所有权与控制权的分离,即"两权分离",使公司的管理更集中化和专门化,这也被公认为是现代公司的经典特征,并在现代公司法上得到强化。参见李建伟:《公司法学》,中国人民出版社 2018 年版,第 8 页。

讼法的角度来看,股东作为公司成员实体权利义务的最终享有者和承担者,具有实际利益,是决议诉讼的适格原告。另一方面,赋予所有股东提起公司决议撤销诉权的障碍实际来自股东直接代表公司利益上的障碍。基于以下原因,股东的起诉资格应当受到限制。其一,上文已述,股东虽然最终受决议影响,但其并非公司意志与利益的直接代表人,法人独立地位要求公司与股东各自独立,相互区分。只有在股东代位诉讼这一特殊场合,才有限地赋予股东代表公司利益提起诉讼。其二,一般股东不对公司或其他股东负有义务,只有在大股东为关联交易并造成其他股东利益受损的情况下,才会以信义义务对大股东滥用权利的行为加以规制。[①] 这种股东信义义务与董事负担的积极的勤勉义务以及利益冲突情况下所负担的忠实义务不同,即股东不具有主动维护其他股东或公司利益的义务。其三,对股东滥用权利追责机制的空白,使得赋予诉权也要保持相应的谨慎。因此,原则上股东只能就自身利益受损进行救济,不能直接代表公司利益起诉。

诚然,适格原告范围的合理构建与实体法律关系即诉讼标的有内在联系,但仅诉诸实体法上决议行为的特殊性是无法完成对决议撤销之诉原告范围的准确探讨的,其缺陷主要在于对股东原告资格界定的不足。从决议行为的特殊性出发,或许能找到冲突的原因所在,并解决董事、监事的原告主体资格问题,但在对股东原告资格的界定上仍有局限。这种局限源于实体法上决议行为的性质无法完成对决议撤销诉讼制度完整的利益衡量,即无法借决议的内在性质来解决不同层次利益诉求的冲突。回到决议撤销之诉本身,撤销权的行使须以诉讼的方式,故在适格原告范围的界定中进行全面的利益衡量,须寻找公司自治和司法介入,内部决议的稳定性和多层次利益司法救济之间的平衡。从制度功能层面观之,这是对决议撤销之诉两个制度功能的平衡。此时,将实体法无法解决的冲突纳入撤销之诉的功能定位中去,或许能对原告范围作出更为合理的制度构建。

三、公司决议撤销之诉的功能定位对原告主体范围之影响

不同诉讼功能对诉讼结构有不同需求。[②] 不同的制度功能定位及其所期望

---

① 参见《公司法》第 21 条。

② 王湘淳:《股东会决议撤销诉讼:功能重校与规则再造》,载《法学论坛》2018 年第 1 期。

的实现,在诉讼制度构造上也会有不同的安排。合理构建公司决议撤销之诉的程序制度,包括对撤销之诉适格原告的范围明晰,自然也将受公司决议撤销之诉的功能定位所影响。

(一)公司决议撤销之诉的功能定位:利益救济与程序控制

公司决议次撤销之诉使司法在特定情形下可以介入原本属于公司自治的范围,为决议的效力提供相对中立、客观的评价。这种适当的司法介入与中立的评价标准,一定程度上可以克服公司自治的局限性,保证法律法规以及公司章程中预设的决议程序正当运行,也可以保护相关利益主体尤其是中小股东的利益,平衡各方利益主体的法律地位。以上所述两种矫正作用,即公司决议撤销之诉的双重功能定位:利益救济与程序控制。

1.程序控制功能

公司决议撤销之诉主要适用于公司决议程序瑕疵的情形,主要包括决议的召集程序和表决程序违反法律法规或公司章程。

虽然程序违法或违反公司章程不一定造成现实利益的损害,但公司决议程序的正当性具有重要的独立价值。公司决议行为形成过程中包含着“表意吸收机制”。表意吸收是指公司股东大会或董事会占多数表决权者以自己的意志取代少数表决者意志的公司行为。① 故决议成立的正当性并非源于决议主体表意的一致性,而是正当程序之下多数表决者意志的一致性。只有遵守正当决议程序,私法领域内对少数主体意志的牺牲才具有正当性;也只有经过正当的决议程序才能由个体意思成为公司组织体的团体意思。可以说公司通过决议行为实现私法自治的基本规则就是程序正义。②

决议撤销之诉程序控制功能定位,通过司法介入对公司决议程序瑕疵的矫正,维护决议程序的合法合章,也是维护公司内部决议行为的正当性,最终达到维护公司利益的目的。

2.利益救济功能

公司决议程序违反公司章程或法律法规以及公司决议内容违反公司章程的,利益相关主体,尤其是中小股东利益极易受到损害。比如在股东大会召集程序中未通知某个股东参加会议的,即对该股东权利造成了损害。在个体股东利

---

① 管晓峰:《论公司表意吸收争议及其法律救济》,载《中国法学》2005 年第 4 期。

② 李建伟:《公司法学》,中国人民大学出版社 2018 年版,第 91 页。

益因决议瑕疵受到损害时,应当赋予相应股东救济的权利。

这一救济功能以公司决议存在现实瑕疵为前提。公司决议的形成以资本多数决为规则,即对个体利益的救济应遵循少数服从多数的决议民主规则,这不同于法律行为中对个体意思救济的效力瑕疵理论。若某股东利益诉求因表意吸收机制而无法在最后达成的股东会决议中得到表达,该股东个人利益非公司决议撤销之诉所覆盖的救济范围。司法介入应尊重公司自治,只有在公司决议存在瑕疵且不当损害股东现实利益时,才能对个体股东利益进行司法救济。

(二)决议撤销之诉功能定位与原告主体范围现行规范之矛盾

我国现行《公司法》的规定赋予了所有持股人提起诉讼的权利,此规定没有对股东内部的主体资格作出具体划分,也没有规定董事和监事提起诉讼的权利。

就决议程序正当性功能定位而言,现行《公司法》未赋予公司董事、监事提起诉讼的权利,不能全面地维护公司决议程序的正当性。因为维护决议正当程序的目的在于维护公司利益及内部运行秩序,而公司意志与利益的直接代表者应当是公司的董事、监事和法定代表人而不是股东个人。在维护决议行为的合法性以及公司内部秩序的功能定位下,公司内部人员尤其是对于该公司以及公司股东负有诚信义务的董事、监事应有权提起公司决议撤销之诉。《公司法》关于适格原告范围的规范,存在较大的局限性——并不能真正维护程序正当,应当赋予公司董事和监事提起诉讼的权利。

本文在决议行为的性质——组织法上的特殊法律行为时已论述,赋予董事、监事原告主体地位,不仅不会有滥诉顾虑,反而比赋予全体股东广泛诉讼权利更有利于维护决议的稳定性。赋予公司所有现任股东起诉的资格,却没有赋予董事和监事的诉讼资格,从公司利益维护的角度考量也是不合理的。

就股东利益现实救济功能定位而言,现行《公司法》赋予所有股东提起诉讼的权利,是不符合民事诉讼中当事人适格理论的,也不符合对股东现实利益救济的功能定位。公司决议撤销之诉是一种直接诉讼,即股东基于股权,为维护自身利益而针对侵权人提起的诉讼,其制度功能就在于对股东利益的直接救济。①非利益直接受损股东起诉的目的其实是为了维护公司或其他股东的利益,或者

① 赵旭东主编:《商法学》,高等教育出版社2015年版,第143页;施天涛:《公司法论》,法律出版社2018年版,第272页。

仅仅是公司组织体利益的反射，该股东对诉讼标的实际上不具有直接的或法定的管理或处分权能。公司股东基于维护公司利益的目的，只能提起股东派生诉讼。而公司决议撤销之诉不管是实践还是法理上都被认为是股东的直接诉讼。[①] 因此我国《公司法》允许未因决议瑕疵受到直接损害的股东提起决议撤销之诉，并不符合股东利益维护的功能定位。并且这样的规定事实上取消了股东代位诉讼的前置条件，存在股东滥诉之风险，影响公司决议的稳定。

利益有现实救济空间的股东才能作为适格原告，故应对现行法律规定的股东原告主体资格进行类型化限缩。限缩的正当性基础不仅在于实体法上对公司组织体稳定性的考虑，还在于对撤销之诉的利益救济功能之实现以及民事诉讼法上诉因理论之限制。故只有因决议瑕疵受到现实损害，而非因组织体利益之反射或其他股东利益之损害的股东才有资格提起决议撤销之诉。

（三）撤销之诉的功能定位与股东原告资格的类型化限缩

通过实体法上决议行为的特殊性质以及决议撤销之诉的程序正当控制功能定位，已经完成了对公司董事、监事的原告资格的界定。但是对于哪些股东有权提起诉讼的界定并未完成。基于利益维护的功能定位，股东是否具有原告主体资格的标准在于：股东所享有的撤销诉权源于决议瑕疵所致个体股东自身利益的现实损害，性质上属于公司决议过程中产生的个体权利。

1.隐名股东的原告资格

隐名股东，是为了某种合法或非法的目的，借用他人名义设立公司或者以他人名义出资，在公司章程、股东名册以及工商登记中记载他人为出资人的实际出资人。[②] 与其相对应，记载于公司章程、股东名册以及工商登记中的为名义出资人，即名义股东或名义出资人。[③] 我国《最高人民法院关于适用〈中华人民共和国公司法〉若干问题的规定（三）》[以下简称《公司法司法解释（三）》]中对于名义股东与隐名股东采取了“区分原则”：对外纠纷的处理中，采取了公示原则与外观

---

① 股东以公司为被告，请求人民法院撤销股东会或股东大会决议，是我国《公司法》规定的股东直接诉讼规则的体现。参见赵旭东主编：《商法学》，高等教育出版社 2015 年版，第 143 页。

② 赵旭东主编：《公司法学》，高等教育出版社 2015 年版，第 226 页。

③ 《公司法司法解释（三）》使用的表述是“实际出资人”和“名义出资人”，参见《公司法司法解释（三）》第 24 条、第 25 条、第 26 条。

主义原则，以名义股东对外承担责任与行使权利；[①]在内部纠纷场合，司法实践中应当审查隐名股东的实际出资状况，隐名股东经半数以上股东同意可以显名登记为公司股东。[②] 故在内部权利义务关系纠纷场合，司法实践认可了隐名股东的实际利益相关性，如果公司决议瑕疵导致其利益受损的，应当赋予其提起诉讼的权利。

2.无表决权股东的原告资格

关于无表决权股东的原告主体资格，在各国立法与实践中都有肯定说和否定说的二分观点。如德国法上，股东表决权受限，并不影响其行使公司决议撤销权。[③] 而日本学界通说则认为，无表决权的股东因无法收到股东大会召集的通知故无法行使决议撤销权。[④] 是否应当赋予无表决权股东以决议撤销诉权，关键在于表决权与决议撤销诉权的关系。当决议撤销诉权是表决权的附带因素时，无表决权股东则无权提起决议撤销之诉；当二者处于并列地位时，表决权受限不影响股东的撤销诉权。

股东虽不具有表决权，但仍有监督权以及知情权等，与公司决议有利害关系，且恰是因为不能对该决议事项进行表决，还要受决议的约束，就更应该赋予其相应的利益救济权利。承认无表决权股东是决议撤销之诉的适格原告，即承认该股东对损害其利益的公司决议具有诉的利益，与公司决议撤销之诉的“利益救济”功能定位相一致。故决议撤销诉权是股东权利的一种，与股东表决权相并列，源于其股东地位以及其与公司决议的利害关系，即使表决权被限制也不当然影响其撤销诉权。

3.瑕疵出资股东的原告资格

瑕疵出资股东的利润分配请求权以及表决权等自益权会受到一定的限制。[⑤] 如果将股东决议撤销之诉定位于股东自身利益救济的制度功能，则也属于自益权，允许受到一定的限制。但是自益权的性质定位并不能直接得出权利受到限制的必然性，就诉的利益角度而言，只要股东有现实的利益损害，就应当

---

① 参见《公司法司法解释(三)》第25条、第26条。

② 参见《公司法司法解释(三)》第24条第3款。

③ 《德国股份法》第126条“无表决权优先股，除表决权外，各股东享有基于股份的权利”，即股东表决权受限并不影响其行使撤销公司决议的权利。

④ [韩]李哲松《韩国公司法》，吴日焕译，中国政法大学出版社1999年版，第417页。

⑤ 参见《公司法司法解释(三)》第16条。

赋予其相应的救济途径。

4.未对瑕疵决议提出异议股东的原告资格

《德国股份公司法》规定，出席会议的股东提起决议撤销之诉，以该股东对决议提出异议并被记入笔录为前提。[①] 但无正当理由未被允许参加股东大会决议的股东或因决议事项未合理通知以及决议召集程序不合理而未能在决议上提出异议的股东，仍有权利提起撤销之诉。[②]

虽然股东提起决议撤销之诉不以当场提出异议为前提，但已出席决议会议，且经合理通知和公告，明知决议存在瑕疵的股东若当场未对瑕疵决议提出异议的，应认为其已经认可了这种决议瑕疵，否认该决议瑕疵对自己利益的损害，可视为对瑕疵决议撤销权的放弃。限制明知瑕疵而表示同意的股东提起决议撤销之诉，有利于他人基于此形成对该股东已经放弃决议撤销权的合理信赖。因此，原则上公司决议撤销之诉的原告股东，以当场对决议提出异议为条件。

但是对于未出席会议，或者不知道决议存在瑕疵的股东，不能当然地认为其未对决议提出异议是放弃撤销权，也不能推定该股东默认决议瑕疵未对自己的利益造成损害，因为本就不能对该股东提出异议产生合理期待。

由股东的类型化分析可知，股东的决议撤销诉权源于决议瑕疵造成其自身利益的现实损害。当然，这种起诉资格并不要求股东能充分证明其利益已受到现实损害，这符合诉讼法上适格当事人理论的要求，只要该原告是实体权利义务关系的承受人，就应赋予提起诉讼的权利。但是在股东明知存在决议效力瑕疵事由但未提出异议的股东，则可以根据股东的行为判断公司决议不会对其利益造成损害，故该类股东不具有原告资格。

结　语

对于决议撤销之诉原告主体范围的界定，即对撤销之诉适格原告资格的确定，应以程序法上当事人适格理论为一般规则，以实体法上对决议撤销权的规范为具体标准。公司决议行为在实体法上的特殊性质以及现有决议行为理论与规

---

① 《德国股份法》第 245 条第 1 项规定，出席股东大会的股东享有撤销权，“但以其在公告股东大会议事日程前取得股份以及在股东大会上对决议提出异议为限”。

② 《德国股份法》第 245 条第 2 项：“未出席股东大会的任何一名股东，但以其以不法方式未被准许参加股东大会，或大会未按规定召集，或决议的内容未按规定公告为限。”

范的不足,故对撤销之诉适格原告范围有重新界定的必要。

仅依据决议行为在实体法上的特殊规则并不能完成对适格原告范围的全面界定。决议撤销诉讼制度本身的功能定位对平衡不同利益诉求以及对诉讼当事人范围的界定有重要作用。决议撤销之诉具有双重功能,一方面可以维护因瑕疵决议受损的股东利益,另一方面也可以消除公司决议的违法性、确保公司内部决议行为的正当性。我国现行法律规范中,对制度功能界定得不明确,以及原告范围与制度功能实现的脱节,使得公司决议撤销之诉的作用发挥存在局限。应根据不同的制度功能定位,对原告范围作出不同安排。

基于决议行为的特殊性质以及公司决议撤销诉讼制度独特的功能定位,对公司决议撤销之诉的适格原告范围应当作出如下安排:(1)公司董事和监事有权提起公司决议撤销之诉;(2)公司股东有权提起公司决议撤销之诉,但出席股东大会,明知公司决议有瑕疵且未提出异议的股东除外。

“执转破”扩张视域下的预审查制度研究*

滕小燕**

摘要:“执转破”衔接程序由最初解决执行难的功能定位逐渐转变为以拯救困境企业及发挥市场出清功能为主要导向。此转变引发学界对“执转破”衔接程序的启动模式的探讨,对职权启动模式的学理分析仍有捉襟见肘之处。实则拯救困境企业不应将规则构建局限于执行或破产,而应扩大到执行前的视域范围,疏通立审执破整个程序的衔接过程。但规则设立不宜顾此失彼而采“立转破”“诉转破”的程序衔接方式,而应以预重整制度为契机设立预审查制度以实现“执转破”扩张的迫切需求。

关键词:职权启动模式;“执转破”扩张;预审查制度

引　言

2015 年最高人民法院公布《关于适用〈中华人民共和国民事诉讼法〉的解释》(以下简称《民诉法解释》)第 513 条至第 516 条首次创设性地规定执行案件移送破产审查与破产程序衔接的制度,也即被法学界普遍称之为“执转破”制度,制度创设的本意在于解决执行不能以及破产启动困难的双重目的。同时,为适应《民诉法解释》的“执转破”的程序适用,最高人民法院又于 2017 年出台了《最高人民法院关于执行案件移送破产审查若干问题的指导意见》(以下简称《指导意见》)细化“执转破”程序的具体规则。基于上述规定,学者指出部分地区如深圳在推进“执转破”工作中取得了一定的实效。据学者统计,深圳市法院执破衔

* 本文系西南政法大学法学院课题“《民法典》适用视野下证明责任本质的再认识”(项目编号:FXY2021117)的阶段性成果。

** 作者系西南政法大学法学院 2020 级民事诉讼法硕士研究生。

接成功率达八层之多。[①] 但诸多学者又提到后期“执转破”程序推进乏力的情况,如浙江各级法院审理“执转破”案件仅占执行不能案件的冰山一角。[②] 不难看出,面对执行不能情形催生的“执转破”制度创立之初的确解了执行积案问题的燃眉之急,但其忽略企业负债累累即便进入破产程序亦无法使当事人获益,当事人并无动力申请移送破产审查成为“执转破”制度收效甚微的痼疾所在[③]。

一、形式药方:依职权启动移送模式的立法完善

基于当事人不愿申请移送破产的难题,学者展开了对“执转破”启动模式的讨论。当事人申请主义及法院职权主义是目前各国破产程序启动的唯二模式。据我国学界讨论,破产法的法律属性成为启动模式选择的根本依据,支持破产法传统私法功能的学者自然不愿将破产启动方式退而求诸法院的职权,而以社会公共利益挑战传统思想的学者又更青睐于吸收法院依职权启动的模式。

(一)“公私交融”下职权启动模式的正当化证成

历史地看,最初破产法发挥市场出清功能未将企业以外的市场主体考虑在内,但也规定了其他法律规定的企业法人以外的组织清算可以参照和适用破产法的相关规定。合伙企业、个体工商户及消费性借贷自然人等被破产法排除在外的民商事主体却在1992年旧《民诉法解释》的参与分配这一制度中得以规定,出于弥补破产法疏漏的环节,但本应由破产程序进行的市场出清交给以个人利益获得为重的执行程序进行规制是职能错位的典型体现,根本的解决途径不在执行而在破产对此内容的完善。在实践中,最高人民法院早在2019年《关于深化人民法院司法体制综合配套改革的意见——人民法院第五个五年改革纲要(2019—2023)》中明确了个人破产试点的试验,尽管部分声音对个人破产试点持否定态度,但个人破产制度的建立与完善已是大势所趋,这表明在未来的改革方向上至少应将参与分配中的其他组织从执行法中革除,逐步实现的个人破产或也将作用于“执转破”的困境进而转向在破产法中进行规制,相信对于“执转破”启动上的当事人阻碍层面大有裨益。因此,笔者以为,《民诉法解释》无须固守参

① 白田甜、景晓晶:《“执转破”衔接机制的优化原则与实践完善》,载《法律适用》2019年第3期。

② 范志勇:《论“执转破”的启动与程序衔接》,载《商业研究》2019年第7期。

③ 诸多学者结合数据以各地区的法院为例,发现实际“执转破”成功的案例占比甚微。

与分配的制度设计而将“执转破”的对象限定于企业法人，最高人民法院发布的《指导意见》根据《中华人民共和国破产法》（以下简称《破产法》）、《民事诉讼法》及《民诉法解释》等规范性文件规定的企业这一限制条件也会有所松动。当前的“执转破”操作模式坚持当事人申请主义，亦是上述原因所致。

有必要澄清的是，有学者认为我国目前采取的模式是申请主义之下辅之以职权主义的操作模式。其以执行部门对被执行人及申请执行人双方的征询义务为依据，认为法院对当事人申请移送破产审查的主动引导是职权主义的体现的观点并不妥当。[①]《指导意见》明确了执行法院发现企业符合破产原因应及时询问当事人是否同意将案件移送破产审查，同时《全国法院破产审判工作会议纪要》（以下简称《会议纪要》）再次明确法院的征询义务[②]，但总体而言，其落脚点在于当事人的同意，当事人的同意不在于法院征询义务的履行，而在于当事人明确的意思表示，这并非职权主义的体现，而仅仅是一种释明义务的履行。其次，对于参与分配制度排除企业的参与倒逼其诉诸破产程序并非法院职权主义的体现，而是法律规范制定的目的就在于维护破产法的功能实现而无涉于企业这一主体，其本身并不带有职权主义色彩。学者强调当事人的同意是明示同意而非默示同意亦是此理。[③] 只是这种征询能起到多大的作用，单靠向法官施压治标不治本，最后还是需要当事人点头。

实则，在经济物质生活飞速发展的当代，公法与私法的界限并不如以往明显，单是市场出清功能就不在“私”的法律关系的领域范围，现代破产法逐渐考虑到即将破产倒闭企业所涉及的债权人、债务人、社会公众等多方主体利益，公共利益的考量自不待言[④]，因此，面临破产的启动问题上无须见“职权”便如临大敌。若坚持采当事人申请的启动模式，必然不能发挥该制度的应有作用，对此，众多学者已然论及法院依职权启动“执转破”程序的必要性。

---

① 丁海湖、田飞：《“执转破”操作模式及相关实务问题研究》，载《法律适用》2017年第11期。

② 刘旭东：《执破衔接视域下“执转破”要点透视及规范进路》，载《河北法学》2019年第4期。

③ 刘旭东：《执破衔接视域下“执转破”要点透视及规范进路》，载《河北法学》2019年第4期。

④ 张世君、李雨芊：《“执破衔接”实施的困境反思与制度改进》，载《河南财经政法大学学报》2020年第3期。

(二)当事人主义与职权主义启动模式并行不悖

进一步讲,若吸收职权启动模式,那么职权主义覆盖范围多大程度发挥作用成为讨论该问题的重点。即便学者意识到因各方利益的博弈导致"执转破"成为有权启动方追逐利益的手段,为避免这一制度运用陷入当事人"呼之则来、挥之则去"之囹圄,学者皆提出职权主义启动模式的运用,不同之处在于采职权启动为辅或采完全性的职权主义的细微差别。将职权主义作为补充而尽可能地尊重当事人的意愿,并赋予当事人在其反对移送破产时的异议权实则并不能解决学者谈到的职权主义侵蚀申请主义的不良现象,因为实践中法官询问当事人是否同意的要求容易流于形式,即使当事人不同意也不影响法院依职权启动"执转破"程序。[①] 从执行程序到破产程序在法律性质上是从公法走入私法,在利益衡量上却是从个别利益往公共利益的延伸,若涉及公共利益那么采用何种启动模式的问题核心在于公共利益的维护,此时职权主义启动模式显得尤为必要,而申请主义模式是破产法原有规定的延续,当事人申请模式与职权主义模式并行并无不可,无须纠结于何者权重。这一观点与我国《企业破产法》对商业银行、证券公司等金融机构具备破产原因从而规定国务院金融管理机构向人民法院提出对该机构进行重整及破产清算的制度旨趣不谋而合。从我国台湾地区破产法规定中亦可窥见一斑,"在民事诉讼程序或民事执行程序进行中,法院查悉债务人不能清偿债务时,得依职权宣告债务人破产",[②]当"执转破"不属于债权人利益考量范围却涉及国家及社会公共利益时,公权力机关的介入是必需的。

不同于纯粹的辅助型职权主义启动模式,有学者主张从辅助型的职权主义立法模式到完全的职权主义立法模式的两步走策略,其指出针对采职权主义的破产启动中须以被执行人确无财产可供执行为首要条件[③],但这存在"温水煮青蛙"之嫌,不免让人误读为法院的最终目的是以职权主义剥夺当事人的意思自治。同时,其观点恰与实际情况造成的"执转破"无法常态化不谋而合。在实践中,部分法官正是将"执转破"的运用建立在被执行人无财产可供执行的基础之

① 刘旭东:《执破衔接视域下"执转破"要点透视及规范进路》,载《河北法学》2019 年第 4 期。

② 范志勇:《论"执转破"的启动与程序衔接》,载《商业研究》2019 年第 7 期。

③ 张世君、李雨芊:《"执破衔接"实施的困境反思与制度改进》,载《河南财经政法大学学报》2020 年第 3 期。

上，以消化执行积案、完成执结率为核心目标导致仅完成“执转”的目标，却与“破”格格不入。[①] 对于申请执行人而言，若执行程序当中被执行人还债已是穷途末路，转为破产并不见得能获得额外收获，根据实践案例，申请执行人与被执行人是否愿意主动申请执行转破产存在利益因素，对自己是否有利将左右“执转破”程序的运用，[②]正如学者所谈之不同主体间的效益博弈，[③]斯言得之。

总体而言，“执转破”启动模式的选择不宜单一化，将执行案件移送破产审查离不开职权主义的介入。目前确立的法院告知、引导当事人申请破产制度是对破产依当事人启动的法律规定的妥协，过渡至完全的职权主义规定过程至关重要，学者似乎都提及职权启动模式的证成，却对此过程三缄其口。此或囿于立法的缺失或囿于实践的怠滞，因而其过渡的手段尤为重要。正因如此，即便学者认识到职权主义启动“执转破”的必要性并认为可以逐渐发展为完全性的职权主义启动模式，但基于实际状况，当下依然须倚重法院的引导告知等义务。此义务应与法官履行释明义务的要求一致，有学者认为应建立执行程序对破产效益的释明机制，[④]鉴于实务中当事人对破产程序的效益认识不足，对此效益的释明成为必要：破产的公平受偿属性及重整和解功能对存在一线生机的企业、后位查封人有利，破产程序的加速认缴出资的补足、未到期债权到期等对于全体债权人而言亦非坏处。这样的释明虽可能促使当事人因利益驱动而申请启动破产程序，但存在两个问题，执行法官是否愿意在难以识别破产原因的情形下释明该问题进入“执转破”程序的必要？破产审判法官是否愿意接纳一个难度大周期长而不利于自身绩效考核的案件？从《指导意见》到《会议纪要》，法院的征询程序具有的强制性，但为避免强制要求在实践中的落空，笔者认为，征询的过程应书面记录并签名，当事人须在书面记录上作出明确的意思表示同意还是不同意将案件移送至破产审查，这一程序既是上级法院监督下级法院的依据，也是当事人不同意移送时据以提出异议的依据。

---

① 陈唤忠：《“执转破”常态化实施路径优化研究》，载《法律适用》2020 年第 3 期。

② 赵泽君、林洋：《“执转破”程序启动模式的分解与重塑》，载《政法论丛》2018 年第 3 期。

③ 刘旭东、陆晓燕：《效益法则框架下“执转破”之功能透视及其制度建构》，载《法律适用》2017 年第 11 期。

④ 刘旭东、陆晓燕：《效益法则框架下“执转破”之功能透视及其制度建构》，载《法律适用》2017 年第 11 期。

然而,笔者认为启动模式的完善或将缓解实践中的“执转破”困难问题,但仅就启动模式的讨论并非解决困境企业拯救问题的根本所在。如前所述,执行程序重个人而轻集体,破产程序则与此相反,其目的恰恰是使全体债权人概括受偿,发挥企业重整及市场出清功能等。从个人利益出发寻求集体利益的保护有悖经济学上理性人的逻辑是不言自明的,即便实践中存在反复恢复执行又终结本次执行的“抽屉案件”,[①]但相比于终局性地彻底解决企业无力偿债问题,债权人更愿意等待企业持续性地还债,而非追求司法资源的节约。正如学者提及的借鉴罗尔斯的观点将正义分为一般正义和个别正义,破产程序与执行程序恰与其一一对应,但未注意到从个别正义向一般正义的飞跃并非正向而应当逆向而为。[②]

二、实质药方:破产制度功能回归下的“执转破”程序扩张

执行不能的根本原因在执行之外,本质是债务人无财产可供执行,即便是转入破产亦仅导致企业的注销,正如王欣新教授所言,“执转破”政策出台表面上是为了解决执行难,实质上是解决破产难,并提出是否将执行案件移送破产的标准不在于是否无财产可供执行,而在于是否具备破产原因。执行程序无力解决破产问题,唯有全方位地推动破产案件的依法受理,才能从根本上解决执行难的困境。[③] 以解决执行难为出发点设立“执转破”制度不免使得两方相斥的侧重点杂糅导致制度目的与行使手段背道而驰,最终显得不伦不类,因此,首要问题是解决二者何为大框架的问题。要使二者和谐共生必然是依从集体利益到个人利益的顺序考虑的,也即本文所要谈到的切实贯彻“执转破”制度须先完成执行程序到破产程序的回归。

① 刘旭东、陆晓燕:《效益法则框架下“执转破”之功能透视及其制度建构》,载《法律适用》2017年第11期。

② 张世君、李雨芊:《“执破衔接”实施的困境反思与制度改进》,载《河南财经政法大学学报》2020年第3期。

③ 王欣新:《以破产法的改革完善应对新冠疫情、提升营商环境》,载《法律适用》2020年第15期。

(一)“执转破”扩张前提下“立转破”“诉转破”的背离

早有学者对执行与破产程序的关系进行研究[①],即使2017年《破产法》早已确立破产优先的原则,后来《民诉法解释》依然选择执行不能转破产的不当路径。[②] 此是由于我国破产法的形成时间较晚,规范不够完善,社会各主体对此认识不足导致实践中的刻意规避,从而形成了依靠执行程序负担部分破产程序功能的路径依赖。执行程序在历史上长期承担破产制度的部分功能,架空了后来日趋完善的破产法效用的作用范围。[③] 亦有学者提及解决实践难题须实现“执转破”的常态化使其不因人、事、地的变化而不同,这样的稳定持久性的要求必然以破产程序的适用为大前提,此前长久的以执行程序为核心忽视破产法应有的效用,实现破产市场出清及拯救困境企业必须以破产程序的适用为制度适用拨乱反正的前提。诚如学者所言,最高人民法院创设的“执转破”程序是非常态之举,因是国家供给侧结构改革、解决执行难和法院绩效考核下的产物而缺乏正当性依据。[④] “执转破”的目的并不在于执行的终结,而是“破”的开始,[⑤]“执转破”不仅仅是解决执行难的一项措施,其任务在于完成破产功能在市场经济中的回归。

明确破产程序为大框架的前提下,在以破产法适用为导向的制度制定中自然不应再以执行不能转为破产的一般路径解决实践问题,而应将案件移送破产审查的时间提前,由此观之,学者提出之“立转破”“审转破”构想不无道理。[⑥] 实务界亦有相关实践模板,多地法院都采取了在立案环节或审理过程中将案件移送破产审查的做法。[⑦] 但制度的制定不宜顾此失彼,不能走入先定后审的误区,

---

① 齐树洁、陈洪杰:《破产程序与执行程序的冲突及其协调》,载《厦门大学学报(哲学社会科学版)》2007年第3期。

② 赵泽君、林洋:《“执转破”程序启动模式的分解与重塑》,载《政法论丛》2018年第3期。

③ 范志勇:《论“执转破”的启动与程序衔接》,载《商业研究》2019年第7期。

④ 廖丽环:《正当程序理念下的执行转破产机制:基于法理视角的反思》,载《法制与社会发展》2018年第3期。

⑤ 陈唤忠:《“执转破”常态化实施路径优化研究》,载《法律适用》2020年第3期。

⑥ 陈唤忠:《“执转破”常态化实施路径优化研究》,载《法律适用》2020年第3期。

⑦ https://m.thepaper.cn/baijiahao_10162253; http://www.yunqingsuan.com/news/detail/54838,最后访问日期:2021年11月17日。

在追求效率与司法资源节约的同时不可忽视公平正义。采取“立转破”“审转破”意味着对企业陷入的民商事纠纷败诉形成心证，将其直接移入破产程序或将导致企业无力辩论，即使实践中多方主体对同一企业提出债务偿还请求难免使法官对其经营状况产生怀疑，但也不免存在债权人债权不实的情况。故而，“立转破”“诉转破”的出发点即便与制度完善目标一致，但却与民事诉讼程序的基本原则相悖。不过与此相对的是，在审理过程中当事人或法官掌握的资料已初步判断企业难以清偿到期债务，是否资产不足以清偿全部债务或明显缺乏能力却不是法官审查的范畴，对于存疑的破产原因，如果坚持待到执行不能转为破产无异于纵容纠纷恶化，浪费司法资源。此时，为消解左右为难的顾虑，实践中将产生法院权衡利弊而采“立转破”“诉转破”或“执转破”的情况，但又使得各地采取的措施难以统一。

（二）“执转破”扩张前提下破产原因之专门审查小组的设立

笔者以为上述矛盾并非不可调和统一。基于“执转破”扩张的制度构建目的和与民事诉讼制度理论的融合的双重需要，笔者建议，仍以“执转破”衔接程序为基础，以预重整制度为模板，构建诉讼外的“预审查”制度。正确的做法是法官将涉及企业的民商事经济纠纷案件根据立案后获悉的全部案件材料予以评估并移送专门审查小组审查是否具有破产原因，为之后移送破产受理作准备，根据预审查结果作出劝告企业自行申请移送破产审查及让原告方对企业法人的经济状况有一定的了解以便后续债权人申请移送破产审查，此为本文“预审查”制度的核心要义，后文将详细阐述，此处不再展开。

此类制度设计的根本目的在于在不破坏民事诉讼基本原则的前提下进行变通处理。一方面，若企业主动还款将无碍于当事人是否申请执行，法院依然不必将企业在诉讼中存在资金周转不灵但诉讼结束时已然完成自我拯救的过程在诉讼伊始阶段作出武断的决定。另一方面，终局判决的生效标志着确已存在且可能涉及公权力介入的债权债务关系，企业无从清偿若在审理中已成定局，那么在案件结束后自然可以发挥提前告知当事人的作用，让潜在的申请执行人越过申请执行的环节进入破产程序，避免执行不能的后期乏力导致的申请执行人对破产程序的失望，而对于困境企业而言，破产程序除市场出清功能外，还包含破产重整及破产和解两项功能，与其自我拯救的目标一致。

但上述制度建构存在的问题是，即便越过后续执行这一步，审判法官和执行法官对企业是否存在破产原因依然无法作出专业的定性，这时需要解决的问题是将案件移送至专业的破产审判法官进行评估，伴随着职权启动模式的建立，既可以在原审判裁决作出后直接将审理过程中收集的资料交由破产专业法官评估，也可在后续当事人申请执行时由执行法官交由破产审判法官进行评估。审判法官与执行法官的引导与告知义务即使未发挥作用，依然有了职权移送审查评估的兜底，以期实现“执转破”本身的制度目标。基于此，设立专门审查小组迫在眉睫。

瓯海区人民法院成立执行移送破产程序案件预审小组的相关实践有可取之处，其由立案、执行和破产审判部门人员共同组成预审执行部门移送破产审查的案件，对当事人作充分的思想工作以促使其同意移送。[①] 亦有学者建议组件专门的“执转破”团队，但其并未将立案庭人员纳入考量而是采取了优秀法官助理的加入，笔者以为，此若建立这样的小组或团队都离不开审判法官的加入，以打通审判、执行到破产程序的整个流程，审判法官最为了解案情，在审理案件过程中便将可能存在破产原因的企业一方材料移送该小组进行讨论，而非仅仅局限于执行部门及破产审判部门的人员参与。

三、预审查制度构建路径及要点透析

(一)参考模板：预重整制度基本定位及功能厘清

在阐释“预审查”制度之前，首先厘清预重整制度的内涵及功能。预重整制度本是破产重整程序前的预备阶段。实际上，疫情下的困境企业拯救重心在于和解与重整而非破产，在实务中当事人对此缺乏一定认识，而法官也未对此进行阐明。有学者认为执行不能转为破产使得饱受公众质疑的执行终本制度有了解决方案，[②]但执行不能转为破产程序审理大多有利于执结率攀升以及企业有序退出市场活动，在疫情打击及市场经济注入活力的双重要求下，制度的任务重点在于给予困境企业更多的发展机会，如果执行转破产最终只解决了法院执行积案的问题，对困境企业的拯救及债权人的债权受偿均无作用，那么“执转破”制度设计无异于披了合理性外衣的执行终本。亦有学者指出“执转破”的程序设计不

① 浙江省温州市瓯海区人民法院课题组：《从“执转破”到“破涉执”——执破双向互通联动机制之司法探索》，载《法律适用》2019 年第 3 期。

② 白田甜、景晓晶：《“执转破”衔接机制的优化原则与实践完善》，载《法律适用》2019 年第 3 期。

应局限于破产注销,并无多少发挥破产效益的空间,[①]最终使司法公信力受到更多公众质疑。因此将案件移送破产审查程序更重要的是发挥破产重整与破产和解的功能。

为破产重整程序作准备,预重整制度应运而生。各地的预重整实践得到最高人民法院的认同,在《全国法院破产审判工作会议纪要》中得以明确[②],预重整制度建立在债权人与债务人间的协商和解基础之上,为破产程序中的重整作准备[③]。以拯救困境企业为出发点的预重整制度并不将此和解与制作重整方案的期间计入破产案件的立案审查时间,但赋予其具备重整协议的效力,似乎在平衡社会利益基础上又使得颇为合理的制度构建于审判执行及破产程序之外。在制度机理背后不难看出司法制度设立的价值取向,即尽可能地为此后的程序作一定的准备以便于后续程序开展的顺利进行。这样的制度设计看似完美,但存在与破产程序中重整制度的区分问题,预重整制度并非重整制度在时间上的提前,实践中存在在预重整程序中法院与政府过度干预的情形,有的甚至将预重整与重整程序进行完全相同的程序设计企图李代桃僵,有的则是过度扩大预重整概念的外延,使任意庭外重组都具备预重整的法律效力等。[④] 实践中的乱象不胜枚举,为解决这一问题,有学者认为应明确债务人作为预重整制度的启动主体以及对其表决权的保障,并明确法院及政府在预重整程序中的监督角色定位,提出发挥预重整制度的非司法救济功能。[⑤]

(二)要点透析:预重整制度的具体构建

不难想象,从预重整制度阐发而来的预审查制度也将面临制度定位、主体定位不清晰的问题。但不同的是,笔者所设想的预审查制度中当事人并不具备在预重整制度中享有的共同协商、制订重整计划等的权利,而是自法院立案受理时起就负担将案卷材料移送专门团队进行审查的义务,预审查的实施无须当事人参与,仅在审查结果确定后,法院对债务人具备破产原因有初步了解时负担对债务人的释明义务,释明内容主要是破产和解与破产重整对拯救困境企业的有利

---

① 刘旭东、陆晓燕:《效益法则框架下"执转破"之功能透视及其制度建构》,载《法律适用》2017年第11期。

② 2018年最高人民法院《全国法院破产审判工作会议纪要》第四部分第22条。

③ 刘惠明、牟乐:《新型企业拯救模式:预重整制度》,载《财会月刊》2021年第21期。

④ 刘惠明、牟乐:《新型企业拯救模式:预重整制度》,载《财会月刊》2021年第21期。

⑤ 刘惠明、牟乐:《新型企业拯救模式:预重整制度》,载《财会月刊》2021年第21期。

之处，以推动企业自行申请启动破产程序，法院此种释明义务贯穿立审执流程始终。而对于债权人仅是从预审查结果中对企业的经济状况有了一定的了解，也可以侧面促进债权人申请移送破产审查，直到债权人申请执行，法院始终负担说服债权人的征询义务，从而与现行规定有序衔接。预审查制度突破了“执转破”衔接程序所规定的在程序启动移送后才可进行的破产审查，但又兼顾了不破坏执破程序衔接程序本身。

第一，在具体适用中要明确的第一个问题，即预审查制度与移送破产审查程序的衔接。预审查是未经当事人同意法院自主采取的制度，预审查以即时发现破产原因尽早拯救困境企业及实现市场出清维护经济秩序为目标，极大地为后续破产审查节约司法资源，但预审查不可作破产审查程序同一的程序设计以免造成制度僭越。直至《民诉法解释》及《指导意见》规定的启动“执转破”程序的“执行不能”要件发生前，预审查程序都可以依据法官掌握的资料随时开始，审查的资料及作出的结果都可用于后期破产审查，但预审查并非审判案件的必经程序，是否适用以法官在立审执程序中是否形成对其存在破产原因的较大可能性的心证为准。因为在企业法人无财产可供执行的执行终本案件中，由于“执转破”程序的切实贯彻，对其破产原因的审查将会逐步成为实践的必经程序，[①]所以即便不经预审查程序，亦有此制度兜底。

第二，法院预审查的启动时间。即使预审查制度的覆盖范围贯穿立审执整个案件流程，但并非只要涉及企业的经济纠纷案件都需要预先整理材料报送专门审查小组，其是否启动预审查须区分不同案件情形。一般而言，除企业多次涉诉、企业已破产但未清算或已有案件企业作为债务人执行不能这三种情形外，法院不能仅凭立案相关材料作出其是否需要移送专门小组认定具有破产原因的决定，但法官亦可在审理过程中根据所有证据材料及辩论全趣旨获得较大可能性的心证，进而作出移送决定。虽然企业涉诉并非其具备破产原因的充分条件，但也存在企业在判决生效后执行过程中产生资不抵债的情形。这可能是基于企业多次涉诉致使难以偿还债务，也可能因其经营不善从而陷入债务危机，无论基于何种因素，我们需要明晰的是，此时才真正具备破产原因，继而存在启动“执转破”程序的必要性。为贯彻拯救的即时性，在执行程序中一旦出现企业无法清偿

① 王启江：《执行工作长效机制建构下的立审执衔接问题研究》，载《法律适用》2019 年第 11 期。

到期债务或无法清偿全部债务的情形,法院直接将案件材料移送专门审查小组,并对申请执行人及企业进行引导劝告,若当事人申请移送破产审查,那么专门审查小组的预审查亦可简化后续审查的繁复性,如果当事人不愿意申请移送破产审查,那么法院可以站在维护公共利益视角依职权启动移送破产审查程序,预审查的相关资料及结果亦可在后续破产审查程序中适用。

第三,不难看出,在此模式下建立的预审查制度的启动主体只能是法官,因为债权债务人可直接因其意思表示将案件移送破产审查甚至无须涉入诉讼程序而直接走破产程序路径。而法官在启动该制度中全凭自由心证,若预审小组接受预审,由此产生的问题是,在预审查过程中,若其认为存在破产原因的可能性,但须进一步审查相关材料,能否依职权要求企业提交相关材料的问题。笔者认为,预审查不可与破产审查内容一致,为避免制度定位不清晰,制度功能混乱导致预审查替代破产审查,预审查的资料来源仅是法院已获悉的材料,既包括当事人在立案后提交的所有材料以及法庭调查和口头辩论的全部资料,也包括在执行系统获悉的有关企业的所有资料。当然,在法官给出预审查结果并劝说当事人后,当事人自愿补充材料并积极配合移送破产审查是众望所归。

第四,预审查结果的作出并非秘而不宣,对于认定具备破产原因的审查结果应在庭外召集原被告双方,无论预审查作出结果是在立案后还是审判后或法庭结束后都可召集庭外会议。因为预审查的不完备性,应允许企业提出相关证据证明企业不存在破产原因。若企业未提出相反异议或提出证据不足以说明不存在破产原因,法院应告知企业破产程序将发挥的破产重整功能,积极促进其主动申请破产审查,而原告参与此程序则是对企业的经济状况有相当程度的了解,因为在此诉中原告的债权依然存在被清偿的机会或已经被清偿,并非一定申请强制执行,但基于此次召集,原告此后申请强制执行,执行法院可直接依据预审查结果与召集的会议记录,说服双方当事人申请移送破产审查,若当事人双方不同意移送破产,法院可依职权主动将案件移送破产审查。

第五,关于政府在预审查制度中的角色定位。因破产法的特殊性质,它不仅涉及债权债务人间的私益,更影响市场经济的协调发展。而法官在立审执破的程序中已扮演了过多角色,一方面可能因审判、审查、执行等事务而力不从心,另一方面又因权力涉及面广容易导致权力腐败等问题,政府若能建立专门管理机构对法院预审查制度补充相应的企业材料,对预审查结果认定具备较大可能性的破产原因的企业进行说服劝告,使其自行申请移送破产审查;同时,对法院的预审查程序进行监督以免法院越权或误判而逼迫企业移送破产。

建立这样的预审查制度亦是与目前“执转破”案件繁简分流的价值目标一致。根据最高人民法院发布的《关于推进破产案件依法高效审理的意见》(以下简称《意见》)的要求,破产审判效率提高及程序成本降低是未来制度改革与完善的方向所在,将可以在破产程序外完成的工作尽可能完成,为后续破产审查等工作的开展作好准备。同时,该《意见》明确对于债权债务关系明确、债务人财产状况清楚、案件简单明了的案件可适用快速审理方式,那么预审查制度设立或将直接适用于快速审理案件之中,极大程度上方便后续审查,尽可能快速地实现困难企业拯救或市场出清。

结　语

新冠疫情等重大突发公共卫生事件导致企业深陷经济困境的泥潭,“执转破”衔接程序不能仅以解决执行不能为出发点,而应以拯救困境企业为导向使其制度功能适度扩张。但仅在启动模式上探讨职权主义的角色与发挥作用的方式无异于隔靴搔痒,除将职权主义启动模式纳入改革考量外,还应究其根本,从源头上解决问题。在追求即时拯救困境企业、清退“僵尸企业”维护市场秩序的同时不可忽视程序价值,相较于纯粹效率导向的“立转破”“审转破”等措施,采取庭审程序外的预审查制度亦可发挥即时解决企业破产问题的功能,且不破坏原本诉讼程序的基本规则。

以预重整制度为模板及衔接对象而设计的预审查制度需要明晰五方面的问题:(1)预审查不可作破产审查程序同一的程序设计,防止制度间的替代与僭越;(2)预审查制度的覆盖范围贯穿立审执整个案件流程,但并非所有涉及企业的经济纠纷案件都需要预先整理材料报送专门审查小组,其是否启动预审查须区分不同案件情形;(3)预审查制度的启动主体只能是法官,法官在启动该制度中全凭自由心证,其预审查的资料来源仅是法院已获悉的材料;(4)对于认定具备破产原因的审查结果应在庭外召集原被告双方,无论预审查作出结果是在立案后还是审判后或法庭结束后都可召集庭外会议;(5)在预审查制度中,需要政府设立相关职能部门发挥挽救困难企业及市场出清的协同作用。

司法制度研究

“三纵一体”：党的意志与司法责任制嵌套路径

杨炎辉*

摘要：强化对审判权运行的监督制约是坚持党对司法工作绝对领导的题中应有之义。实践中，党管政法的制度融贯力缺失、内部穿透力中断、日常领导力偏在和文化浸润力瓦解，是法院基层党组织“三化”现象的根源。有效破解方式在于构建党管政法的“三纵一体”格局，即通过打造机关党委实体化运作机制做实“党管治党”，通过构建党的意志嵌入审判权运行机制落实“党管方向”，通过强化支部书记党建主体责任制保障“党管干部”，最终实现法院党的建设与业务建设全面、充分、精准融合，进而为完善人民法院坚持党的领导制度体系提供决策参考，亦可为丰富中国特色社会主义司法理论提供实践基础。为此，试拟出一份司法政策文件《关于加强人民法院党的建设与业务建设相融合的实施意见(建议稿)》，为实现党的意志与司法责任制嵌套融贯提供方向指引和操作规程。

关键词：党的领导；中心工作；司法责任制；“三纵一体”；嵌套

引言：加强法院基层党组织建设

党的领导是中国特色社会主义最本质的特征，是中国特色社会主义司法制

---

* 作者系北京市海淀区人民法院法官，法学博士。

度的根本保证，是习近平法治思想中“十一个坚持”的开篇统领之论。[①] “十四五”规划建议明确提出要完善审判权运行监督机制，[②]强化对审判权运行的监督制约不仅是一个法律程序建构问题，也是一个坚持党对司法工作绝对领导下的组织制度设计问题。在既往的“党管政法”相关研究中，研究向度主要侧重于党政体制的制度形成、对司法主体的领导方式和司法工作的塑造维度，[③]而忽视了对法院内部贯彻党管政法原则的具体考察，相关研究成果不胜寥寥且言之泛泛。[④] 同时，由于司法机关与行政机关的工作性质、管理方式等存在较大差异，针对行政机关加强党的领导有关研究成果在司法系统直接适用难言恰切。因此，坚持党对司法工作的绝对领导，从法院自身治理场域着手才是正道，这也是构建以司法责任制为核心的中国特色社会主义审判权力运行体系必须解决的关键课题。

习近平总书记曾指出：“解决‘两张皮’问题，关键是找准结合点，推动机关党建和业务工作相互促进。”[⑤]一直以来，法院系统内部存在着党建与业务“两张皮”现象是不争的事实。实践中，法院基层党组织弱化、虚化、边缘化（以下简称“三化”问题）正是这一现象的集中反映。本文以此为基点，剖析其成因，进而找到坚持党的绝对领导与全面落实司法责任制的精准结合点，对法院内部全方位、全过程贯穿党的领导提出操作化方案，以期为最高人民法院《关于深化人民法院

---

① 参见张文显：《习近平法治思想的理论体系》，载《法制与社会发展》2021 年第 1 期；卓泽渊：《习近平法治思想要义的法理解读》，载《中国法学》2021 年第 1 期。

② 《中共中央关于制定国民经济和社会发展第十四个五年规划和二〇三五年远景目标的建议》，载《党的十九届五中全会〈建议〉学习辅导百问》，党建读物出版社 2020 年版，第 46 页。

③ 代表性文献如郑智航：《党政体制塑造司法的机制研究》，载《环球法律评论》2020 年第 6 期；周尚君：《党管政法：党与政法关系的演进》，载《法学研究》2017 年第 1 期；侯猛：《“党与政法”关系的展开——以政法委员会为研究中心》，载《法学家》2013 年第 2 期；刘忠：《“党管政法”思想的组织史生成（1949—1958）》，载《法学家》2013 年第 2 期；周永坤：《论党委政法委员会之改革》，载《法学》2012 年第 5 期。

④ 如张文波：《功能、身份与政治——人民法院党组的治理机制》，载《交大法学》2018 年第 3 期；王琳：《人民法院党组功能考察》，载《领导科学论坛》2015 年第 3 期，均对党组作用进行了梳理分析，但侧重宏观考察且较为粗疏。

⑤ 习近平：《在中央和国家机关党的建设工作会议上的讲话》，载《求是》2019 年第 21 期。

司法体制综合配套改革的意见——人民法院第五个五年改革纲要(2019—2023)》(法发〔2019〕8号)(以下简称《五五改革纲要》)所提出的"完善人民法院坚持党的领导制度体系"改革任务落地建言献策。在此意义上,本文亦可为丰富中国特色社会主义司法理论的内容体系提供实践源泉。

一、法院基层党组织"三化"问题表现

尽管基层党组织"三化"问题在机关单位、街道社区、非公组织等各领域党建工作中均不同程度地存在,但是,一方面这个问题因涉及党的执政之基,其重要性程度不言而喻,①且在不同领域的表现方式及其内在原因的客观差异也不容忽视;另一方面,关于该问题的现有研究成果屈指可数且多数流于空泛,特别是专门针对法院系统的研究付诸阙如。② 根据笔者的参与式观察,当前法院系统基层党组织"三化"问题的核心表征在如下三个方面:

其一,组织生活政治性弱化。党支部是党的基础组织,是党组织建设的基础性工程。"支部建在连上"这一光荣传统在人民法院的翻版就是"支部建在庭上",即法院系统基层党支部的设置与其内设机构通常是一一对应的,如民一庭党支部、行政庭党支部、审判监督庭党支部、××人民法庭党支部。然而,一方面,"重业务、轻党建"现象和党建与业务"两张皮"现象普遍存在,原因在于,一些支部仅将审判执行业务视为第一要务,而将党内组织生活视为可敷衍了事的政治任务,按照上级要求"完成规定动作"成为最高追求,是否具有政治性、时代性、战斗性则基本不甚在意。另一方面,即便是正常开展党内组织生活,仪式感不强、庄重感不足,"三会一课"除了讲党课、组织生活会坚持较好之外,其他党内组织生活由于主客观原因被大大压缩或流于形式,党员们也彼此心照不宣地默契"走过场"。

---

① 党的十九大报告中对此问题进行了专门论述,在"加强基层组织建设"部署中提出要"坚持'三会一课'制度,推进党的基层组织设置和活动方式创新,加强基层党组织带头人队伍建设,扩大基层党组织覆盖面,着力解决一些基层党组织弱化、虚化、边缘化问题"。

② 据 CNKI 查询结果,截至 2021 年 3 月 31 日,主要研究成果不足 10 篇,且未见任何有关法院系统基层党组织"三化"的研究成果。代表性成果如田改伟:《如何有效防止基层党的领导虚化弱化》,载《中国党政干部论坛》2020 年第 7 期;徐伟、张玲:《基层党组织弱化虚化边缘化现象探析》,载《毛泽东邓小平理论研究》2019 年第 2 期;易新涛:《基层党组织"三化"问题及应对之策》,载《理论探索》2019 年第 4 期;郑长忠:《如何避免基层党组织"边缘化"现象》,载《学习时报》2011 年 11 月 7 日第 5 版。

其二，支部班子组织力虚化。基层党组织要发挥好战斗堡垒作用，强劲的组织力是关键，这也正是最高人民法院力推“人民法院基层党组织组织力提升工程”的主旨。[①] 然而在实践中，一方面，“一岗双责”下部门一把手行政职务、党内职务一肩挑，一些基层党支部异化为行政负责人统领下的支部委员附议型组织，导致支部委员对支部管理的参与性不够、贡献力不强，有的甚至对自身的角色定位（如组织委员、青年委员）及其基本职责亦不甚清晰，久而久之逐步从内部瓦解了党支部的实体存在。另一方面，不少法院的全面从严治党主体责任压力传导存在“上热中温下冷”现象，加之缺乏专门的党建考核制度激励，导致基层党支部开展党建工作的动力不足，一些党支部沦为有名无实的空洞组织形式，其应有的教育、管理、监督党员和组织、宣传、凝聚和联系群众的作用并未实现。

其三，党组织的话语权消退。全面深化司法体制改革以来，在“去行政化”理念主导下，“让审理者裁判、由裁判者负责”成为法官群体的核心价值共识，一些院庭长行使审判监督管理权的底气不足，加之基层法院内设机构改革后部门规模扩大带来的管理难度增加——这在超大型基层法院尤为突出，数十名党员构成的大型党支部，其党内活动的组织成本、党建事务的管理成本都成倍增加，党支部的话语辐射力、影响力逐渐减退。同时，由于传统选任内设机构“一把手”的标准上更加突出的是审判业务能力，客观上造成了党支部书记的政治素养和党建工作能力先天储备不足、后天参差不齐，一些支部因袭传统方式开展党建活动无法与新时代青年干警的主体需求相契合，党内组织生活逐渐失去吸引力和感召力，原本经由党组织传导的路线方针政策无法有效传递，党组织退居边缘或长期隐而不现。此外，一直以来，业务部门负责人的行政职务具有显著表征性，不论是日常称谓还是宣传口径上，“庭长”“局长”长期居于显性位置，“党支部书记”这一党内职务成为特定时期、特定场合的特殊摆设，[②]也预示着观感上和潜在的党组织“失语”。

---

① 参见中共最高人民法院党组《关于印发〈人民法院基层党组织组织力提升工程实施方案〉的通知》（法组〔2018〕70 号）。

② 与之鲜明对照的是，作为法院“一把手”的正式称谓“党组书记、院长”，其身份表征始终是党内职务在前行政职务在后，以常态化的形式标明党的领导的统帅性。

二、法院基层党组织“三化”问题根源

如前所述,法院基层党组织“三化”问题的核心是一些党组织在核心定位上的偏差和基本功能上的消退,①究其根源,主要在于以下四个方面:

(一)党管政法的制度融贯力缺失

党的领导是中国特色社会主义司法制度的最根本保证。“党管政法既是中国共产党从事政法治理、法治国家建设的‘党治史’,也是党的自身制度体系和执政能力不断提升的‘治党史’。”②但是不可忽视的是,该原则在制度设计上与审判业务法律规范体系存在“两张皮”现象。除了在司法改革文件、领导讲话等场合对坚持党的领导进行常态化宣教外,法院组织法、诉讼程序法、法官法等司法制度运转的核心法律依据中,均无相应的明示性规范。如果仅仅用非正式制度来规范司法权力运行,不仅不符合法治现代化的发展方向,也难以使司法裁判者产生规则认同和心理认同。于是乎,不仅非党员法官对党的领导产生拒斥,党员法官的组织归属性也变得若即若离。

(二)党管政法的内部穿透力中断

2015 年颁布实施的《中国共产党党组工作条例(试行)》(已失效)规定县级以上的法院应当设立党组,以党内法规的形式第一次确立了四级法院党组设置的依据。该试行条例在经过修订后,以正式党内法规的形式——《中国共产党党组工作条例》于 2019 年 4 月 6 日起施行,其中将党组的职责定位为“发挥把方向、管大局、保落实的领导作用,全面履行领导责任,加强对本单位业务工作和党的建设的领导,推动党的主张和重大决策转化为法律法规、政策政令和社会共识,确保本单位全面贯彻党的基本理论、基本路线、基本方略,确保党始终成为中国特色社会主义事业的坚强领导核心”。实践中,法院党组通过民主集中制原则发挥党管干部作用,对“中层干部”拥有着实质上的直接管控权,进而将党管政法的触角延伸至掌管各业务部门的“关键少数”,但并未下沉至实际行使审判权的法官个体——这一“大多数”。换句话说,党管政法原则贯穿到中层领导干部时发生断裂,这种“中梗阻”现象所导致的结果是,人民法官容易成为游离于党管政法之外的自由主体,党的领导存在虚化的现实危险。

---

① 易新涛:《基层党组织“三化”问题及应对之策》,载《理论探索》2019 年第 4 期。

② 周尚君:《党管政法:党与政法关系的演进》,载《法学研究》2017 年第 1 期。

(三)党管政法的日常领导力偏在

在组织设置上,各级法院党组系同级党委派驻在审判机关的党组织,接受同级党委的领导。同时,经由上一级法院党组对下一级法院党组班子的干部任免话语权,型构出一种上下级法院之间的"类垂直管理"[①]关系,全面嵌套、上下贯通的党组成为党管政法工作的基本组织脉络。一方面,除干部考察、任免、调动的人事建议权、协管权外,[②]上级法院对下级法院更多的是诉讼法上的审级监督关系,即一种业务指导和监督关系,上级法院对下级法院传导党的领导力既不突出,也不全面。另一个有力佐证是,自 21 世纪初探索诞生审判事务集约化管理以来,地方各级法院先后都设置了专门负责审判管理、指导、考评的部门——审判管理办公室,且地位日隆,并在本轮基层法院内设机构改革中将研究室"兼并",而负责党建指导、党务管理的机关党委办公室则偏居一隅,不仅影响力不及其十之一二,而且绝大多都没有独立的编制,[③]其作用发挥自然可以想见。此外,不可忽视的是,作为法院内部最高权力和决策机构的党组,基于上级考评的指挥棒始终聚焦在审执业务上,且数目字管理最易抓出成效,其核心领导力自然偏向于审执业务管控和督导,即便是抓党建的政治站位高,但因实效难以评估而流于一般化,日常领导力呈现出"业务实、党建虚"的不争事实。

(四)党管政法的文化浸润力瓦解

"党管政法"在我国党政体制下本身并不成为一个话题,正如有学者所指出的"党的全面领导、影响和控制则是必然现象,也是普遍现象",[④]有其特殊的历史动因和文化背景。对于生长在红旗下或者参过军的老一辈法院人——通常所说的"复转军人"来说,"党管政法"的政治认知已深入人心、日用而不觉。然而,随着 20 世纪末 21 世纪初大力推进法官职业化改革以来,[⑤]法学科班出身进入法院系统的专业性人才已经成为各个审判执行业务岗位的主力军,这些法科生

---

① 在直辖市则表现为市高级人民法院对中基层法院的全面性"类垂直管理"模式。

② 参见中共中央组织部、中共最高人民法院党组、中共最高人民检察院党组《关于印发〈关于进一步加强地方各级人民法院、人民检察院领导干部选拔任用工作有关问题的意见〉的通知》(中组法〔2007〕6 号)。

③ 不仅机构没有编制,"机关党委副书记"这一专职党务干部大多也都没有专门的编制。

④ 苏力:《中国司法中的政党》,载《法律与社会科学》2006 年第 1 期。

⑤ 参见最高人民法院《关于加强法官队伍职业化建设的若干意见》(2002)及第二个五年至第五个五年改革纲要。

在学校里所接受的法学教育主要部分是西式学科体系下的专门化教育，相对欠缺对中国特色社会主义司法制度，特别是党的领导的全面了解和深刻认知，批判“司法独立”错误思潮的自觉性还不够高，在涉及意识形态、政治敏锐性等案件中的政治立场有时不甚坚定。为此，习近平总书记在2019年中央政法工作会议上提出了政法队伍的“四化”建设，即“加快推进政法队伍革命化、正规化、专业化、职业化建设”，[①]其中将“革命化”建设放到首位，直指要害、富含深意，这是当前加强法院队伍建设最为紧迫也最为关键的任务。

三、党管政法的“三纵一体”嵌套构建

“解铃还需系铃人”，要破除党管政法的领导力在法院内部的弥散化、中梗阻问题，必须从加强党的意志在各条线、各层级组织网络中的贯穿入手，建立制度化、常态化的融贯工作机制。一个较为可行的方案是，坚持构建以司法责任制为核心的中国特色社会主义审判权力运行体系的主线，在法院党组最高决策权力之下，充分发挥党组、机关党委、审判委员会三个纵贯力及其一体化作用，将党管政法的领导力全面渗透到法院内部权力运行的各个关键环节。

如图1所示，在三个纵向序列中，通过党的领导制度体系与条线权力运行之间形成多重嵌套，构成“三纵一体”的网络化格局，进而为实现《中国共产党党组工作条例》所规定的党组坚持党建工作与业务工作同谋划、同部署、同推进、同考核的要求提供组织和制度保障，最终推动党建与业务全面、充分、精准的融合。

(一)党管治党：打造法院机关党委实体化运作机制

法院党组与机关党委的关系较为特殊，经历了从“指导与被指导”到“领导与被领导”的演变过程。[②] 具体而言，根据原《中国共产党党和国家机关基层组织工作条例》(中发〔2010〕8号)第4条和2015年颁布实施的《中国共产党党组工作条例(试行)》(已失效)第13条之规定，法院机关党委只是接受本院党组的指导，而受上级党组织领导——通常是市(区)直机关工委，也有的是市(区)委组织

① 《习近平在中央政法工作会议上强调全面深入做好新时代政法各项工作促进社会公平正义保障人民安居乐业》，载《人民法院报》2019年1月17日第1版。

② 如果加上上级党组织的领导这一维度的话，实际上更全面的概括应该是，机关党委由接受上级党组织(通常是党工委)领导和本级党组的指导——“一领导+一指导”，转变为同时接受上级党组织领导和本级党组的领导——“双重领导”的模式。

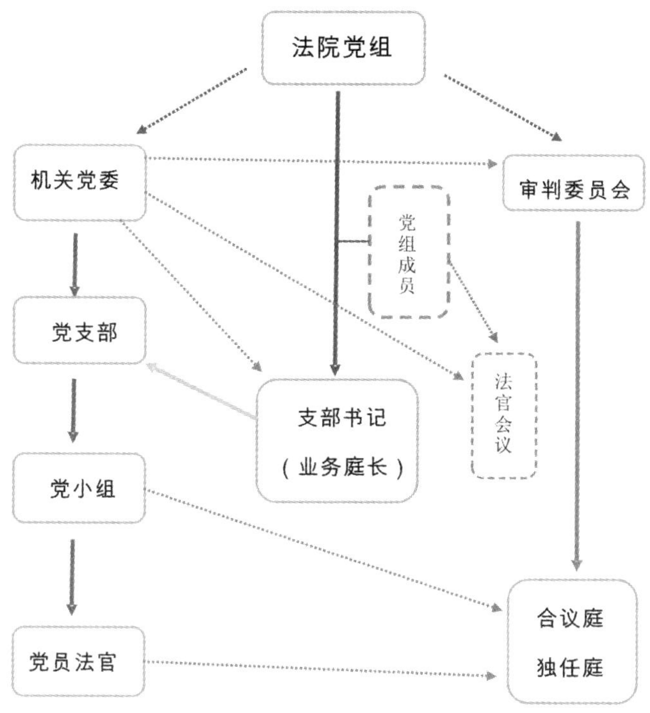

图 1　党管政法“三纵一体”嵌套格局示意图

部直接领导。实践中，由于司法系统有别于政府委办局、街道等行政系统，法院机关党委受上级党组织的领导力度相对而言较弱，受本院党组的“指导”则更为直接。2019 年先后修订出台的《中国共产党党组工作条例》①和《中国共产党党和国家机关基层组织工作条例》②对此进行了重大调整，明确规定了本院党组对

① 《中国共产党党组工作条例》第 18 条第 2 款规定：“党组领导机关和直属单位党组织的工作，支持配合党的机关工委对本单位党的工作的统一领导，自觉接受党的机关工委对其履行机关党建主体责任的指导督促。”

② 根据《中国共产党党和国家机关基层组织工作条例》第 2 条的规定，机关基层党组织接受上级党委（或党工委）和本级党组的“双重领导”；同时第 33 条规定“机关党建工作在各级党委领导下，由同级党的机关工作委员会统一领导、单位党组（党委）具体领导和管理，有关部门各负其责、密切配合，形成工作合力”；第 35 条规定“党组（党委）领导机关和直属单位党组织的工作，履行全面从严治党主体责任”；并在第 36 条规定了党组对机关党委的换届、调整、人员组成及党员发展的决定权。

机关党组织的领导地位。由此可见,对于法院系统而言,本院党组在机关党建工作中具体的、直接的组织领导地位更加凸显,这是落实新时代党的建设总要求的客观需要和必然选择。

在《中国共产党党组工作条例》第 4 条关于党组工作原则的规定中,第 2 项规定"坚持全面从严治党,担当管党治党主体责任",法院党组作为把方向、管大局、保落实的本单位最高领导机构,不仅自身要强化全面从严治党的示范作用,更要充分激活机关党委的职能作用。目前,各级法院政治部主任通常兼任机关党委书记,由于其主管领域的人事、政工等职责负荷较重,若要激活机关党委的作用,必须充分发挥出机关党委专职副书记在机关党委书记直接领导下的职能作用。

第一,机关党委副书记身份实体化。根据现行《中国共产党党和国家机关基层组织工作条例》第 8 条第 2 款的规定,"党员人数和直属单位较多的机关党的基层委员会,设专职副书记"。目前,在大多数法院中,机关党委副书记并没有专门的编制,而是借用其他编制以形式上突出机关党委副书记的身份,实属无奈之举。正所谓"名不正言不顺",如果没有专门的编制身份,既无法凸显党建工作的重要地位,更无法吸引具备党务专门经验的人才通过竞争上岗等方式发挥专长、作出贡献。因此,建议法院与编办、组织部等单位进行专门请示协调,增设相应级别的人员编制。

第二,机关党委日常办事机构实体化。如果没有专门的机关党委办事机构,一个"光杆司令"专职副书记的作用是十分有限的,这在实际中已经是不争的弊病。根据《中国共产党党和国家机关基层组织工作条例》第 28 条的规定,"机关基层党组织根据工作需要,本着有利于加强党的工作和精干高效的原则,设置办事机构,配备必要的工作人员"。因此机关党委办事机构实体化后,一方面建议按该《条例》第 30 条规定的"机关专职党务工作人员的配备,一般占机关工作人员总数的 1%～2%"配备党务干部;另一方面,建议尽量配备党建业务与法律业务兼备的复合型人才,才能将法院的党建工作真正落到实处、干出成效,而不是依旧党建与业务工作"两张皮",各唱各的调。

第三,机关党委副书记履职实体化。根据《中国共产党党和国家机关基层组织工作条例》第 2 条之规定,机关基层党组织的基本任务是协助本单位负责人完成任务,改进工作,对包括本单位负责人在内的每个党员进行教育、管理和监督。机关党委作为协助法院院长开展党建工作的核心机构,应该赋予机关党委书记和副书记更多参与接触全院工作的机会。基于机关党委书记通常由党组成员、政治部主任兼任，其参与全院重大决策的机会自不待言。因此，建议赋予机关党委副书记（特别是专职副书记）列席本院党组会的机会，以促使其充分把握和真正贯彻落实法院党组在全面从严治党方面的各项决策，以促使其及时将相关党建工作开展情况、意见建议直接向党组会进行反馈和汇报。① 同时，为充分发挥以政治建设为统领的作用，建议建立机关党委副书记参加全院性或分口性法官会议的常态化机制，并赋予其从政治站位、政治效果、政治影响等角度对案件审理发表意见的权力。这一举措目前已经具备政策基础，完全符合最高人民法院《关于健全完善人民法院主审法官会议工作机制的指导意见（试行）》（法发〔2018〕21 号）的精神，其中第 3 条规定："根据会议讨论议题，可以邀请专家学者、人大代表、政协委员等其他相关专业人员参加会议并发表意见"，其中"其他相关专业人员"并未排除党建党务专业人员，退一步讲，也可作扩大解释将机关党委副书记纳入参会人员范围之列。

（二）党管方向：构建党的意志嵌入审判权运行机制

《五五改革纲要》明确将坚持正确的政治方向作为司法改革的首要原则，提出"始终坚持党对人民法院工作的绝对领导"，因此在审判业务领域，党的领导也绝不能虚化，而应更加强化和实在化，至少可以从如下三方面进一步加强党管大局、把方向的核心领导作用。

第一，以党的领导为内核，完善审判委员会制度。审判委员会制度是中国特色社会主义司法制度的重要组成部分，作为各级法院的最高审判组织，审判委员会在总结审判经验，审理疑难、复杂、重大案件中具有重要的作用，只有将党的领导注入审判委员会制度改革之中，才符合推进审判体系和审判能力现代化的正确方向。其一，建议党组对审委会讨论通过的审判业务指导文件、司法政策文件掌管最终审定权，确保审委会决议符合正确的政治立场、坚持正确的政治方向。其二，根据《人民法院组织法》的规定，审判委员会实行民主集中制。② 因此，党组书记、院长作为审判委员会的主持人，要充分发挥其政治把控作用，确保审委会决定是在民主基础上的科学集中。其三，建议将党组成员、政治部主任作为审

① 这也符合修订后的《中国共产党党和国家机关基层组织工作条例》第 26 条第 3 项的相关规定。

② 这恰恰是审委会议事规则区别于合议制的关键之一，后者实行的是多数决。

委会会议的法定列席者,以保障其在参与审委会会议讨论相关案件、总结相关审判经验时,发挥出党建、政工领域的独特经验优势,促进审委会会议形成的纪要更注意政治立场、把握政治效果。其四,针对《五五改革纲要》提出"建立拟提交审判委员会讨论案件的审核、筛选机制",建议在通常作为审委会日常工作机构的审判管理办公室发挥审核、筛选机制的同时,增加机关党委在政治方向上的审核、筛选过滤权限。

第二,以强化政治性为指引,完善法官会议制度。"法官会议"是一种会议咨询或议事指导性组织机制,其定位是"为法官办案提供咨询参考意见,服务于审判监督管理"。[①] 当前,各级法院法官会议的运行机制差异较大,既有学术研究中对于法官会议召集人、主持人角色的政治作用发挥亦有所忽视,而这恰恰是必须高度重视并进行深化改革的关键所在。一方面,业务部门内部的法官会议通常由庭长(党支部书记)进行召集并主持,其自身政治素养决定着法官会议纪要的政治方向是否把握准确。对此,要通过加强对党支部书记的政治轮训来提升其政治能力。另一方面,跨部门、跨业务口的法官会议,担当召集人和主持人的通常是某一个主管副院长(党组成员或党组副书记),要充分发挥其主持会议时的政治判断力和引领力,以指引会议形成的多数意见符合政治标准。此外,如前所述,辅之以机关党委副书记常态化参加跨部门、跨业务口法官会议的机制,以及机关党委委员常态化参加业务部门内部的法官会议机制,以增强各类法官会议的政治性。

第三,以审判监督为抓手,加强院庭长的政治引领。全面深化司法改革以后,根据最高人民法院《关于完善人民法院司法责任制的若干意见》(法发〔2015〕13号)的相关规定,院庭长对"四类案件"[②]享有监管权,院庭长对"四类案件"案件的审理过程或者评议结果有异议的,可以决定将案件提交专业法官会议、审判委员会进行讨论。同时,最高人民法院《关于健全完善人民法院主审法官会议工作机制的指导意见(试行)》(法发〔2018〕21号)规定,院庭长可以按照审判监督管理权限要求合议庭或者独任法官根据主审法官会议讨论的意见对案件进行复

① 《健全完善主审法官会议机制提升司法裁判质量——最高人民法院司改办负责人答记者问》,载《人民法院报》2018年12月25日第3版。

② 最高人民法院《关于完善人民法院司法责任制的若干意见》,法发〔2015〕13号第24条。

议。经复议未采纳主审法官会议形成的多数意见的,院庭长应当按照规定将案件提交审判委员会讨论决定。在此过程中,院庭长必须充分发挥其政治审核作用,对“四类案件”进行严格把关,确保政治引领力得到不折不扣的落实,确保党的领导在法官会议、审委会会议多数意见中发挥统帅性、指引性和约束性作用。

(三)党管干部:做实基层党支部书记党建主体责任

《中国共产党支部工作条例(试行)》第 22 条规定:“党支部书记主持党支部全面工作,督促党支部其他委员履行职责、发挥作用,抓好党支部委员会自身建设”,作为支部书记,抓好党建是首要政治责任。

第一,以政治标准为首要标准,选好用好法院各级领导干部。根据《党政领导干部选拔任用工作条例》的规定,选拔任用党政领导干部必须把政治标准放在首位。司法机关作为党依法执政的“刀把子”,必须将院庭长的选拔任用标准严格落实到位,确保选拔任用的干部具有强烈的政治意识和政治担当,严守政治纪律和政治规矩。只有把好选人用人的政治关,才能为其任用后在法院的不同业务岗位上站稳政治立场打下基础。

第二,建立党建主体责任清单制度,实行支部书记履职承诺。面对党建工作“上热中温下冷”的现象,要牢牢抓住中层干部这个“关键少数”,发挥党支部书记承上启下的政治担当作用。建议探索建立支部书记政治素质档案,实行支部书记党建主体责任年度清单制度,以“抓党建带队建促审判”为核心,将落实“三会一课”制度、贯彻“三同步”原则、加强法官会议政治引领、强化意识形态管理等内容全部纳入职责清单中,并签订履职承诺书,在一定范围内进行公示,促进其积极正确履职。

第三,严格党内问责程序,发挥述职考核的奖惩实效。要坚持用权必有责、失责必追究的原则,对支部书记履行党建主体责任进行考评问责。尽管不同层级、不同地区的法院目标责任制考核中通常都将党建工作纳入考评范围,但权重明显偏低,且考评内容存在业务与党建“两张皮”现象,与党建主体责任制要求不相匹配,建议在保持现有考核内容及各项权限不变的前提下,增加负面清单减分项目。此外,应坚持组织党支部书记公开述职制度,对照年度责任清单和履职承诺进行全面述职,并注重述职考评结果的综合运用。视具体情形,可根据《党政领导干部选拔任用工作条例》《党政领导干部考核工作条例》《中国共产党纪律处分条例》《中国共产党支部工作条例(试行)》等党内法规进行相应惩戒,如可对连续两年履职考核不合格的书记作出岗位调整。[①]

结　语

各级人民法院是党领导下的审判机关,目前全国地方三级法院中党员干警25万余人,占比超过72%。[②] 坚持党对司法工作的绝对领导,核心是处理好党的领导与依法独立行使审判权的关系问题。因应既有研究对法院内部视角的关照缺失,本文从法院自身治理的视角出发,综合考察当前法院内部权力运行模式、内设机构、人员结构等因素与特征,为进一步夯实法院党的领导而提出构建一种体系化、网格化的嵌套融贯模式的建议,即构建党管政法"三纵一体"的内部治理格局。这种模式既能发挥党建引领作用,也符合以全面落实司法责任制为核心的司法改革要求,[③]旨在为有效促进法院党的建设与业务建设全面、充分、精准融合建言献策。有鉴于此,笔者试拟出一份《关于加强人民法院党的建设与业务建设相融合的实施意见(建议稿)》的文件(详见附件),以期为完善人民法院坚持党的领导制度体系、构建以司法责任制为核心的中国特色社会主义审判权力运行体系提供决策参考,同时亦为创造中国特色的司法制度文明及其话语体系提供实践经验。

附件:

关于加强人民法院党的建设
与业务建设相融合的实施意见(建议稿)

为深入学习贯彻习近平新时代中国特色社会主义思想和习近平法治思想,全面贯彻党的十九大和十九届二中、三中、四中、五中、六中全会精神,严格落实

---

① 《中国共产党支部工作条例(试行)》第28条规定:"建立持续整顿软弱涣散党支部工作机制。对不适宜担任党支部书记、副书记和委员职务的,上级党组织应当及时作出调整。"

② 《关于印发马世忠主任新修订〈法官法〉理解和适用专题辅导报告的通知》,法政〔2019〕464号。

③ 李少平:《以习近平新时代中国特色社会主义思想为指导 推进实施人民法院第五个五年改革纲要》,载《中国应用法学》2019年第4期。

《中国共产党党组工作条例》《中国共产党党和国家机关基层组织工作条例》《党委(党组)落实全面从严治党主体责任规定》《关于加强和改进中央和国家机关党的建设的意见》等文件要求,推进新时代人民法院全面从严治党与落实司法责任制融合发展,为促进审判工作更好地服务和保障“十四五”规划,现结合工作实际,提出如下实施意见。

一、正确把握人民法院推进全面从严治党与落实司法责任制融合发展的重大意义和基本原则

1.深刻认识坚持党的绝对领导与全面落实司法责任制融合发展的重大意义。党的领导是中国特色社会主义最本质的特征,是中国特色社会主义审判制度的根本保证。坚持党对司法工作的绝对领导,是人民法院作为政治机关的必然要求,是司法服务保障党和国家中心工作的必然要求,是构建以司法责任制为核心的中国特色社会主义审判权力运行体系的必然要求,是确保人民司法队伍绝对忠诚、绝对纯洁、绝对可靠的必然要求。各级人民法院要以习近平新时代中国特色社会主义思想为指导,深入学习习近平法治思想,深刻认识在坚持党的绝对领导下全面落实司法责任制的重大意义,深刻认识人民法院党建工作是确保人民法院工作正确政治方向和促进司法为民、公正司法的重要保障,切实提高政治站位,增强政治判断力、政治领悟力、政治执行力,强化做好审判执行工作的责任感和使命感。

2.深刻把握全面从严治党与落实司法责任制融合发展的基本原则。坚持党对司法工作的绝对领导,核心是处理好党的领导与依法独立行使审判权的关系问题。要坚持正确政治方向,牢固树立“四个意识”,坚定“四个自信”,坚决做到“两个维护”;要坚持遵循司法规律,按照“让审理者裁判,由裁判者负责”的要求,依法独立公正行使审判权,努力让人民群众在每一个司法案件中感受到公平正义;要坚持问题导向,针对人民法院党的建设与落实司法责任制融合发展中存在的薄弱环节和突出问题,查漏补缺,改进工作;要坚持有机融合,把党的领导贯穿到审判组织架构、工作机制建设、司法权力运行等各领域各环节,有效解决党建与业务“两张皮”问题,努力确保执法办案的政治效果、法律效果和社会效果的有机统一。

二、强化人民法院党组落实全面从严治党主体责任

3.强化全面领导。各级人民法院党组要坚决维护以习近平同志为核心的党中央权威和集中统一领导,坚决贯彻执行党中央决策部署以及上级党组织决定,

充分发挥把方向、管大局、保落实的领导作用,确保"十四五"规划在执法办案中得到贯彻落实。

4.强化理论武装。各级人民法院党组要严格执行《中国共产党党委(党组)理论学习中心组学习规则》,加强理论学习常态化、制度化,在学好用好习近平总书记全面依法治国新理念新思想新战略上发挥示范和表率作用,教育引导党员、干部坚定理想信念宗旨,落实意识形态工作责任制,坚定不移地走中国特色社会主义法治道路。

5.强化党建引领。各级人民法院党组要坚持党建工作与业务工作同谋划、同部署、同推进、同考核,加强对本单位全面从严治党各项工作的领导,充分发挥以党建带队建促审判的作用,确保党的领导贯穿到司法工作的全过程、各方面,把稳人民法院司法保障"十四五"规划的政治方向。各级人民法院党组要按照《中国共产党党和国家机关基层组织工作条例》要求,加强对法院机关党委的具体领导和工作指导,定期听取工作报告和意见建议。

6.强化政治审查。加强对审判委员会的政治引领,探索实行党组对审判委员会拟制定出台的司法解释、司法政策文件和拟发布的指导性案例、参考性案例、审判经验总结等文件进行审批的工作机制,确保相关会议决议、纪要等符合正确政治立场、坚持正确政治方向。

7.强化干部管理。各级人民法院党组要严格执行《党政领导干部选拔任用工作条例》,贯彻党管干部、党管人才原则,把政治标准放在首位,确保选任出忠诚干净担当的高素质、专业化干部队伍和法官队伍。探索建立人民法院中层领导干部政治素质档案,涵养政治生态,永葆政治本色,增强政治担当。

三、把准审判委员会会议和法官会议的政治方向

8.优化审判委员会人员组成。探索将党组成员、政治部主任列为审判委员会会议的法定列席者,保障其在参与审判委员会会议讨论案件、总结审判经验等议事过程中发挥出党建、政工领域的独特经验优势,促进审判委员会会议形成的决议、纪要等更加注重政治性、把握政治效果。

9.完善审判委员会讨论案件的审核、筛选机制。探索建立"双审核双筛选"工作机制,即在坚持通常作为审判委员会日常工作机构的审判管理办公室(研究室)发挥审核、筛选机制的同时,增加机关党委在政治方向上的审核、筛选过滤权限,促进发挥党建引领作用。

10.健全法官会议、审判委员会议事程序和规则。法官会议在讨论案件过程

中，审判委员会在讨论案件、制定司法解释和司法政策文件等过程中，充分发挥会议主持人的政治引领作用，坚持贯彻民主集中制，提高政治站位，把准政治方向，注重政治效果，考虑政治影响，防范政治风险。

四、加强人民法院机关党委的实体化运作

11.充分发挥机关党委专职副书记作用。严格落实《中国共产党党和国家机关基层组织工作条例》规定，各级人民法院要设立机关党委专职副书记。探索机关党委专职副书记列席本院党组会的工作机制，促使其充分把握和有效贯彻落实本院党组在全面从严治党方面的各项决策部署。

12.探索建立机关党委委员列席法官会议工作机制。坚持以政治建设为统领，各级人民法院探索建立机关党委书记、副书记、委员分别参加全院性、专业领域、部门性法官会议的常态化工作机制，上述人员在列席会议过程中可从政治站位、政治效果、政治影响等角度对案件发表意见。

13.建立健全机关党委专门办事机构。严格落实《中国共产党党和国家机关基层组织工作条例》规定，本着有利于加强党的工作和精干高效的原则，设置机关党委的专门办事机构，并配备必要的工作人员，积极吸纳党建业务与法律业务知识兼备的复合型人才，强化党建工作与业务工作融合发展的日常管理和督导职能。

五、夯实基层党组织书记的党建主体责任

14.坚持开展政治轮训。各级人民法院要每年度组织党支部书记进行政治轮训，提高政治觉悟，增强履职能力，促进在按照司法责任制要求履行审判监督职责过程中强化政治引领，特别是决定将案件提交法官会议、审判委员会时要注重政治把关，坚决防止和纠正把讲政治和讲法治割裂开来、对立起来的错误认识和做法。

15.探索建立党支部书记党建主体责任清单制度。针对党建工作“上热中温下冷”的现象，要牢牢抓住党支部书记这个“关键少数”，发挥其承上启下的政治担当作用，以“抓党建带队建促审判”为核心，将落实“三会一课”制度、贯彻“三同步”原则、加强法官会议政治引领、强化意识形态管理等内容纳入职责清单，并签订履职承诺书，认真开展党组织书记抓基层党建述职评议考核工作。

16.强化党支部书记履职。各级人民法院的基层党支部书记履行党建第一责任人职责，要尽职尽责主持党支部全面工作，切实抓好党支部标准化规范化建设，提高“三会一课”、主题党日活动等政治生活的质量，通过组织生活强化对党员法官的政治教育和引领，促进提升政治能力和素质，增强党支部的政治功能和组织力。

综合配套改革背景下庭长角色转型与职权优化

张 龑[*] 程 财[**]

摘要:现行司法权力结构中,以"角色—职能"为主线考察,庭长承担着多重身份与复合职能。综合配套改革背景下,审判权强化、管理职能弱化后庭长身份的转型对审判活动开展带来了挑战。庭长在法院组织结构中具有不可替代的独特作用,因此,重塑庭长的角色,应注重以资深法官为庭长的核心角色,审判管理监督者为庭长的关键角色,司法行政管理者只能作为庭长的辅助角色。随着法院机构职能体系的完善,未来庭长将主要作为职业法官。在此基础上,合理规制庭长审判管理职能,适当剥离庭长的司法政务职能,规范庭长行权方式,使庭长的审判职能和管理效能可以得到最大化释放。

关键词:综合配套改革;庭长;审判管理职能

引 言

随着法官员额制、司法责任制的落实,法院传统的人员结构和职权配置发生变革,但审判权、审判管理权之间仍不相协调,较为突出的表现就是院庭长的监督管理与行政干预的边界不清,同时由于管理工作占据大量的时间精力,院庭长实质化办案受到影响。在司法责任制综合配套改革研究中,本文选取具有代表性的庭长为分析模型,因为庭长不仅是经验丰富的资深法官,承担着办案中坚的重任,也是法院内设机构的负责人,对法院日常工作的开展发挥着实质影响。相较院长来说,庭长对于司法和法院都属于较为末端的司法职能承担者,立足微观

---

* 作者系江苏省高级人民法院研究室调研司改组组长,法学硕士。

** 作者系江苏省南京市中级人民法院一级法官,法学硕士。

运行的实际而考察庭长职能运行，并进行相关重塑，是实现低风险高效益改革目标的一个较为经济的选择。[①] 对庭长角色和职能的研究能够把握审判管理与政务管理运作样态，管窥审判权、审判监督和管理权的行使规则。

综合配套是对主体结构的辅助性、协调性的完善措施。按照综合配套要求，庭长的角色定位和具体职能必然发生调整，就调整方式而言，既有取消庭长层级的观点和实践，也有在现有架构下进行改造的探索。新修订的《人民法院组织法》《法官法》保留了庭长、副庭长设置，中央《关于深化司法责任制综合配套改革的意见》也把严格落实领导干部办案责任和监督管理责任作为重要内容。因此，无论立足当下还是着眼长远，庭长角色和职权改革的研究都具有重要意义。

一、"庭长"角色和职权的变迁

(一)庭长角色和职权的规范分析

"一五"改革纲要出台以前，院庭长对审判业务、行政事务均拥有较大的审批权，其个人意志很大程度上能够左右案件的过程和结果。随着党的十五大提出"依法治国"方略，法院内部权力结构也开始发生变革。"二五"和"三五"改革时期，司法政务管理、审判管理以及审判权的分野不断明朗，法院内部管理强调审判管理、行政管理和审判权行使之间的相互独立，庭长管理职能开始与审判权相互剥离，庭长履行"一岗双责"也有了明确规定。此后，法院的内部行政化逐渐减弱，但由于制度依赖，庭长的职权配置还未发生根本变化，这种模式虽然会增加人为因素的干扰，但存在的持续性足以证明其具备一定的合理性，即能够发挥调配审判资源、提升审判效率、控制案件质效的作用。"四五"改革以来，内部权力格局重构再次成为改革焦点。"四五"改革对庭长角色定位更加明确，除规范审判管理、政务管理职能外，审判管理权和介入、影响审判权的监督机制更加清晰。"五五"改革则进一步要求明确庭长的权力清单和监督管理职责。这一阶段，审判权与审判管理权的边界更加符合规律，独任法官和合议庭的主体地位得到强化。审判事务需要庭长适度参与，既要保障庭长作为优质资源参与审判的优势，又要防止这种参与或者通过管理权间接影响法官的独立判断。作为改革成果的

---

① 顾培东：《中国特色司法制度微观基础塑造的重要探索》，载《法制资讯》2012 年第 12 期。

立法体现,2018 年 10 月新修订的《人民法院组织法》和 2019 年 4 月新修订的《法官法》将司法责任制、法官员额制等一系列改革措施予以确认。《人民法院组织法》新增规定"合议庭或者法官独任审理案件形成的裁判文书,经合议庭组成人员或者独任法官签署,由人民法院发布",改变以往院庭长对裁判文书进行"审核"签发的做法,减少不当行政干预;《法官法》再次强调庭长除履行审判职责外,还应当履行与其职务相适应的职责。

纵观立法修订和历次改革纲要,能够明确庭长角色的变迁是一个法院内部权力不断合理化、科学化的渐进过程。伴随着司法改革的持续推进,合议庭的定案职能逐渐增强,庭长对个案的影响力逐渐减弱,更加强调庭长办案常态化。同时,作为法院组织管理的一个层级,庭长的审判监管、政务管理等职能也逐渐被固定下来。

(二)庭长角色和职权的实证分析

庭长作为法院组织架构中较小单元的负责人,在法院权力结构中处于居中位置,庭长角色和职能也主要围绕权力结构运行展开。以"角色—职能"为主线,通过收集实证样本,[①]可以深入了解庭长在现行组织架构中的角色和职能现状。根据调查访问和观察,庭长日常工作更多的是在进行审判方面的管理,不仅要组织疑难复杂案件的研讨,调配办案任务,参与案件协调,督促案件办理,掌握并分析各项质效指标,还要处理涉诉信访,可以说审判管理者是庭长需要扮演好的首要角色。据统计数据显示,有 95%的庭长在法院工作 10 年以上,85%的庭长任职时间 10 年以下,可以说庭长往往具有较长时间的法院工作经历,是一位审判资历相当丰富的法官,所谓"审而优则仕"。法官员额制实施以来庭长均为法官,院庭长办案制度的推进,更强调庭长作为审判资源向办案一线的回归,即"资深法官"是庭长的重要角色。再次,在法院组织治理意义上,专业分工导致了专职司法官吏的出现,促成扁平式的审判事务运作和科层式的政务管理双重治理结构。[②] 审判工作的高效运行离不开科学的组织

① 笔者随机抽选了 N 市两级法院 40 名庭长为调查对象,采取问卷、访谈、数据采集等方式。N 市法院为东部发达省份省会法院,近年来全市受案数量都在 20 万件以上,选取其作为调查样本具有一定的代表性。

② 宋远升:《精英化与专业化的迷失——法官员额制的困境与出路》,载《政法论坛》2017 年第 2 期。

管理，庭长也被赋予一定的行政管理权限，承担了审判庭的党风廉政、政策传达、绩效考核、调研宣传等行政事务。同时，指导法官助理、培养青年法官也是其工作的重要组成部分。实践中，庭长的角色和职能发挥呈现为“审判管理者—资深法官—政务管理者”的序列特征，即审判管理职能优先于审判职能，审判职能优先于政务职能。

二、“庭长”角色和职权的实践困惑

（一）角色转变

1.审判庭管理者到合议庭审判长、法官的变化

以往法院存在“提拔一个领导就少一个法官”的现象，本轮司法改革对庭长作为法官的角色越来越重视，最高人民法院就院庭长办案制定了专门意见，规定中基层法院庭长每年办案量应达到本部门法官平均办案量的50%～70%。[①] 为推进庭长办案落到实处，N市中级人民法院出台了《关于进一步完善院、庭长分案工作机制的实施办法(试行)》，明确庭长办理案件应确定类型后以随机分案为主，指定分案为辅，并把庭长直接参与合议庭办案作为一种监督方式，规定上级法院发回重审的案件由庭长承办，禁止庭长办理批量、简单案件，并规定配备未入额法官担任助理的庭长，办案系数增加30%。庭长办案制度的推行使庭长角色回归“法官为本长官为末”的规律，[②]笔者对N市两级法院庭长办案情况进行了统计(见表1)，问卷调查显示，67.5%的庭长认为改革后个人承担的办案任务与改革前大幅度增加，但庭长办理疑难复杂案件的作用发挥并不充分。

表1　N市两级法院庭长办案情况统计表(2019)

分类	担任审判长或承办人					其中承办审理数		其中承办结案数	
	受理	结案	人数	人均审理	人均结案	小计	人均	小计	人均
庭领导合计	121216	107001	303	400.05	353.14	106395	351.14	93465	308.47

① 最高人民法院《关于加强各级人民法院院庭长办理案件工作的意见(试行)》第1条。

② 蒋惠岭:《“法官兼院长(庭长)”的司法规律解读》，载《法制日报》2015年3月18日第10版。

续表

分类		担任审判长或承办人					其中承办审理数		其中承办结案数	
		受理	结案	人数	人均审理	人均结案	小计	人均	小计	人均
其中	中院庭长	4625	4096	20	231.25	204.8	1952	97.6	1724	86.2
	中院其他庭领导	16110	14195	39	413.08	363.97	6885	176.54	6186	158.62
	基层庭长	44780	39743	125	358.24	317.94	42450	339.6	37146	297.17
	基层其他庭领导	55701	48967	119	468.08	411.49	55108	463.09	48409	406.8

备注:既担任审判长又担任承办人的,纳入承办案件统计范围。

2.作为审判委员会委员的变化

审判委员会是法院审判管理意义上最具权威色彩的决策组织,作为中层管理者的庭长,一般都兼具审判委员会委员身份,使得庭长能够对全院审判业务和具体案件享有话语权。为降低审判委员会的“行政化”,本轮改革对审判委员会讨论案件的范围、议事规则和程序进行调整,基本方向是由审理讨论个案向总结审判经验、研究重大问题、进行审判指导和监督转变,这要求庭长增强决策能力和专业水平。以N市中级人民法院审判委员会为样本(见图1),审判委员会制度的实践变迁具有以下特点:一是宏观指导职能强化,2019年N市中级人民法院审判委员会研究讨论通过包括专业法官会议工作规则、规范财产保全案件办理工作机制的意见等规范性文件4份;二是统一法律适用功能强化,2019年N市中级人民法院审判委员会对29件民事发改案件进行了讨论,对每起案件在认定事实、适用法律、诉讼程序、裁判思路等方面存在的问题评析讨论,查找被改判的原因,明确同类型案件的裁判标准;三是受传统运行机制的影响,在时间上仍以个案讨论为主,专业法官会议对审判委员会讨论案件的过滤作用不明显,个案讨论挤占了总结审判经验的精力。

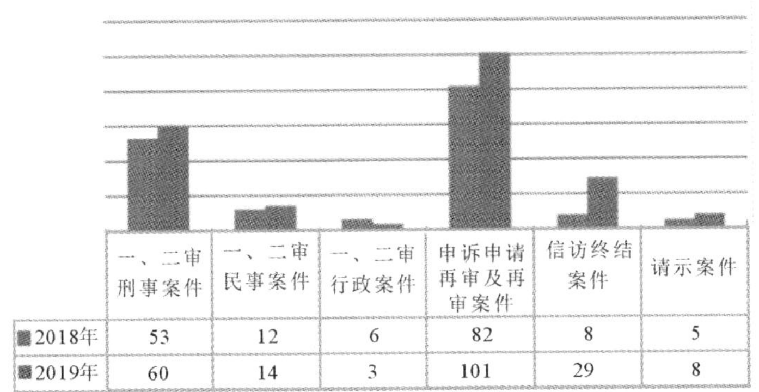

	一、二审刑事案件	一、二审民事案件	一、二审行政案件	申诉申请再审及再审案件	信访终结案件	请示案件
■2018年	53	12	6	82	8	5
■2019年	60	14	3	101	29	8

图 1　N 市中级人民法院审判委员会 2019 年讨论案件同期对比

（二）工作职能转变

在人民法院治理结构中，庭长承担着多重角色与复合职能。其中作为管理者的庭长拥有的职权，既有司法范畴的监督管理权，又有行政范畴的政务管理权。① 调查情况表明，关于司法改革前后非办案事务占用时间的对比，有 52.5％的庭长认为基本持平，32.5％的庭长认为大幅度增加，15％的庭长认为小幅度减少。除办案外，庭长的审判管理工作主要集中于以下方面：一是办案流程管理，包括对个案流程节点的管理及对程序性事项的审批；二是召集专业法官会议，研讨疑难、复杂案件；三是处理涉诉信访，矛盾激化案件的息诉息访工作；四是进行业务指导监督，包括重大案件协调与报告、发改案件评析等业务工作。庭长的行政管理工作主要为贯彻落实上级部署，通过组织非审判业务会议形式，传达学习文件精神，抓好纪律作风建设，组织业务庭信息宣传、司法调研等事务。由于审判庭办案任务逐年攀升，上述事务大都需要庭长亲力亲为，庭长行使审判权力不直接、不充分的现象普遍存在。

（三）行权方式转变

在司法责任制改革前以案件审批监管为核心的权力运行模式下，承办法官没有独立的裁判权，审判监督管理权直接作用于裁判权本身。可以说，庭长拥有的审批权力相对缺乏制度约束。改革后，庭长不能直接改变审判组织决定，只能

① 陈丹、娄必县：《法院院庭长权力角色冲突及解决》，载《四川师范大学学报（社会科学版）》2018 年第 1 期。

依程序行使与其职务对应的监督权限。[①] 庭长的监督管理方式逐渐由微观把控到宏观指导转变(见表 2)。为正确处理放权与监管的关系,最高人民法院《关于落实司法责任制完善审判监督管理机制的意见(试行)》对庭长审判监督管理职责范围作出规定,主要表现为程序审判、综合指导等宏观指导权,仅对涉及群体性纠纷、疑难、复杂且具有重大社会影响、类案不同判以及法官可能存在违法违纪行为的“四类案件”享有监督建议权。但上述规定不够具体,正常监督和过度干预的边界在哪里?具体权力内容、行使方式以及个案监督机制需要由地方法院予以细化和完善。调研中就发现,庭长普遍知晓“四类案件”是监管重点,但亦表示监管范围难把握、案件质量难把关。应当说,庭长是监督管理职责最合适的承担者。为避免出现外行监管内行的问题,庭长监督管理角色的转型成为深化司法责任制改革的“关键一招”。

表 2　庭长审判监督管理权行使方式变化

类别	改革前	改革后
管理权限	节点管理、审限审批 决定案件实体性裁决事项	审核程序性事项 监管审判质效指标 限制和排除对案件的不当干扰
监督方式	事中监督为主	事中和事后监督并重
行权平台	审核签发裁判文书 内部行使	通过专业法官会议、审委会等平台公开行使
管理模式	微观管理 依据行政权进行干预式管理	宏观管理 依据监督职责进行约束式管理

(四)组织架构转变

传统的法院组织结构采取的是科层制的管理体制,本轮改革对内设机构、审判组织进行了结构性重组,必然会对庭长的管理职能进行规范和调整。与科层制相对的扁平化管理成为法院内部职权改革的一个选择。扁平化管理强调减少管理层级,审判组织的专业化建设是扁平化管理的表现。随着法院人员分类管

① 李少平:《正确处理放权与监督坚定不移全面落实司法责任制》,载《人民法院报》2018 年 3 月 28 日第 5 版。

理的逐步落实，既有的"法官＋书记员"组织模式被打破，形成了"法官＋(N)法官助理＋(N)书记员"的团队模式，法官成为审判团队的领导者、核心，原有的庭级管理模式也由"庭长—法官"向"庭长—审判团队负责人"演变。[①] 扁平化管理使法官的主体地位得以提升，审判团队负责人承担了庭长原有的部分管理职责，激活了办案潜能。在审判权下放的背景下，审判团队是扁平化管理的直接对象，如何确保庭长对审判工作的监管，特别是对个别化审判行为保持适度的控制力，成为改革实践的难题。[②] 问卷结果显示，37.5％的庭长认为现在取消庭长可行，42.5％的庭长认为不可行，20％的庭长认为不好说。取消庭长可行、不可行的代表性理由见表 3。

表 3　取消庭长是否可行的理由摘录

可行	1.基层法院员额制后应当取消副庭长及庭长，法官大家平等办案，真办案，这样才符合改革的初衷。如果法官再按等级办案实际没意义。
	2.员额制后庭长作为法官的中坚力量，更需投入大量精力审理案件、研判案例。
	3.个人案件个人负责，法官专业会议可研究疑难案件，行政事务可由内勤带做，但重大案件当由领导把关，统一口径，同时利于与不同部门沟通。
不可行	1.目前不可行，应该有一个过渡期，且法官业务素质要整体提升后，方可取消。
	2.法庭的行政管理职能不可或缺，庭长的指导监督功能不能弱化。
	3.疑难案件需要庭长牵头协助办理，行政事务需要庭长处置，可节省庭内法官办案精力、时间。

三、"庭长"角色和职权的现实需求与独特作用

有的观点认为，推行司法责任制改革后法院要全面取消庭长、副庭长的职务设置。[③] 但实践中因案件质量管理的缺位以及审判业务监督的缺失，产生

① 还有一种模式是直接撤销审判庭，但扁平化需要符合法官管理的目的、特点、阶段，法院的体量大小、人员结构各异，若"一刀切"取消庭长，是否有利于法院发展有待实践进一步验证，科学的态度应是在管理职能厘清的情况下，因应现实需要逐步改进。

② 马渊杰：《论进一步深化司法责任制改革的路径》，载《人民司法》2017 年第 34 期。

③ 陈瑞华：《法院改革中的九大争议问题》，载《中国法律评论》2016 年第 3 期。

了一定的负面影响。如何推进执法司法制约监督体系改革,扎牢审判权行使的"制度笼子",成为亟待解决的问题。其中,庭长这一角色发挥了不可替代的作用。

(一)组织管理的需要

审判活动的复杂程度较高,具有组织管理的客观需要。案件进入诉讼程序,需经过立案、分案、庭前准备、开庭、合议、宣判等诸多环节,从审理流程上看,还可能涉及回避、强制措施、保全、审限变更等多个程序节点。对于审判活动,"不能采取自上而下,依靠行政领导管理的纵向集权式,只能采用遵循流程体系、依靠机制管理的横向分权式"。① 庭长介于院长和普通法官之间,既要对院长负责,也要对具体审判事务进行管理或者直接参与,属于集业务流程、沟通协调、专业技术于一身的角色。庭长除办案外,也需兼顾对审判事务和流程的监督和管理。实践中,庭长的角色困惑与职能运行失序,一方面缘于层级化组织架构为职权主导的监督管理提供了制度空间,另一方面也缘于庭长作为"法官"本该完整享有的审判权的让渡。要激活组织管理的整体效能,应当围绕审判事务廓清监督和管理的边界以及对审判权介入的限度。当庭长参与审理案件时,他是合议庭层级的管理者,此时合议庭与审判庭之间相互独立,不发生层级管理问题,但当庭长未参加案件审理时,他就成为庭级管理的负责人,需要承担审判业务庭赋予庭长的职权,指导本业务庭的审判工作,把控审判运行态势,促进审判团队之间以及审判团队与其他组织之间的沟通协作。② 同时,庭长作为法院内设机构的中层干部,是院级管理手段的有力执行者,也拥有较大的灵活处理空间。加强庭级管理有利于激发庭长的改革创新能力,对于实现审判管理的精细化、规范化具有积极作用。例如,N市中级人民法院从2014年开始在民事审判第五庭试行劳动争议案件要素式审判。该庭研究制定相关实施意见,形成了经验做法向全市法院推广。目前要素式审判案件范围已拓展至金融借款、交通事故、物业纠纷等民商事案件类型,有效实现了

---

① 郭松:《审判管理进一步改革的制度资源与制度推进》,载《法制与社会发展》2016年第6期。

② 姚奎彦、李季红、刘希婧:《庭长应往何处去——现有组织管理模式反思下庭长功能的改造》,载《司法体制改革与民商事法律适用问题研究:全国法院第26届学术讨论会获奖论文集》,人民法院出版社2015年版。

多发类案的繁简分流、高效解决。实践表明,一个具有优秀管理才能的庭长,可以在微观层面作出足以影响宏观政策形成的业绩。如何正确激发庭长的管理潜能,应当是法院组织管理需要优化的内容。

(二)法律和改革意见的要求

目前,庭长的职权设置主要散见于《人民法院组织法》《法官法》及三大诉讼法等法律及最高人民法院相关意见中(见表 4)。最高人民法院在 2013 年 10 月下发的《关于审判权运行机制改革试点方案》中,将副院长、审判委员会委员、庭长、副庭长直接编入合议庭并担任审判长,同时明确界定了院长、庭长的审判管理职责。2015 年 9 月发布的《关于完善人民法院司法责任制的若干意见》强调区分院、庭长的审判职责与审判管理职责,在确定各类司法人员职责与权限的基础上,专门明确了院、庭长审判管理监督职责的范围与边界。2019 年 2 月公布的《五五改革纲要》提出,健全院、庭长履职指引和案件监管职责,推进院、庭长常态化办案。2020 年人民法院司法改革工作的要点之一也聚焦解决监督管理不力问题,要求进一步完善审判权运行监督制约机制,细化"四类案件"具体情形。2020 年 7 月发布的《关于深化司法责任制综合配套改革的实施意见》进一步提出建立监督管理与办案平衡机制,减少院庭长事务性工作负担。

表 4 规范性文件中关于庭长职责的规定

时间	文件名称	主要内容
1999 年	《人民法院五年改革纲要(1999—2003)》	20.院、庭长不得个人改变合议庭的决定。 21.推行院长、副院长和庭长、副庭长参加合议庭担任审判长审理案件的做法。
2005 年	《人民法院第二个五年改革纲要(2004—2008)》	25.进一步强化院长、副院长、庭长、副庭长的审判职责,明确其审判管理职责和政务管理职责,探索建立新型管理模式,实现司法政务管理的集中化和专门化。
2009 年	《人民法院第三个五年改革纲要(2009—2013)》	21.建立健全院长、庭长的"一岗双责"制度,落实院长、庭长一手抓审判、一手抓队伍的双重职责。

续表

时间	文件名称	主要内容
2013 年	《关于审判权运行机制改革试点方案》	明确院庭长的审判管理职责和行政管理职责。
2015 年	最高人民法院《关于全面深化人民法院改革的意见——人民法院第四个五年改革纲要(2014—2018)》	29.健全院、庭长审判管理机制。明确院、庭长与其职务相适应的审判管理职责。规范案件审理程序变更、审限变更的审查报批制度。健全内部督导机制。 30.健全院、庭长审判监督机制。明确院、庭长与其职务相适应的审判监督职责,健全内部制约监督机制。规范院、庭长对重大、疑难、复杂案件的监督机制,建立院、庭长在监督活动中形成的全部文书入卷存档制度。
2015 年	《关于完善司法责任制的若干意见》	再次明确院、庭长管理监督职责,详见第 21 条和第 22 条。
2017 年	《关于落实司法责任制完善审判监督管理机制的意见(试行)》	第 2 条　各级人民法院应当逐步完善院庭长审判监督管理权力清单。院庭长审判监督管理职责主要体现为对程序事项的审核批准、对审判工作的综合指导、对裁判标准的督促统一、对审判质效的全程监管和排除案外因素对审判活动的干扰等方面。
2019 年	《中华人民共和国法官法》	第 9 条　人民法院院长、副院长、审判委员会委员、庭长、副庭长除履行审判职责外,还应当履行与其职务相适应的职责。
2019 年	最高人民法院《关于深化人民法院司法体制综合配套改革的意见——人民法院第五个五年改革纲要(2019—2023)》	24.完善审判监督管理机制。明确院长、庭长的权力清单和监督管理职责,健全履职指引和案件监管的全程留痕制度。

(三)权威性和代表性的需求

就保障审判权正常运行的管理活动而言,如果说院长是法院在行政方面的代表的话,庭长则是各审判庭在行政方面的代表。在一名法官成长为庭长的过程中,他积累了丰富的审判经验，并拥有了丰厚的审判资历。而成为庭长后，这种经验和资历就成为他的权威性来源，也就是马克斯·韦伯所称的“魅力型权威”。庭长作为联系院领导和普通法官的桥梁与纽带，是司法决策有力的执行者、有效引领下属的管理者、推动组织变革的参与者。这使得庭长无论是在亲自办案还是处理涉诉信访中，普通法官和社会公众对庭长符号性角色都对其具有特殊的依赖性。普通法官在办案过程中遇到困难，一般会请教庭长给予业务指导甚至请求庭长担任审判长。当事人内心存在着庭长比普通法官更加公正和权威的心理期望，倾向于认为具有庭长身份的法官本身的职业操守更有保障，更加容易赢得社会的司法认同。而这种司法认同的特殊信任所包含的情感基础一定程度上有利于引导当事人以合法的手段表达诉求，而非采取缠讼、闹访等法外行为或暴力行为。

四、“庭长”角色转型和职权的优化

(一)重塑庭长角色定位

传统的庭长角色更加突出庭长作为管理者的身份，在司法责任制综合配套改革背景下，应当以法官为中心、以审判权为核心重塑庭长“三个角色”之间的位阶。首先，庭长的法官角色任何时候都不可能被弱化。资深法官应当成为庭长的核心角色。毋庸置疑，庭长直接参与案件审理是发挥法官职能最直接的表现，发挥“头雁效应”正是基于庭长的审判职能所衍生而来。其次，审判监督管理者应是庭长的关键角色。“去行政化”并不等于“去管理监督”，庭长作为业务型领导法官，能够对审判质量产生直接影响，客观上具备了监督管理的便利条件。审判权分散行使可能带来的差异裁判需要庭长通过审判监管来矫正。最后，法院是以审判为中心的组织机构，法院的主要职能是处理诉讼。因此，审判权运作应当处于基础位置，而行政管理权不过是为了实现审判目的而配置的辅助性权力。① 因此，政务管理者只能作为庭长的辅助角色。对于直接面对大量案件的中基层法院而言，庭长的法官角色更为突出。需要指出的是，省以下法院内设机构改革以来，随着中基层法院审判庭撤并，庭长除一部分交流到党政机关或转任行政人员，将主要转化为职业法官，保留原行政待遇，成为一个审判团队的负责人，或者协助分管院领导负责若干审判团队。未来庭长将以办理案件为主，按照

① 宋远升：《精英化与专业化的迷失——法官员额制的困境与出路》，载《政法论坛》2017年第2期。

授权监督管理审判团队的审判工作,组织研讨法律适用问题,保证类案裁判标准统一。

(二)优化庭长职权配置

对庭长职权的优化既要从整体上重新审视庭长的工作量,也要分别审视各项职能下的工作调整问题。推动庭长监督管理职权转型,要根据改革要求,逐步细化庭长监督管理清单,科学剥离庭长的政务管理职能。

1.合理规制庭长的监督管理职能

从公共管理学视角来说,任何权力的分配,都应当遵循程序合法、职权分明、权责一致、权利明确的原则,建立法院组织的权力清单制度,是妥善分配和制衡权力的有效途径。[①]《意见》划定了庭长监督管理范围的边界,并对庭长的监督管理作出排除性的规定。在此基础上,笔者尝试对庭长的监督管理职责和权限进行细化。庭长监督管理的正面清单有:(1)审判资源配置权,包括各审判团队和合议庭之间、内部成员之间的职责分工等;(2)综合工作部署权,本庭整体审判工作以及专项审判任务的安排部署,包括特定案件的分配、调整等;(3)审判质效监管权,包括对各审判团队、合议庭、独任法官等主体的案件质效开展评查,督促案件审理进度、对存在质量问题的案件组织评析等;(4)程序性事项审批权,包括权限范围内的各项程序性事项审批以及调整分案、变更审判组织成员以及司法公开等给予具体操作规程而需要纳入监督管理的事项审批等;(5)具体个案监督权,包括对"四类案件"要求报告进展及结果,决定召开专业法官会议,参加审委会,研究讨论个案或类案法律适用问题等;(6)绩效考核评价权,在法官考评委员会业绩考核的基础上,对法官及其他司法人员作出综合评价;(7)纪律作风监管权,结合投诉举报、信访申诉等线索,对审判人员作风开展调查核实和检查,采取整改措施等。庭长审判监督管理的负面清单有:(1)违反规定程序变更已分配案件的独任法官、审判长或合议庭成员;(2)违反规定程序变更案件的审理程序、审限;(3)违反规定程序对审判过程中的相关程序性事项作出决定;(4)违反规定程序要求合议庭复议;(5)直接改变独任法官、合议庭案件评议结论;(6)违反规定签发裁判文书;(7)其他违反规定干扰合议庭、独任法官依法独立审理案件的行为。

---

① 邵晨:《司法体制改革背景下法院权力清单制度构建研究》,载《广西社会科学》2017年第5期。

2.适当剥离庭长的政务管理职能

一方面,庭长的行政管理职能调整需与法院管理职能的整体设置一体推进,才能释放制度的最大效应,可以探索推进全庭、全院非审判事务集约管理。另一方面,科学剥离边缘性、较容易的行政事务,为审判庭配置专职党务干部,为庭长配备行政事务助理,分别按照庭长授权具体办理。同时,精简(减)一些非必要的诸如评比、调研、检查、会务制度,尤其是一些非审判业务活动,在不需要庭长必须参加的情况下由专职党务干部和行政助理来完成。对于专职党务干部、行政助理的来源可以由现有司法行政人员兼任,也可以根据双向选择由未入额的具有审判职称的人员、法官助理担任。

(三)规范庭长行权方式

1.加强程序监督管理

传统的监督管理方式是一种结果导向的实体性管理模式,新型监督管理更加注重程序性约束和流程化控制。审判流程标准化管理是实现庭长程序性监督管理的基础。可将立案、庭审、执行等每个办案阶段细化为程序环节,进一步明确流程节点、权责主体、职责内容,形成若干个工作标准。将工作标准中的具体要求嵌入网上办案系统,尽可能地实现对审判案件实行全流程监督管理。

2.健全个案监督机制

庭长日常监督管理应侧重对审判工作重大事项的监管,对一般审判事务可交由审判团队、独任法官自我管理。为避免个案解释泛化、个案监督弱化,应细化"四类案件"的识别标准(见表5)。庭长应及时甄别,并通过亲自承办、推送类案判决、参考案例、查阅卷宗、旁听庭审及监管审判流程运行情况等方式进行事中监管。在监督过程中,庭长不能直接改变合议庭的结论,但可以决定将案件提交法官会议、审判委员会进行讨论。

表5 "四类案件"识别标准

案件类型	识别标准
群体性纠纷案件	(1)重大集团诉讼案件、系列案件; (2)可能引发连锁诉讼、集团诉讼的案件。

续表

案件类型	识别标准
疑难复杂案件	(1)涉及国家安全、公共卫生、民族宗教、国家利益和社会公共利益的案件; (2)争议焦点较多或事实认定困难; (3)法律关系复杂或法律适用困难; (4)引发舆论关注或炒作的案件; (5)在定性和适用法律方面存在争议的新类型案件。
类案冲突案件	(1)与本院或上级法院的已生效类案判决、待生效类案判决可能发生冲突的案件; (2)与本院在审的其他关联案件需要统一裁判标准的案件; (3)被上级法院发回重审或指令再审的案件。
违法审判案件	(1)审判程序明显违反规定的案件; (2)实体裁判明显不当或显失公平的案件; (3)法官、审判辅助人员存在徇私舞弊、受贿等违法违纪行为的案件。

3.完善全程留痕制度

为确保庭长规范履行管理职责,除以负面清单形式反向约束作为监督者的庭长外,还要强化对监督管理的再监督。推动庭长审判监督管理方式从内部运行到公开留痕转变,可通过可视化、信息化的监管平台,全程记录庭长行使监督管理的时间、内容、节点、处理结果,做到监督管理活动规范运作。督察部门对庭长的监督管理活动进行督察,发现干扰法官依法独立办案、怠于行使或者不当行使监督管理权而导致裁判错误的,追究庭长监督管理责任,从而督促庭长履职尽责。

4.强化智能应用支撑

在案件量激增的形势下,要将传统的以统计、人工监管方式向精细化、智能化管理监督转变。智能化监督管理建设既要为法官提供智能审判辅助,确保承办法官在合理裁判区间内办案,防范类案不同判;又要为庭长从事管理监督提供技术保障,便于庭长掌握审判管理指标数据,督促审判质量稳步提升。为此,要加强审判大数据平台建设，推动电子卷宗同步录入、自动生成，并与办案系统深度对接，实现办案风险实时提示、违规操作自动冻结、办案不规范不廉洁行为发现防控和自由裁量权约束规范等自动化监管功能。

认知心理学视野下大合议庭陪审机制的从众风险防范*

张　伟**

摘要:大合议庭陪审机制是我国《人民陪审员法》的重大制度创新,是践行司法民主的重要路径。然而,一旦人民陪审员获得实质性参审,认知心理学所揭示的多人决策之从众风险有可能引发大陪审合议庭的事实认定偏差。为了既践行司法民主,又有效抑制多人决策时的从众风险,需要在深化人民陪审制改革进程中进一步规范陪审制大合议庭的人员构成,提升陪审员的裁判能力以及优化大合议庭陪审机制下的决策模式。

关键词:从众风险;大合议庭陪审机制;实质性参审

一、问题的提出

2018年4月27日,我国正式审议通过了《中华人民共和国人民陪审员法》(以下简称《人民陪审员法》)。该法关于"七人合议庭"的规定引发了学者们的差异化评价。有学者认为:"七人合议庭是本次《人民陪审员法》的重大制度创新,既符合陪审制的基础法理,也为人民陪审员制度的后续深入改革确立了明确的路线图。"①有学者对七人合议庭的理论基础和实践可行性提出了反思,认为"如此重大的制度变革若没有充分的理论准备和充分成功的试点,其必然会在此后

---

* 本文系2020年西藏自治区高等院校教师专业实践实战能力提高计划项目"非诉法律人才培养教育技能提升"的结项成果。

** 作者系西藏民族大学法学院副教授,法学博士。

① 施鹏鹏:《人民陪审制度的改革成果及其后续发展》,载《中国应用法学》2018年第4期。

的正式运行中暴露出诸多的法理问题”①。大合议庭陪审机制确实是一项重大的制度创新，人民陪审员参审的多人决策模式不仅体现了司法民主，还可以抑制非合作情境中的裁判者证实偏向，促进司法裁判的真相探究功能。然而，关于大合议庭陪审机制的质疑性反思，也应引起理论和实务界的高度重视，特别是对于可能影响该制度运行绩效的风险或障碍应作预判性探讨，以防患于未然。认知心理学的相关知识表明，多人决策可以有效抑制非合作情境中的决策者证实偏向，但也存在着从众风险。笔者认为，对于大合议庭陪审机制的质疑性反思，需要将多人决策的从众风险作为大合议庭陪审机制之制度运行绩效的重要考量因素之一。为了避免陪审员实质参审可能引发的决策从众风险，需要从制度和技术层面对大合议庭陪审机制的从众风险加以合理规制。

二、大合议庭陪审机制的从众风险

（一）心理学实验中的从众现象

从众的理论原型是社会心理学家关于“社会影响”的研究，社会心理学领域一些较早研究的主题都是围绕“社会影响”而展开的。所谓社会影响，主要是指他人或群体对你的态度和行为所产生的任何作用。② 在围绕社会影响展开的社会心理学实验中，以谢里夫（Sherif）的“信息影响”实验和阿施（Asch）的“规范影响”实验最为典型。谢里夫的从众心理学实验③，是以“不确定性”为出发点来设计实验情境的。实验结果显示，任务中的不确定性，提升了人们向社会规范聚合的速度。在不确定的情境中，由于没有确定的信息可供参考，人们对认知过程表现出不自信和感到无所适从，从而只能依靠在场的其他人提供的信息进行认知。因此，谢里夫关于从众的实验又可以称作“信息影响”。另外，阿施设计了与谢里夫的实验情境截然不同的心理学实验，对从众心理进行了研究。在阿施的经典从众心理学实验中，参与者被告知将与其他 6 个人共同参与一项关于线段长度评估的实验。该实验中，参与者所要完成的评估任务非常简单，即给出一根标准

---

① 左卫民：《七人陪审合议制的反思与建言》，载《法学杂志》2019 年第 4 期。

② [英]理查德·克里斯普等：《社会心理学精要》，赵德雷等译，北京大学出版社 2008 年版，第 128 页。

③ [英]理查德·克里斯普等：《社会心理学精要》，赵德雷等译，北京大学出版社 2008 年版，第 128～131 页。

线段和另外三根比较线段，要求参与者判断比较线段中哪一根与标准线段一样长。可以说，判断哪根比较线段和标准线段一样长，是非常简单的，一目了然。因此，该实验情境完全不存在不确定性。阿施进行该研究是基于这样的好奇心，即对于那些不存在任何疑问的评估活动，评估主体是否依然会如同在不确定情境中那样产生从众心理？实验结果显示，在没有其他人在场时(每个参与者单独给出他们的答案)，只有1%的人作了某种错误的选择。这说明，该实验中的评估任务确实是一项简单的任务。但有趣的发现是，当在场的其他人给出错误答案的时候，参与者发生错误的概率发生了显著变化。实验结果表明，真正的参与者中有37%的人在作出判断时遵从了实验同谋的错误选择。阿施从而得出结论，即使面对非常简单的任务，参与者私下对他们的选择很有把握时，他们仍旧会遵从多数人的观点。① 人们之所以会在如此简单的判断任务中出现从众行为，这可以从"规范影响"中找到某种合理解释。所谓规范影响，是指从众是为了获得他人的接受和表扬，避免受到惩罚和排斥。② 由于人类具有社会性和群体性特性，因此，人们总是渴望被他人接纳和认可，尽量避免因不遵从某个群体中的多数人意见而受到社会"制裁"。正如阿施的实验所证明的，参与者在明知自己是正确的而他人是错误的情境下，依然可能会选择追随群体，从而能够"融入"主流。

(二)大合议庭陪审中的潜在从众风险

根据《人民陪审员法》第22条的规定，"人民陪审员参加七人合议庭审判案件，对事实认定，独立发表意见，并与法官共同表决"。七人合议庭是我国司法改革的重大制度创新，如果人民陪审员能够在司法裁判中实质性地参与案件的事实认定，那么意味着一个七人小团体将对不确定的案件事实共同进行决策。当事实认定者基于证据重构发生在过去的案件事实时，实际上处于一种不确定的情境中，特别是在复杂疑难的案件中，不确定性会更加突出。这样的不确定性加速了陪审制大合议庭成员向某一个标准进行聚合的速度，进而在事实认定过程中出现从众行为。在早期英美法系的陪审团审判中，12名陪审员往往被隔离在

---

① [英]理查德·克里斯普等:《社会心理学精要》，赵德雷等译，北京大学出版社2008年版，第133～134页。

② [英]理查德·克里斯普等:《社会心理学精要》，赵德雷等译，北京大学出版社2008年版，第134页。

一个封闭的小屋子里进行事实认定,而且必须达成一致裁决。[①] 在这个独立封闭的小型社会中,每个陪审团成员为了避免自己被看成异类而遭到排斥,在审查证据的可信性时,会尽量趋从于主流观点。尽管趋从他人观点时很可能违背了自身基于理性的判断,但迫于"规范影响"而选择迎合他人观点,似乎成了每个成员能够立足于这个特定社会的"生存法则"。

三、陪审制大合议庭决策的从众风险应对

从众心理的调节因素[②],是指那些会导致提升或降低群体成员从众心理的相关因素。社会心理学家主要从"规范影响"和"信息影响"两方面,分析了从众心理的调节因素。基于从众心理调节因素的启示,通过探索陪审制大合议庭的合理规模、人员结构和决策模式,以克服多人决策时的从众心理。

(一)规范陪审制大合议庭人员构成

第一,群体规模与合议庭人数。阿施通过对其关于"从众"的经典实验进行拓展研究发现,当群体规模增加到三个人时,参与者就会开始感到遵从的压力,以避免遭到社会排斥。正如法国著名社会心理学家勒庞所言,"即使仅从数量上考虑,处于群体中的个人,很容易产生这样的念头:群体是个无名氏,因此也不必承担任何责任。这样一来,责任感对个人的约束就彻底消失了。一个群体中的个人,只不过是浩瀚大漠中的一粒毫不起眼的沙粒,总是身不由己地任凭狂风摆布"[③]。然而,阿施的心理学实验结果进一步显示,当群体规模达到一定程度(群体人数达到三人)后,从众行为就会稳定在35%左右。基于这一心理学研究结果,我们不难发现,只要合议庭的成员达到三人以上后,就存在合议决策时的从众风险,但这种风险并不会因合议人数的继续增多而变得不同。显然,这一研究结果为我国陪审制合议庭的规模探索提供了某种启示。目前,一些学者对我国

---

① 比如,在英美法系国家早期的陪审团审判中,在面对一些疑难复杂的案件时,有时将近一个月的时间,陪审团成员将足不出户地被迫待在封闭的裁决室里,直到陪审团成员对案件事实认定达成一致意见。在这个封闭隔离的裁判室里,就相当于一个独立的小型社会,存在着其特有的群体性规范和潜规则。

② 关于从众行为的调节因素这部分内容,主要参考了[英]理查德·克里斯普等:《社会心理学精要》,赵德雷等译,北京大学出版社2008年版,第135~137页。

③ [法]古斯塔夫·勒庞:《乌合之众:大众心理研究》,艾之凡译,中山大学出版社2012年版,第20~23页。

陪审制合议庭的规模大小问题产生了分歧。首先,左卫民教授认为,我国现有七人合议庭的创设逻辑存在问题。现有七人合议庭的创设逻辑是“陪审员的人数应多于法官人数,增强陪审员的心理优势和存在感,以促进陪审员参审的积极性”[①]。左卫民教授对最高人民法院的这一解释逻辑提出了质疑,他认为,陪审员数量与其参审积极性没有直接关系,七人合议制未必就比三人或五人合议制优越[②]。同时,也有学者提出了不同观点,认为三人合议庭中人民陪审员人数只有1～2名,无法体现广泛的社会民意,与人民陪审制所承载的司法民主价值不符。相对而言,七人合议庭最符合我国陪审制改革的基础法理和制度逻辑。该学者甚至还建议,“未来中国或许可以一并修改诉讼法,进一步扩大合议庭中人民陪审员的比例,如可以尝试“5(人民陪审员)＋3(职业法官)”及“8(人民陪审员)＋3(职业法官)”的合议庭构成方式。“前者适用于可能判处10年以上有期徒刑的案件,后者适用于可能判处无期徒刑及死刑的案件。”[③]对于未来中国的陪审合议庭规模,笔者倾向于在疑难案件中适当增加人民陪审员比例并减少法官人数。理由如下:

首先,心理学研究表明,群体决策的人数达到三人以上之后,其从众心理的发生概率不再随着群体规模的增大而升高。从抑制从众心理的角度看,三人、五人、七人甚至十一人合议庭的效果是趋同的。

其次,适当增加人民陪审员比例并减少法官比例,不仅可以在疑难案件中真正发挥人民群众的集体智慧并落实司法民主,还可以在一定程度上缓解我国法官资源匮乏的困境[④]。比如,18世纪时,俄罗斯和西班牙都是由12名陪审员组成陪审团及3名法官主持庭审,共同参与庭审。但是,进入20世纪末以来,随着欧洲大陆国家的陪审制改革,西班牙的法庭陪审模式是“9(陪审员)＋1(法官)”,

① 最高人民法院在《关于人民陪审员制度改革试点情况的报告》中提到,“实践中存在五人、七人和九人审判庭;在区分事实审和法律审的前提下,五人合议庭中的法官至少要有三人,人民陪审员仅有两人,由于人数较少而不敢发言的情况较为普遍;而七人合议庭由四名陪审员和三名法官组成,数量配比相对平衡,陪审员的心理优势和‘存在感’有所增强,参审的积极性得到较大提升”。

② 左卫民:《七人合议制的反思与建言》,载《法学杂志》2019年第4期。

③ 施鹏鹏:《人民陪审制改革的历程及后续发展》,载《中国应用法学》2018年第4期。

④ 最高人民法院关于《人民陪审员法(草案)》的说明提到,“如果合议庭人数为九人及以上,既会加剧人民法院‘案多人少’的工作负担,加大陪审成本,又会影响审判活动的效率”。

俄罗斯的则是“12(陪审员)+1(法官)”。[①] 西班牙和俄罗斯的陪审制改革经验显示,通过压缩陪审合议庭中法官的比例,可以有效地缓解法院的资源短缺压力,同时也能提升人民陪审员的裁判权力和参审积极性。

第二,社会支持与合议庭人员构成。所谓社会支持,是指通过对社会共识(群体凝聚力)进行破坏,降低从众行为发生的概率。从阿施的心理学研究结果来看,如果有一名实验同谋与参与者的观点一致,从众行为就会显著降低。同样,如果有一名实验同谋与其他所有人的观点都不一致,从众行为也会降低[②]。可见,社会心理学上的“社会支持”,实则就是某个群体中的非主流观点,或称之为“不同发声”。在陪审团审判中,若要利用“社会支持”来抑制陪审员的从众心理,需要有效规范陪审团的成员组成结构,即尽量实现陪审团成员选拔对象的广泛性和代表性,保证有来自不同阶层的社群融入陪审团这个群体中来,从而有利于实现“不同发声”,并避免因陪审团成员过于集中地来自某一个阶层而出现非理性的“共识”。正如勒庞所认识到的,“陪审团中一两个有势力的人物,足以让整个陪审团的人跟着他们的意思走。因此,律师们只需要通过巧妙的暗示来取得陪审团中那两三个人的信任就可以了。群体中的这个人正处于被成功说服的这一刻,那么无论你向他提出什么证据,他都很可能会认为这些证据是十分令人信服的。”[③]可见,在陪审团这个群体中,如果缺乏对群体中一边倒的观点进行钳制的力量,就容易出现盲目的从众心理进而导致证据评估程序形同虚设。英美法系国家陪审团成员组成的流变过程,就经历了早期的从精英特权阶层中选拔陪审员的做法,转变成从普通民众中随机抽取陪审员候选人的选拔机制[④]。这一陪审员选拔程序的转变,除了更进一步体现和践行陪审制的民主精神外,也使得陪审团在成员组成多元化的背景下,有来自其他理性个体的不同声音对群体主流观点进行质疑,从而降低从众心理对准确评估证据的影响。

---

① See Neil Vidmar, *Would Jury System*, Oxford University Press, 2000, p.326.

② 电影《十二公民》中的陪审团审判,就充分印证了这一观点。其中的8号陪审员,就充当了反对其他所有成员观点的角色。正是因为群体成员中有这么一位敢于质疑主流观点的反叛人物,才使得该陪审团审判出现了倒戈的局面,由先前的“一边倒”转向后来的势均力敌。

③ [法]古斯塔夫·勒庞:《乌合之众:大众心理研究》,艾之凡译,中山大学出版社2012年版,第165页。

④ 以美国为例,就有从车牌号中随机抽取陪审员候选人的做法。

总体而言,我国《人民陪审员法》第 5 条关于人民陪审员任职条件的规定[①],以及第 9 条至第 11 条所确立的陪审员随机遴选机制,基本体现了陪审员人员构成的广泛性和代表性。这些来自不同阶层的陪审员因各自立场的不同和知识库差异,容易在裁决中发出不同声音,进而抑制多人决策时的从众心理。然而,我国人民陪审员的现有任用机制依然存在一些缺陷,需要从以下两方面进行完善:

首先,《人民陪审员法》第 13 条规定人民陪审员的任期为 5 年。在 5 年的任期内,每个法院的额定陪审员们因工作上的多次往来,有可能慢慢就由最初的不同阶层转化为"同一阶层"了,这不利于人民陪审员参审时形成不同声音。其次,根据第 9 条至第 11 条的规定,每个法院的陪审员从初次资格审查到最终的任命程序,均是由司法行政机关会同基层人民法院随机抽选确定的,但在组建具体个案的陪审合议庭时,如果不能实现随机抽选的话,依然难以保证参与决策之陪审员的代表性。综上,如果现有的陪审员 5 年任期制暂时无法更改的话,可以通过限缩陪审案件的范围(只在真正疑难的案件中适用陪审制),减少同一个法院被任命的陪审员的往来频率,避免本来具有多样性的陪审员被"同质化"。同时,法院可以运用大数据对每一次参审的陪审员信息进行登记,尽量避免相同的几名陪审员被多次重复组合,进一步保障具体个案中参审陪审员的代表性,降低多人决策的从众风险。

(二)提升陪审员的裁判能力

上述谢里夫的心理学实验表明,不确定性是导致从众行为的关键因素,而信息影响又是产生不确定性的幕后推手。心理学研究显示,个体因素和情境因素都有可能对决策或判断的信息产生影响。基于这一心理学研究成果,我们应该在今后陪审制的深化改革中着重提升陪审员的裁判能力,通过增加陪审员对于案件事实的确定性而抑制其进行决策时的从众心理。

第一,个人因素视角的陪审员裁判能力提升。通常,作为判断者的个体越不自信,就越有可能遭受信息影响。某个人对其所判断事物的信息越匮乏,就越有可能在作出判断和决策的过程中参考他人的观点,从而产生从众心理。通过训练陪审员审查证据和逻辑推理的能力,对于抑制从众心理和提高证据审查的准

---

① 根据《人民陪审员法》第 5 条的规定,"公民担任人民陪审员,应当具备下列条件:(一)拥护中华人民共和国宪法;(二)年满二十八周岁;(三)遵纪守法、品行良好、公道正派;(四)具有正常履行职责的身体条件。担任人民陪审员,一般应当具有高中以上文化程度"。

确度是至关重要的。

第二，情境因素视域的陪审员裁判能力提升。情境因素是信息影响下从众行为的一个重要变量，即评估和判断任务的难度越大，评估主体对于应该作出什么样的判断越不明确，这就使得他们越有可能参照他人的观点进行判断。具体落实到陪审团审判中的情境因素与从众行为的关系，除了案件难易程度[①]是情境因素的重要考察对象外，案件是否涉及对专业知识问题的评估，也是从众行为是否出现的重要考量因素。因此，除了在法庭外对陪审员进行专门培训外，法官在审判过程中给予陪审员指导，特别是关于证据运用及事实构成相关知识的指导，对于帮助陪审员树立起证据裁判理念，减少错误的事实认定，必不可少。

具体而言，结合我国的司法实践，可以从如下几方面加强对人民陪审员的指导和培训：

首先，对外行陪审员进行事实认定的逻辑推理培训。虽然发现真相不是法庭审判的唯一目的，却是最重要的目的之一。相比依靠直觉等非理性的“捷径”，只有建立在证据基础上的事实认定，才能尽可能地还原某个案件中实际发生了什么。但遗憾的是，在陪审团审判中，未受过专门法律和逻辑训练的外行陪审员们，很多时候更愿意通过“捷径”而非证据进行判断，从而得出错误的结论，在某种程度上影响了整个陪审制度的信誉。因此，乔纳森教授建议那些致力于陪审制改革的政策制定者和研究人员，对陪审员开展关于重要法律原理和运用证据进行经验推论的培训[②]。理查德·尼斯贝特及其同事开展的相关研究表明，通常可以通过速成(short order)的方式对人们进行逻辑推理培训。这一研究，为给那些临时挑选出来服务于个案的陪审员开展推理方面的培训，进一步提供了理论基础。具体来说，对于陪审员的培训包括关于用来分析科学证据的合取(conjunction)和析取(disjunction)概念的区分；相关性(relevance)、概率(probability)、似然率(likelihood)等相关概念的界定，甚至包括贝叶斯定理的学习。在美国，包括加利福尼亚州在内的不少州都开展了类似的陪审制改革。笔者也从

---

① 霍耶尔与彭罗德(Heuer & Penrod)发现，案件涉及的法律越复杂，陪审员对他们的裁决也就越没有信心，不知道他们的裁断是否建立在正确理解法官意思的基础之上。[英]理查德·克里斯普等:《社会心理学精要》，赵德雷等译，北京大学出版社 2008 年版，第 141 页。

② See Jonathan J. Koehler, Train Our Jurors, *Northwestern Public Law Research*, 2006, No.11-12.

来自得克萨斯州的某些律师中了解到,他们除了代表当事人出庭外,平时对陪审员进行相关培训也是其重要职责之一。理查德·尼斯贝特研究团队的研究结果表明①,对陪审员进行培训的改革成效中最吸引人的是,经过培训的陪审员在法庭审判过程中表现得更加积极活跃。

其次,法官通过创建"问题详单"对陪审员的事实认定进行指导。在19世纪的普通法传统中,陪审团裁判主要体现了一种"常识"文化,即外行的陪审员根据生活经验和常识,便可以对证人证言进行准确评价。但是,这样的陪审团常识文化是建立在这样一种"证言性假设"(testimonial assumptions)之基础上的,即"证人能够准确感知、准确记忆和叙述,并能够诚实地将储存的信息加以叙述"。然而,随着20世纪初以威格莫尔为代表的司法证明科学的诞生,普通法传统中这一假设不断受到挑战和冲击。为了应对这些挑战,其策略之一,便是强化法官在陪审团审判中的积极指导作用。② 俄罗斯和西班牙(欧洲大陆其他大部分国家后来都纷纷效仿之)之所以否弃英美法系陪审团"罪与非罪"的笼统裁决模式,而是借鉴法国模式(在陪审团进行商议和裁决之前,由法官提供一份书面的包含事实和证据等相关要素的问题详单,由陪审员进行回答)③,这正是因为认识到了陪审团在事实认定过程中的随意性和非理性因素,即忽视运用证据进行裁判,喜欢感情用事。

最后,借助专家辅助人提升陪审员的裁判能力。当案件涉及专业知识问题时,往往会伴随着鉴定人和专家证人出庭作证,这就涉及外行的陪审员对于鉴定人和专家证人的证言可信性进行判断的问题。由于产生外行证言的推论过程是以普通常识为介质的,而常识是包括陪审团或法官等事实认定者在内的任何人所具备的经验性知识。因此,当外行证人在法庭上作证时,陪审团、法官及律师与这些外行证人是处在同一个交流和对话平台的,或者说是置身于同一个"思维空间"的。反之,正如英国的保罗·罗伯茨教授所言,专家证人与法官或陪审员及律师之间的对话,如同"动物与人类之间的对话"。这虽然是一个很尖酸的比

① See Jonathan J. Koehler, Train Our Jurors, *Northwestern Public Law Research*, 2006, No.11-12.

② See Daniel D. Blinka, Why Modern Evidence Law Lacks Credibility, *Buff. L. Rev*, 2010, Vol.58, No.2.

③ See Neil Vidmar, *Would Jury System*, Oxford University Press, 2000, p.338.

喻，但却道出了外行陪审员对于专业知识进行判断的难度。为了抑制陪审员对涉及专家证人相关案件裁决时的从众心理，英国下议院科学技术特别委员会(the Commons Select Committee on Science and Technology)于2005年3月，要求陪审团退出涉及复杂科学证据的审判程序。

事实认定必须依赖证据，陪审员需要树立起证据裁判意识。可见，解决陪审员实质性参审问题，最关键的是要增强外行陪审员在事实裁判中的证据可靠性分析能力。除了法官针对证据的可采性问题对陪审员进行指示外，还需要借鉴上述法国的相关经验，运用现代技术证明科学对陪审员进行有关证据可信性分析的专业培训。另外，也可以充分发挥我国专家辅助人制度的优势，由专家辅助人辅助陪审员进行涉及专门性问题的事实认定，或者在遴选人民陪审员时，吸纳一定比例的行业专门性人才。总之，通过提升外行陪审员的裁判能力，不仅可以抑制大合议庭陪审中多人决策的从众心理，也促进了陪审员实质性参审。

(三)优化陪审制大合议庭评议的决策模式

第一，商谈理论与面对面合议。哈贝马斯的商谈理论是建立在交往行动理论基础上的，其逻辑关联性表现为，交往行动的主体意愿使他们的行动计划建立在一种共识的基础之上，而这种共识又建立在对有效性主张的相互表态和主体间承认的基础之上。[①] 交往行动下的主体区别于私人自主范围内的主观行动自由，其需要为自己的交往行动提供能被公共的接受的理由，这种公共地可接受性，有赖于在程序规则的支撑下进行商谈，通过商谈来抑制主体在私人自主范围内的决策专断和恣意。哈贝马斯认为，"法庭的法律商谈结束于一个程序法的真空"[②]。以《人民陪审员法》中的七人陪审合议庭为例，我们创立这一制度的出发点是为了让人民群众可以参与司法裁判过程，践行司法民主。在笔者看来，陪审制大合议庭中的人民陪审员与职业法官共同对案件事实进行评议，实际上就是基于交往行动的主体意愿而建立一种共识，这种共识的达成有赖于作为外行的陪审员和职业法官进行商谈，且商谈必须在有效程序规则的调节下进行。反观

① [德]哈贝马斯：《在事实与规范之间：关于法律和民主法治国的商谈理论》，童世骏译，生活·读书·新知三联书店2003年版，第146页。

② [德]哈贝马斯：《在事实与规范之间：关于法律和民主法治国的商谈理论》，童世骏译，生活·读书·新知三联书店2003年版，第290页。

我国现有陪审制大合议庭的评议方式[①]，人民陪审员与职业法官之间基本没有就案件事实问题进行实质性商谈，这不仅未能贯彻落实《人民陪审员法》的司法民主精神，也不能抑制认知心理学所揭示的非交往行动下的主体(法官)决策之恣意。为了抑制法官“独白”式的裁决而寻求职业法官和外行陪审员的共识，需要摒弃现有“背对背”的合议方式，转而实行“面对面”的商谈式合议机制[②]。面对面的商谈式评议机制，不仅需要从程序上[③]保证陪审员有与职业法官商谈的机会，还要从具体技术层面提升陪审员与法官进行实质性商谈的能力。具体而言，面对面的商谈式评议是建立在法官主导下的法庭调查和法庭辩论之基础上的，即陪审员在法官的指导下亲历法庭的举证和质证过程后，与法官面对面商谈证据的采信和案件事实的最终认定。与面对面商谈评议相对的是传统的“背对背”评议，即陪审员仅仅就法官事先拟定好的裁判结果进行赞同与否的投票，并未实质性地参与案件事实的商谈和评议。若要通过面对面商谈式评议实现陪审员实质性参审，建议从以下两方面加以完善：其一，法院通过《人民陪审员考核管理办法》明确规定，每个陪审员应当在评议过程中就案件事实认定发表意见。若陪审员之间各自的意见或者与法官之间的意见存在分歧，应该当面进行商谈并尽力说服彼此。其二，法院内部应当对合议庭的评议过程进行录像，督促合议庭进行面对面的商谈式评议。虽然诉讼法规定评议过程不公开，但法院可以将评议过程的录像资料作为考核陪审员的内部参考资料。

---

① 在我国大陪审合议庭的试点过程中，“受司法效率和陪审员积极性等多重因素的影响，实践中更青睐‘背对背’式的合议，即庭审结束后，法官就主要争议的案件事实向陪审员作简要说明，要求陪审员填写事先准备好的事实清单，并写下对案件裁判的主要看法，之后陪审员便可离开”。廖永安、蒋凤鸣：《人民陪审制改革目标的反思与矫正》，载《华侨大学学报》2018 年第 1 期。

② “面对面”的商谈式合议机制，实则是在突出陪审合议庭对案件事实进行面对面的评议过程，而不仅仅是“背对背”式的投票。有学者认为，我国的陪审制应该导向“协商式司法民主”，即陪审员应该真正通过基于一致裁决要求的评议过程实现司法民主，而不仅仅是“代议式民主”下的投票表决。参见樊传明：《陪审制导向何种司法民主？——观念类型学分析与中国路径》，载《法制与社会发展》2019 年第 5 期。

③ 有学者认为，“缺少了具体的程序规则，难以确保陪审员的评议不会流于形式，最终会侵蚀倚重评议程序的协商式司法民主理念”。樊传明：《陪审制导向何种司法民主？——观念类型学分析与中国路径》，载《法制与社会发展》2019 年第 5 期。

第二，群体凝聚力理论与双重多数表决模式。所谓群体凝聚力，是指一个群体成员之间相互依存感的强烈程度。霍格发现，群体凝聚力越强，群体成员产生从众行为的速度也就越快。可见，若要抑制群体成员的从众心理，可以适当降低群体成员在完成某项特定任务时的凝聚力。比如，在陪审团成员评估证据可信性的过程中，为了抑制陪审员的从众心理，需要适当弱化群体成员之间的相互依赖性。弱化陪审团成员相互依赖性的有效举措在于：在强调陪审员相互合作评定证据可信性的基础上，强化每个成员基于探寻真相的终极目标而进行自由心证的能力。这样一来，一方面，陪审团是一个进行证据评定和事实认定的合作团体；另一方面，每个陪审员又是肩负着探寻真相和主持正义之崇高使命感的独立、理性个体，因此，可以通过优化合议庭表决模式来激发陪审员们的裁判理性，允许陪审团成员发表不同的意见和观点。如同美国联邦最高法院的优势表决制度那样，只要其中 5 名大法官达成一致意见就可以形成优势裁决，但其他 4 名大法官的不同意见会作为保留意见出现在判决书中①。这样一来，不仅可以通过商谈抑制证据评定主体独立裁判时的主观恣意，也可以让每个陪审员真正遵从内心的理性判断，在和而不同的背景下，实现证据评估和事实认定的最优化。

根据群体凝聚理论，英美法系国家要求陪审团作出一致裁决的传统，实际上是缺乏科学性的。比如，在英美法系国家早期的陪审团审判中，面对一些疑难复杂的案件时，有时将近一个月的时间，陪审团成员将足不出户地被迫待在封闭的裁决室里，直到陪审团全体成员对案件事实认定达成一致意见。这也是在英国早期的陪审团审判中，很多达官贵人通过行贿而逃避承担陪审义务的重要原因之一。要求陪审团全体成员一致裁决的传统做法，不仅不利于体现裁判的效率原则，更可能在追求"一致同意"这样的高难度目标下，强化陪审团成员之间相互依赖的凝聚力，加速从众心理的形成。

我国现有的陪审合议庭表决实行简单多数规则，根据《人民陪审员法》第 23

① 根据《人民陪审员法》第 23 条的规定，"合议庭评议案件，实行少数服从多数的原则。人民陪审员同合议庭其他组成人员意见分歧的，应当将其意见写入笔录"。虽然该条规定，已经认识到陪审员分歧意见的重要性，规定将分歧意见写入笔录。然而，庭审笔录效力的有限性和非公开性无法对陪审员的决策行为形成责任约束，难以真正激发少数持不同意见的陪审员针对案件事实发表真知灼见。

条的规定,"合议庭评议案件,实行少数服从多数的原则"。针对现有过于简单的陪审表决规则,学者们纷纷提出了相关改革建议。有学者提出了如下改革方案,即"建议对被告人不利判决采用至少包括 1 名法官在内的 2/3 多数票的表决形式,建议对判处死刑、死缓的判决,采用至少包括 1 名法官在内的 2/3 多数票表决形式,而其他判决则可采用至少包括 1 名法官在内的过半数票表决形式"①。也有学者认为,"可以考虑设置双层表决规则:陪审员们组成的集体要遵循绝对多数规则,法官或者法官与陪审员的总集还要再遵循一个简单多数的表决规则"②。笔者认为:首先,这两种改革建议均具有一定的合理性,但也存在不足之处。如果将两种路径加以综合(学习日本模式③,实行双重表决,但不采取绝对多数规则),便既能践行陪审制的司法民主理念,又可以有效抑制团体决策可能引发的从众心理。其次,建议将少数持不同意见的陪审员针对事实认定发表的观点作为保留意见写进裁判文书中,可以有效解决因简单多数表决而可能导致的陪审员评议热情消减问题④。最后,诚如笔者在上述合议庭规模改革建议中所提到的,未来的陪审制深化改革还可以适当增加陪审员的人数,这样才能在"非绝对多数表决模式"(为了有效抑制因团体凝聚力过强而引发的决策从众心理)中充分导向真正的司法民主。

结　语

实现人民陪审员实质性参审,是学者和司法实务者关于深化我国人民陪审制改革的共同问题指向。然而,一旦人民陪审员在司法裁判中实质性参审,认知心理学所揭示的多人决策下的从众心理难以避免。因此,必须在深化陪

---

① 卞建林、孙卫华:《通向司法民主:人民陪审员的法的功能定位及其优化路径》,载《浙江工商大学学报》2019 年第4 期。

② 樊传明:《陪审制导向何种司法民主?——观念类型学分析与中国路径》,载《法制与社会发展》2019 年第 5 期。

③ 日本的双层表决规则为:根据包括职业法官和裁判员在内的,超过各自组成人数的半数的意见作出决定。但是,没有要求陪审员采取绝对多数规则。参见《支撑 21 世纪日本的司法制度——日本司法制度改革审议会意见书》,张卫平译,载《司法改革论评》2002 年第 1 期。

④ 有学者担心,"简单多数表决制无力激发和督促陪审员的评议热情,可能会架空协商式司法民主理念"。参见樊传明:《陪审制导向何种司法民主?——观念类型学分析与中国路径》,载《法制与社会发展》2019 年第 5 期。

审制改革的进程中，针对陪审员实质性参审时可能导致的从众心理进行积极应对。本文对我国大合议庭陪审机制进一步运行的建言，是基于这样一个前提，即必须限缩大合议庭陪审的适用范围，仅在真正疑难复杂的刑事案件中适用，因为关于大合议庭陪审机制的相关改革和完善路径必然以精细化的程序保障为前提。

裁判文书网上公开与隐私权保护的冲突与衡平*

相庆梅** 刘兆月***

摘要:裁判文书上网承载着保护民众知情权和监督权的价值,但裁判文书上网无可避免地会带来对当事人甚至其他诉讼参与人隐私权的泄露,它们之间先天存在的紧张关系决定了要谨慎对待该问题。目前,现有规定在实施过程中存在未清晰界定两者冲突时的优先保护顺序、具体制度落实不到位等问题。本文提出在平衡两者冲突关系时应坚持隐私权保护优先,同时适用比例原则和分割原则处理特殊情况下的隐私权保护;最后还提出应通过进一步明确不宜公开的文书类型、扩大应隐名的文书范围、精准化界定应删除的个人信息、赋予当事人异议权等措施来切实加强裁判文书上网时的隐私权保护。

关键词:司法公开;裁判文书网上公开;隐私权;知情权

引 言

与传统司法公开相比,互联网司法公开具有很多特点,诸如公开速度更快捷、公开方式更广泛,以及更易于为公众存储和传播等。而基于上述特点,互联网司法公开所带来的隐私权保护的问题就显得尤为突出,在裁判文书公开领域中尤其如此。在传统司法公开制度下,裁判文书公开通常张贴在法院公告栏,其受众范围极其有限。但随着裁判文书网上公开的推行,任何人都可以登录裁判

---

* 本文为教育部人文社科项目"互联网环境下的司法公开制度研究"(项目编号:18YJA820022)的阶段性成果。

** 作者系北方工业大学文法学院教授,硕士生导师。

*** 作者系北方工业大学文法学院民商法专业硕士研究生。

文书网，查询到已经上传到该网站的裁判文书，使得隐私权受到侵犯的问题尤其突出。可以说，隐私权天生具有的私密、不受他人干扰等特点本就与裁判文书网上公开存在紧张关系。目前，最高人民法院对裁判文书网上公开的范围和隐私权保护问题已有所规定，但由于规定较为粗疏，加之实践操作缺乏严格规范，因此，如何协调两者关系，在网上裁判文书公开中更好地对隐私权进行保护依然有研究的必要。

一、裁判文书网上公开与隐私权保护关系的理论分析

(一)我国裁判文书网上公开的价值

在我国，学界对于裁判文书网上公开的限度一直存在争议：有学者认为，裁判文书网上公开制度是为了制约审判权，通过赋予公众司法知情权、监督权，实现司法的公开与透明，提高司法公信力；[①]还有学者认为，裁判文书上网更重要的目的是服务于全国范围内法律统一适用的目标，建立案件指导制度，解决司法实践中“同案不同判”的现象，应当只筛选出具有普遍指导意义的案件上传网络，裁判文书全部公开上网反而会浪费有限的司法资源。[②]

笔者认为，裁判文书网上公开作为网络环境下司法公开的重要内容，其功能与传统司法公开并无二致。众所周知，司法活动的主要内容是国家司法机关通过法院居中审判，以解决纠纷。司法活动的这一特点决定了其必须向社会公众公开，并通过社会公众的监督，使得司法机关依法独立、公正行使审判权。然而要想实现监督，就必须首先保障公民的知情权，即先有知情权，然后才有监督的可能。正因如此，一般认为，司法公开的目的在于公开透明，保障公民知情权，增加民众的参与与监督，以提升公民对司法机关的信任，提高司法机关的公信力，树立威信。[③] 正如最高人民法院周强院长在谈及网络司法公开时所指出的，“人民群众期望的公平正义，不仅应当是实在的、及时的，还应当是可以看得见、感受得到的，这就要求司法工作必须最大限度地向社会公开”。

---

① 罗书平：《裁判文书：就应当让地球人都知道》，载《人民司法》2006年第8期。

② 胡夏冰：《理性地看待判决书上网——与贺卫方教授商榷》，载《法制日报》2006年1月5日第9版。

③ 李双：《司法改革中司法公开与隐私保护间的平衡》，载《深圳大学学报(人文社会科学版)》2015年第32卷第6期。

通过回顾最高人民法院关于裁判文书网络公开的相关规定，可以清楚地看出我国裁判文书网上公开制度的功能也在于对公民知情权和监督权的保障。2010年出台的最高人民法院《关于人民法院在互联网公布裁判文书的规定》(以下简称《规定》)强调了该制度的目的是贯彻落实审判公开原则。但同时提出最高人民法院和各高级人民法院具有法律适用指导意义的生效裁判文书"应当"在互联网上公布，其他法院"可以"在互联网上公布生效裁判文书。可以看出，当时裁判文书网络公开制度的目的并不明晰，即究竟是为了落实审判公开，还是为了实现指导案例网络公开并不十分明确。2013年，最高人民法院在《规定》中明确了审判公开原则，不再区分"可以"公布与"应当"公布。到2016年，《规定》中最终确立"依法、全面、及时、规范"公开原则，由此可见，最高人民法院是将裁判文书网上公开制度视为司法公开的助推器，①并希望借由裁判文书公开最终实现司法透明和司法监督。

综上所述，在互联网时代，我国司法公开的目的并未有所改变，即裁判文书网上公开制度是为裁判文书能够在更大限度内公开，实现各界对法院司法权的监督，满足公众的司法知情权。正如有学者所指出的，在互联网环境下，审判权行使的本质没有变化，则裁判文书的公开就不应受到影响，网上公开方式的价值取向自然也不能曲解。②

(二)隐私权保护的价值

隐私权作为保障私人生活不受他人打扰的基本权利，具有重要的价值。从个人角度而言，正是基于隐私权，人们才有权独立自主地作出属于自己的决定，并经由这种独立决定增强个人幸福感和安全感；从社会角度而言，隐私权的个人特点构成了社会的多样性。人们在隐私权的庇护之下，可以不受他人影响，决定自己的行为举止，独立发展个性，且不受他人影响和干扰，从而实现了社会的多元性，确保了社会和个人的健康发展。对于个人隐私的范围，实质上是一个有争议的概念，毕竟每个人对隐私的理解因其社会环境、受教育程度等有很大的差异。不过一般认为，个人隐私内容大致分为三个方面：一为生理信息，如身高、体重、血型、疾病等；二为心理信息，如爱好、性格等；三为社会关系信息，如婚史、个人财产等。

---

① 薛晓蔚、薛雨芊：《关于裁判文书网上公开问题的思考》，载《中国人民公安大学学报(社会科学版)》2013年第6期。

② 李友根：《裁判文书公开与当事人隐私权保护》，载《法学》2010年第5期。

隐私权保护具有重要的个人和社会价值，这种价值的实现，要求对他人的隐私信息进行保密，不对外公开，并加强对侵犯他人隐私权的行为的制约。而隐私范围的不确定性又加剧了对其进行保密的难度。在网络司法公开成为司法公开重要内容的当下，其必然与司法信息公开所保护的知情权和监督权形成紧张关系，从而也带来了裁判文书网上公开与隐私权保护的冲突。

（三）裁判文书网上公开与隐私权保护的冲突

裁判文书网上公开制度的出现，使得司法信息迅速传播，但同时也产生了当事人信息公开化、个人纠纷社会化、隐私信息商业化等风险，当事人的生理信息、心理信息和社会关系信息都可能被裁判文书记载并公开，其隐私利益面临被侵害的风险。

事实上，早在裁判文书网上公开制度建立之初，学者们就曾激烈探讨其“副作用”——对当事人隐私权的冲击。可以说，裁判文书上网所要保护的核心价值——公民知情权，天生就与隐私权存在冲突，甚至可以说是一种此消彼长的关系。早在 2003 年美国就出现犯罪人在美国裁判文书网集合当事人的个人信息，违法利用被害者的姓名和个人信息开立银行账户的问题。此外，在我国，也出现一些公司通过获取、收集裁判文书网内公开文书的个人信息，并大肆兜售、转卖，谋取非法利益的情形。这些都说明在裁判文书网上公开所蕴含的巨大的隐私权泄露风险。具体到当下的裁判文书网上公开的司法实践，尽管最高人民法院对此已有相关规定，并针对实践中出现的问题多次对相关规定进行修订，但依然存在着很多因隐私权泄露而出现的争议和纠纷。

二、裁判文书网上公开与隐私权保护冲突的原因分析

2016 年《规定》对于裁判文书网上公开制度中涉及当事人隐私权的部分作出了明确规定，包括当事人的姓名及个人信息的判断取舍及处理办法。然而，在以“最大限度公开为宗旨”的保守立法影响下和不统一的司法实践乱象下，满足司法知情权与保护个人隐私权的天平渐渐失衡。裁判文书在网上公开的过程中，呈现出个人信息过度披露的现象，当事人隐私权遭受侵害。立法中我国裁判文书网上公开制度对隐私权保护的失衡主要表现在以下方面：

（一）裁判文书上网的公开性与个人姓名可识别性的冲突

2016 年《规定》第 8 条明确了应当匿名处理的文书，可以看出为了推进司法公开、满足公众知情权、最大限度地公开案件信息，我国对文书当事人姓名持以

公开为原则、隐匿为例外的态度,即在裁判文书公开工作中,当事人的姓名不属于应当隐匿的个人信息。但是,根据调查,当事人出于可能对个人名誉和生活带来负面影响的顾虑,往往不愿公开姓名。实际上,这样的顾虑并非空穴来风,《规定》未要求隐匿劳动纠纷案件当事人的姓名,实践中就曾导致一些劳动纠纷案件原告在求职过程中,因有过劳动纠纷记录而被面试公司拒之门外。

对此,有学者提出,我国是否可以借鉴韩国、俄罗斯等国家司法公开的经验,将裁判文书当事人全部隐名,用字母或者其他符号代替?① 实际上,我国没有选择全部隐名是经过一番深思熟虑的:一是因为全部隐匿当事人姓名不便于法律学者以及社会公众阅读文书,削弱了司法公开的效果;二是这样做不符合司法公开的价值取向。通过在裁判文书网上记录失信、违法人员的姓名,能够起到有效的警示、惩罚作用,利于建设诚信法治环境。

但笔者认为,姓名属于具有"可识别性"的个人信息,许多未规定隐名处理的案件也有隐名必要。此外,司法公开的目的是实现司法公正。公众知情权、监督权指向的重点是案件审理过程的公开,即公众通过了解案情和审理依据、结果来监督案件是否公平、合法。那么,当事人姓甚名谁对案情的发展、判决又有几分因果关系呢?当事人的姓名并不是文书公开的必要条件,过分公开只会带来更大的隐患。因此,适当考虑当事人对隐名的要求,在现行条文的基础上对匿名文书范围进行扩张性调整是有必要的。

(二)裁判文书上网规定的不确定性与个人信息范围模糊性的冲突

在信息社会中,信息已经成为一种商品,个人偏好、通信记录、疾病记录、信用记录、违法记录等可以进行数字化处理并存储到数据库中。上述信息如不进行有效控制,个人隐私就会在信息的商品化中变得透明。正是如此,《规定》第10条规定了公布文书时应当删除的信息,然而这样"列举+概括"式的立法模式不够全面,且操作难度大。首先,前五项列举的应当删除的具体信息并不详尽,如当事人的职业、职位、个人婚史、宗教信仰等内容未被明确列入删除范围内。其次,正是考虑到无法通过列举式的规定穷尽所有应当删除的个人信息,条文结尾使用了"人民法院认为不宜公开的其他信息"这一兜底性规定,赋予承办法官一定的自由裁量权,其有权将自己认为不宜公开的个人信息予以删除。什么样的信息才是应当公开的,法官作出恰当的选择与判断是非常重要的。然而,因为

① 龙飞:《域外法院裁判文书上网制度比较研究》,载《人民司法》2014年第17期。

缺乏统一的判断标准,各地法院对个人信息界定的尺度不一,处理的结果也大相径庭。

另外,实践中,对于当事人之外的其他人员信息的公开问题适用也极不一致。例如,裁判文书网上公开可能导致诉讼代理人隐私泄露。诉讼代理人作为律师的情形,由于裁判文书中只表明其姓名和所在律师事务所,一般不存在个人信息泄露的问题。但是对于近亲属或者单位工作人员作为代理人的情况,却经常有住所等个人信息泄露的问题。例如,某法院在网上公开的裁判文书中,就将作为单位工作人员出庭的代理人的具体住所,具体到小区、楼栋和门牌完整公布。这就会给非律师代理人带来很大的困扰,甚至担心其安全问题。

(三)裁判文书上网的复杂性与个人信息敏感性的冲突

2016 年《规定》第 8 条对应当隐名的文书范围作出了限制,第 9 条规定了隐名工作的具体操作方法,这两个条款无疑为承办案件的法官提供了有力的指导,似乎并未赋予其行使自由裁量权的余地。① 但在实践中,由于裁判文书涉及的个人信息情况十分复杂,并非简单地将裁判文书首部个人信息抹掉即可;与此同时,个人私密信息又十分敏感,很多“好事之人”可能经由蛛丝马迹即可回溯到相关当事人。正是裁判文书网络公开的复杂性导致了在公开过程中出现了很多“问题文书”。这些文书不仅泄露个人隐私,还可能影响个人信用、公司声誉,给申请贷款、就业等个人生活造成困扰。笔者以近年上网的裁判文书为例,发现的问题主要有以下几点:

第一,不应当在互联网公布的文书却进行了网络公开。2016 年《规定》第 4 条明确了离婚诉讼的裁判文书不应当在网上公布,但直至 2020 年,依然有很多离婚裁判文书在网上公布,且这些文书甚至未加隐名即直接上传网络。譬如案号为(2020)湘 0702 民初 143 号的原告贺某与被告曾某离婚纠纷一案一审民事判决书中,文书标题与正文中均使用当事人的真实姓名,未经过隐名处理。

第二,文书隐名不彻底。主要表现为文书正文间断性隐名,以及虽在正文中进行了信息处理,但是案件名称中却公开了当事人的真实姓名。这类文书同样致使公众能够通过输入当事人姓名后检索到该案件,对当事人隐私权造成侵害。如案号为(2020)甘 0525 民初 33 号文书判决书正文中以“余某甲”指代当事人,

---

① 王阁:《裁判文书网上公开背景下的当事人信息保护制度——基于对 H 省三级法院的实证调研》,载《社会科学家》2017 年第 6 期。

标题处却清晰地写着当事人的真实姓名。

第三,隐名工作未严格遵照法定标准。2016 年《规定》第 9 条第 1 款第 1 项明确了隐匿当事人姓名的一般方法:保留姓氏,名字以“某”替代。在裁判文书网上,不合要求的文书比比皆是。如陕西省镇巴县人民法院制定的(2019)陕 0728 民初 864 号文书中,原被告以“张某科”“李某芬”代表,而非法律规定的“张某”“李某”。此外,第 9 条第 2 款中规定,对不同姓名隐名处理后发生重复的,通过在姓名后增加阿拉伯数字进行区分,诸多法官未按照要求处理。案号为(2018)沪民再 29 号的继承纠纷案件中,同姓当事人以洪甲、洪乙、洪丙、洪丁形式区分。上述行为使裁判文书网上的文书格式不统一,会对文书整体质量和司法机关的严谨形象造成不良影响。另外,第 9 条第 1 款第 3 项对如何处理外国人、无国籍人的姓名已作出简单明了的规定,实践中并未处理妥当,详见(2019)粤 01 民辖终 2551 号判决书。

(四)裁判文书上网的职权决定与当事人程序保障的冲突

1.裁判文书上网缺乏与当事人的事前沟通程序

目前,《规定》第 5 条确立了裁判文书上网公布前的告知程序,但实际上决定文书信息是否公开的主体仍然是承办法官。这样做主要基于我国传统的厌诉思想,无论是胜诉方或败诉方,面对公开可能带来的消极影响,都不一定愿意公开诉讼的过程。若将征求当事人的同意作为裁判文书网上公开的前提,会导致公开无法顺利进行。因此,缺乏事前沟通而将裁判文书上网公布,就很容易带来公开后的纠纷和争议。

2.缺乏文书公开事后救济机制

法院将裁判文书公开上网后,文书将在很短的时间内迅速传播,如果文书信息未恰当处理,很可能面临隐私商业化利用等风险,甚至当事人的人身、财产权利也有可能受到损害。那么,在当事人认为公开的文书侵害到自己的隐私权时,应当如何维权呢?实践中,曾有当事人在浏览营利性法律咨询网站时发现了和自己相关的民事裁定书,他认为该文书涉及自己和本案其他当事人的个人隐私,侵犯了自己的名誉权和隐私权,选择向法院提起了诉讼。实际上,司法实践中这类现象很常见,但隐私一旦被侵犯或者披露,便难以再恢复,救济权是当事人保障其权利的重要一环。但是当事人拥有哪些救济方式呢?哪一种方式最能够有效、快速地填补其损失呢?目前,我国没有明确规定,需要立法及时补充。

三、裁判文书网上公开与隐私权保护的衡平

(一)明确两者冲突时隐私权优先保护原则

裁判文书上网的背后,存在着公共利益与私人利益的冲突。一方面,裁判文书作为社会公共产品,需要通过公开上网等方式被社会公众悉知,以满足公众的司法知情权和监督权;另一方面,裁判文书处理对象的特定性意味着会涉及特定当事人的私人利益,因而要防止因裁判文书公开超过必要限度给案件当事人的隐私权带来损害。当两种利益发生冲突时,若倾向社会公共利益,那么所有的裁判文书都应上网公开;若侧重保护当事人的隐私权,那么个人信息的自决性决定了裁判文书是否上网、在何种限度内公开应听取当事人的意见。可见,裁判文书公开是否应受到隐私权的限制,如何协调这两种不同利益的关系,何者更为优先,是不得不面临的价值判断难题。

笔者认为,这两种权利的行使均体现了正当性与合理性,二者之间本不存在优劣、主次之分。然而,在实践中,相较于强有力的公权,作为私权的"个人信息"往往处于弱势地位,以至于忽略当事人隐私信息处理的文书比比皆是。因此,为更好地衡平公共利益与私人利益,在两者发生冲突时,应将隐私权保护放在优先保护的地位,不可过分强调网络司法公开所体现的公共利益,并最终以公共利益之理由将个人隐私弃之不顾。这是因为,公民知情权的最终导向是实现对司法的监督,并非实现对他人隐私的刺探和获取。对于司法监督而言,除了公民监督之外,尚有法院程序体系内的监督、检查监督、人大监督、媒体监督等各种监督方式;但对于隐私权保护而言,隐私信息往往事关个人重大利益,一旦被侵犯,对个人即意味着平静生活的丧失,甚至是人身安全等重大问题,因此,笔者认为,在两者发生冲突时,应将隐私权保护放在优先保护地位。

为了充分体现隐私权优先保护的原则,法院在进行裁判文书上网公开个案时,应遵循以下原则:

其一,裁判文书网上公开制度应当确保程序正当原则。程序正当原则意味着任何人的生命、自由和财产非经正当程序,不得予以剥夺。根据该原则,裁判文书公布上网前,法院作为公开文书的唯一主体,应当确保当事人参与到公开程序中,即法院应事先告知当事人并听取当事人的意见,事后为当事人提供救济途径等。通过程序正当原则,能够使当事人的隐私权得到充分尊重。

其二,在涉及自由裁量的场合遵循比例原则。比例原则是行政法学理论中

备受关注的原则，同时也是法治国家重要的基本原则。比例原则要求所选择的手段应当与所追求的目的保持合理或均衡的比例关系。[①] 由于现有裁判文书上网的规定有很多内容涉及法官自由裁量的适用，那么，在法官自由裁量的场合，应严格坚持比例原则。即如果某些信息的公开可能导致个人隐私受到威胁，应以不公开为原则。如此，可尽量将对个人隐私的泄露限制在最小的范围和限度内。正如有学者所说，若公开文书需要牺牲个人的名誉和隐私，甚至会对个人的生命健康、财产安全造成威胁的，那么公共利益必须作出退让。[②] 当然，比例原则的适用并无明确的标准，它需要法官在处理个案时，结合个案的具体情况，以隐私权保护优先为原则进行价值判断与利益衡量。

其三，在司法信息与个人隐私密切联系的场合，严格适用可分割性原则。可分割性原则又称可区分性原则，在我国主要体现在国务院《政府信息公开条例》第 22 条中，该第 22 条规定如下："申请公开的政府信息中含有不应当公开的内容，但是能够作区分处理的，行政机关应当向申请人提供可以公开的信息内容。"由于裁判文书中的个人信息可能与案情等通过复杂的方式交织在一起，此时应通过可分割原则将裁判文书中涉及当事人隐私权的内容进行准确分割并处理，在确保当事人隐私权不受侵害的前提下满足司法知情权，以更好地实现公共利益与私人利益的平衡与协调。可分割原则的适用具体分为两个步骤：首先，通过是否具有可识别性为标准将裁判文书中的信息分割为可以公开的信息及不应公开的隐私信息。不论是信息自己显示出来的，还是他人通过一定方式推测出来的，也不论这些数据信息是单个的还是集合的，只要能够把当事人直接或间接地辨认出来，就被认为是具有可识别性的个人信息，应当隐匿。[③] 其次，判断不应公开的隐私信息能否通过删除等手段与文书分割，具有可分割性的隐私信息可直接删除处理，如无法分割，则应基于隐私权保护优先的原则进行权衡，并最终作出是否公开隐私信息的决定。

(二)进一步明确隐私权保护的具体措施

1.进一步明确不宜在互联网上公布的案件类型

现有规定中已经明确了不应予以网上公开的裁判文书的范围，其中 2016 年

① 张莉：《论隐私权的法律保护》，中国法制出版社 2007 年版，第 146 页。

② 李广宇：《政府信息公开诉讼：理念、方法与案例》，法律出版社 2009 年版，第 59 页。

③ 蒋坡主编：《个人数据信息的法律保护》，中国政法大学出版社 2008 年版，第 4 页。

《规定》第 4 条第 5 项作为兜底条款存在。但该条在应用时,法官自由裁量权过大,很多法官直接忽略该条款。对此,笔者主张,对于上文中提及个人隐私信息与案件事实过于密切的,通过分割原则难以有效切割的,应可以在不予公开的案件范围之内。

2.扩大裁判文书中应隐名的裁判文书范围

现阶段,学界主流观点认为当事人的姓名不是个人隐私,不应构成对裁判文书上网的限制。然而,随着信息社会的到来,我国加大对个人信息保护力度,在《民法典》人格权编第 1034 条中明确规定,姓名因具有明显识别性,被明确列入受保护的个人信息之列。因此,笔者认为有必要对裁判文书中当事人的姓名进行重新思考。

首先,因为姓名所具有的强识别性特征,实践中,结合当事人姓名、案件与审判法院,想要掌握当事人的身份信息并非难事,因此隐匿当事人姓名具有必要性。

其次,隐名不会影响裁判文书网上公开制度目的的实现。裁判文书中当事人隐名问题和裁判文书网上公开制度目的息息相关。既然我国裁判文书网上公开制度的目的在于司法透明、司法监督,而并非为检索文书之便利等原因,就不应考虑因隐名所带来的检索文书难度增加等问题。众所周知,司法监督是指监督主体对司法活动的合法性进行的监察、督导。即主要是对法院的审理程序、查明事实、证据审查判断和法律适用等进行监督;案件当事人姓甚名谁并非公众司法监督的内容,因此,在裁判文书中是否公开当事人姓名,不会对社会公众监督司法权的行使造成任何实质性的影响。

需要指出的是,扩大隐名文书范围并不意味着所有案件都应匿名处理,对于“法人或其他组织”和“社会影响恶劣的刑事被告人”出于公共安全的需求和对当事人的惩戒、明示目的,仍然应当公开其姓名。除此之外的一般案件中,当事人的姓名对案件本身的影响微乎其微,原则上无保留必要。[①] 综上所述,在裁判文书公开中,笔者认为调整为以隐匿当事人姓名为原则,以公开当事人姓名为例外更为合理。

---

① 韩朝炜、朱瑞:《裁判文书上网与当事人隐私权保护的冲突与衡平》,载《法律适用》2012 年第 4 期。

3.精准化界定应删除的个人信息

2016年《规定》第10条明确了应予删除的个人信息，其中第6项也有兜底条款的规定。为避免过度公开个人信息，笔者认为也应明确兜底条款的处理标准。具体而言，法官在判断个人信息的取舍时，应秉承最大限度地保护当事人隐私权的观念，将与案件无关的可识别性信息和与个人利益有关的个人信息全部删除。笔者认为，个人教育工作信息中的职业、职位和工作单位等信息与姓名结合，可能识别和联系到个人身份，在庭审中也不宜公开。个人位置信息中的住宿信息及行踪轨迹信息，为保护当事人的人身安全，也不宜公开。另外，还有个人的婚史、宗教信仰等信息，如果与案件审理无关，也不宜公开。需要注意的是，与案件审判相关、可能影响司法权威的个人信息，不宜删除。比如职务犯罪案件中当事人的职务身份等信息就理应在文书中公开，否则可能会影响文书对案件事实的记录，使公众怀疑案件判决的公正性；在身体健康权纠纷、医疗侵权纠纷等案件中，健康状况信息与案件息息相关，不宜直接删除或隐去，涉及当事人隐私的，进行适当技术处理。

4.规范具体制度的落实和执行

首先，将当事人隐名、信息删除规定为部分文书个人信息处理的前置环节，强调上述工作的重要性。当事人姓名或其他个人在裁判文书的标题及首段就有所体现，并贯穿全文，可以说是裁判文书中应当首要保护的个人信息。因此，可以考虑将上述工作调整为个人信息处理中的一个独立环节，由承办案件的法官将需要隐名、需要删除的文书挑选出来，送由专门工作人员进行处理，未经处理的不得上网公开。此外，应当对这些专门从事该处理的司法工作人员进行培训，严格按照法律规定的处理方式统一操作。例如对于外国当事人Jack的中文译名以“杰某”代替，英文名字以“J”表示；同姓当事人洪某四人分别以洪1、洪2、洪3、洪4形式区分。

其次，强调文书隐名、删除信息校对工作。目前各地法院陆续建立了内部文书校对机制，但是该校对机制重点针对文书中的低级错误，对隐名校对工作、删除信息的关注度远远不够。在案多人少的背景下，人工审核难免出错。考虑到隐私信息处理不当的文书上传网络后会产生的不良后果，建议法院今后加大对上述工作的重视，适当加大人力、财力，同时保证工作人员具有较高的专业素质，提升准确率。

最后，构建文书上网工作监督机制。针对实践中文书上网工作不统一的现象，建议建立裁判文书上网工作监督机制。实践中存在隐名不彻底、隐名过度、不应当公开的文书却公开、应当删除的信息未删除等诸多乱象，这与司法工作人员态度不严谨有密切关系。因此，应建立公开文书工作记录监督机制，将相关工作的处理人及处理方式、处理内容记录下来，在发现相关工作存在问题时，开启倒查机制，对相关工作人员予以处罚，以有效提高司法机关及工作人员自我监督的动力。

5.适当尊重当事人意愿，赋予当事人异议权

裁判文书网上公开制度的落脚点是保证个案的公平正义，因此为了充分保障当事人的利益，笔者认为首先应当在裁判文书上网前与当事人沟通，听取当事人的意见，对于当事人确有理由提出异议的，应给予尊重。

此外，应当赋予当事人异议权。由于法院并不能够保证每一次都独立有效又准确无误地处理隐私信息，因此，为了使侵害最小化，给予当事人异议权是合理的。具体可以规定，法院告知当事人裁判文书上网后，告知当事人一个较为合理的异议时间，当事人可以对其中尚未被法院删除，但个人认为可能影响其隐私的信息提出异议，并在法官审核后由法官最终决定。该程序尽管会增加时间成本，但从长远来看，可以避免很多不必要的纠纷和损害。此外，当事人对文书中所含的个人信息还应享有补充、更正等权利。法院认为当事人的请求合理正当的，均应予以支持。

最后，法院应当建立文书公布后信息泄露反馈机制。公民在因文书中个人信息泄露受到损害时，可以第一时间向平台报备，寻求帮助；在接到帮助请求后，平台立刻启动文书撤回流程。此外，为了充分完善当事人隐私权利保障机制，如公众有证据证明司法工作人员存在过失导致错误公开裁判文书中的个人信息并使当事人隐私权受到严重损害的，应当准许其通过民事诉讼等法律途径主张权利。

智慧司法视域下公共诉讼亭的构想
——以当事人中心主义为视角

陈伟男[*] 郑培春[**]

摘要: 信息技术的发展带来了司法审判方式的变革,人民法院已经进入了智慧司法时代。本文以当前司法信息化建设的特征和"大数据模式"的内容、问题揭示了司法信息化建设中存在的"内向粗放"等问题,并以当事人中心主义为视角,创造性地提出公共诉讼亭的构想,阐述了公共诉讼亭的司法价值,同时以"用户云模式"取代"大数据模式",改变现行信息化建设"信息孤岛"或"数据烟囱"的状态,并节约了大数据库的独立建设和扩容增量等成本,将大数据库维护风险分解到公民个人,实现风险转移和风险分解。并对公共诉讼亭的诉讼服务、审判执行工作等司法配套制度进行法律制度拟制创设,以期对建成一套完善的司法信息化配套制度提供有效参考。

关键词: 公共诉讼亭;用户云模式;公民身份证诉讼云;当事人中心主义

引 言

伴随着技术发展对司法的渗透与冲击,技术也在重塑着司法活动,智慧司法时代已然来临。"人工智能在司法领域的应用正是实现司法推理定量化、过程精细化、行为规范化,使司法活动更加科学、公正、规范、高效的有效路径。"①2005

* 作者系福建省安溪县人民法院书记员,法学学士。

** 作者系福建省安溪县人民法院法官助理,法学硕士。

① 崔亚东:《人工智能与司法现代化:"以审判为中心的诉讼制度改革:上海刑事案件智能辅助办案系统"的实践与思考》,上海人民出版社 2019 年版,第 54 页。

年，最高人民法院印发了《国家“十一五”规划期间人民法院物质建设规划》，明确了人民法院信息化建设的总体目标。2019年2月27日，最高人民法院《关于深化人民法院司法体制综合配套改革的意见——人民法院第五个五年改革纲要(2019—2023)》提出加强司法信息化建设，这些政策非常准确地反映了中国司法信息化的发展走向。同时，我们也深刻地认识到：一方面，目前信息技术的运用侧重于法院，而忽视了当事人视角。实际上，信息技术的利用并不应该局限于审判执行管理，而应从审判执行管理扩展到司法的全过程。另一方面，信息技术的利用本身不是目的，其目的应该是追求服务型司法。基于服务型司法的理念，法院应当采取各种便民措施，包括利用信息技术，促进民众更加快捷、更低成本、更实效性地接近司法和正义。[①]

一、内向粗放：当前司法信息化建设的运行逻辑

（一）司法信息化建设的当前特征

在信息化问题上，我国司法在当下的重要切入口在于审判管理方面而非审判本身。[②] 笔者结合自己的工作实践，当前人民法院正着力于法院内部的信息化建设，主要特征表现为：

1.“管理”的信息化

“案件管理”信息化。将案件工作流程实现网络化管理，其中，“随机分案”系统根据案件的特点，将案件分配给当前最合适的法官，杜绝人工分案可能带来的“选择性办案”；通过系统设置的文书模板，实现案件基本信息的可共享、可复制，避免多次重复输入；系统预警功能提醒承办法官对即将届满期限或已超审限案件，以不同颜色提醒，辅以弹框提示。事实上，案件流程管理系统仅仅是结合“时间管理”方法，[③]帮助法官进行事项“轻重缓急”定性，让法官将有限的时间、精力加以分配，争取最高的效率。

---

① 陈洪、徐昕等：《“信息化时代的司法与审判”学术研讨会精要》，载《云南大学报法学版》2010年第4期。

② 左卫民：《信息化与我国司法——基于四川省各级人民法院审判管理创新的解读》，载《清华法学》2011年第4期。

③ 源于维基百科的“时间管理”定义，载维基百科，https://en.wikipedia.org/wiki/Time_management，最后访问日期：2020年3月4日。

"监督管理"信息化。传统司法管理的基本物理形式是现场管理,由管理者亲临现场开展管理行为,如上级人民法院对下级人民法院办案的现场检查,又如承办法官向院庭长呈递与报批有关的文书。相反,信息化所具有的打破时空限制的特性,使得非现场管理盛行。[①] 信息化促成了"同步管理方式"的形成和应用。同步管理方式的形成和应用最鲜明的体现是案件流程管理尤其是节点的设置和使用。[②]

2."单向"的信息化

从当前各地人民法院的情况来看,信息化主要针对人民法院内部的管理,司法信息化建设基本上滞留在法院自身建设上,其制作的主体是人民法院的工作人员,服务对象也主要是人民法院内部的行政管理层,从主体、客体、对象等要件上显然都呈现出信息化向内的趋势。当然,这也仅仅是当下各级法院司法信息化建设的主流。

"移动微法院"是一款可以让公众打开微信打官司的小程序,原被告均不用到庭审现场,通过移动微法院即可远程参与庭审。我们肯定移动微法院带给群众便捷、足不出户的社会效益,同时我们也应该冷静思考两个问题:第一,司法信息化不是对法院实体功能的否定或法院虚拟化,而是在时间上、空间上进一步强化和延伸法院实体功能,所以,我们是否应该保留法院审判工作应有的仪式感和庄严感?第二,相对于宣传、普法等当然可以寄托于娱乐社交平台[③],但是司法审判工作是否也可因专属平台建设不易而"委曲求全"寄托于社交平台,还是应当在专属平台上运行?

(二)司法信息化建设的"大数据模式"

1."大数据模式"的内容

现行司法信息化建设的大数据采用的是"数据—模型—结果"的运行模式

① 信息化的数据化和网络化特征决定了信息的跨时空性。参见龙小康:《中国新型工业化——信息化带动工业化》,湖北人民出版社 2005 年版。

② 左卫民:《信息化与我国司法——基于四川省各级人民法院审判管理创新的解读》,载《清华法学》2011 年第 4 期。

③ 如微信、抖音、火山小视频等娱乐社交平台。

(以下简称“大数据模式”),[①]即以大数据库为分析起点,在此基础上镶嵌所需模型,最终以包括数据化、可视化等在内的方式实现精准定位或结果输出。

“大数据模式”对半结构化或非结构化数据的前期搜集和存储尤为关键,其中特别需要注意的是对动态数据和碎片数据的及时固定或实时处理。一方面,这一特征也意味着在数据处理过程中“数据噪声”的增多,而数据分析最终要适用于特定主体或情形。另一方面,大数据的具体运用依赖规模化的数据挖掘,数据碎片经由大规模搜集、重组、认知之后形成有效信息,而这个模式作用的前提是数据搜集的常规化、普遍化。[②] 大数据信息共享正逐步建立,将诸多“信息孤岛”和“数据烟囱”串联起来。

2.“大数据模式”存在的问题

尽管“大数据模式”向世人展示出强大生机和时代优势,但在笔者看来,“大数据模式”仍存在两方面的问题:一方面是在数据采集环节具有不彻底性和滞后性;另一方面是在数据反馈环节存在数据连接断点问题和大数据库扩容增量问题。

一是数据采集的不彻底性。在当今信息爆炸时代,“信息孤岛”和“数据烟囱”如雨后春笋般地新生,大数据库刚共联、共享了一批,下一秒便又产生了一批新的“信息孤岛”或“数据烟囱”,大数据库始终难以周延或同步,这就是“大数据模式”在数据采集中所表现出来的不彻底性。

二是数据采集的滞后性。“大数据模式”为了使法院工作人员穷尽一切司法措施,必须尽快形成新一轮的数据闭环——更新升级大数据库,所以大数据库又必须追逐着这些“新生数据”,要花费大量的人力、财力、物力为数据的共联、共享而“疲于奔命”,此时“大数据模式”的滞后性就显示出来。

三是数据反馈的连接问题。因为“大数据模式”要将各个“信息孤岛”或“数据烟囱”共联、共享,则需进行数据对接,而数据对接并非一个端口对接这般简单,数据的上行和下发都需要稳定对接,除了法院内部系统的数据对接尚能稳

---

① 笔者根据裴炜大数据“数据—理论模型—特定现象”的认知范式,提出现行信息化建设模式“数据—模型—结果”。参见裴炜:《个人信息大数据与刑事正当程序的冲突及其调和》,载《法学研究》2018 年第 2 期。

② 裴炜:《个人信息大数据与刑事正当程序的冲突及其调和》,载《法学研究》2018 年第 2 期。

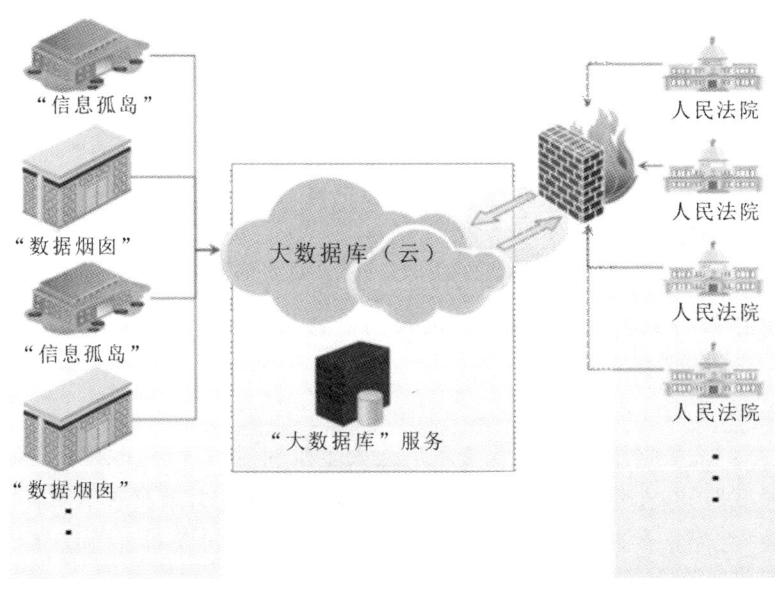

图 1 "大数据模式"拓扑图

定、实时对接,[①]但是,一旦数据需"跨界"共联、共享,且不谈数据稳定对接,就会经常造成数据更新、推送、反馈过程中存在数据断点问题,而数据断点问题也相应引发技术人员的维护劳动和法院工作人员的重复劳动,[②]工作效率和体验感也随之下降。

四是数据反馈的增容问题。"大数据模式"运作机制需将各个数据点汇总到大数据库中,再根据法院请求模型配对后反馈,因为法院大数据库处于建设初期,需容量多大也没办法预估,只能靠不断更新、扩容增量来满足执行人员日益增长的美好系统体验需要。[③] 可是,这个扩容增量过程必然需要全系统"停服"更新,该系统辖区的法院只能等待和匆忙保存,虽然这样的更新都会安

① 笔者所在省份法院的"执行案件流程信息管理系统"能够每隔 5 分钟与最高人民法院执行系统大数据库上行数据,实现实时更新。

② 笔者所在法院司法人员在办理失信联动、网络查控等事项时,经常会遇到"反馈等待空档期"、系统卡壳而再次发起查控等现象。

③ 笔者所在法院的司法人员反映,他们所需要的系统是流畅运行的、及时反馈的、"一键化"操作的。

排在下班时间或休假时间，但是，这种“牵一发而动全身”的模式带来的风险是巨大的。

二、蜕变重生：公共诉讼亭建设的重要司法价值

（一）司法信息化建设的“转型升级”

第一，从“内部管理”信息化向“当事人”信息化升级。有学者提出司法信息化前景展望，实现“管理”的信息化向“审判”的信息化转变，[①]笔者赞同该观点。服务型司法是近几十年来世界范围内盛行的一种司法理念，无论法院信息化建设发展到什么程度，都应以信息化为载体实现审判执行工作的充分、全面、高效运行，实现“管理”信息化向“审判”信息化转变，实现“单向”信息化向“双向”信息化转变，实现“内部管理”信息化向“面向社会”信息化转变。[②]

第二，实现“大数据模式”向“用户云模式”转型。笔者认为将数据云前置至公民（用户），对每个公民建立数据云形成“用户云”，以“用户云”集为大数据库，法院需求模型直接匹配“用户云”得到结果输出，我们将“用户云—模型—结果”模式称之为“用户云模式”。该模式的优势在于：一方面，公民个人“用户云”，无论个人信息新增、变更或删减，“用户云”就能归集与同步；同时，现行的各单位“信息孤岛”或“数据烟囱”将在“用户云模式”运行后直接转移到公民个人“用户云”，即任何单位对公民信息的新增、变更、消灭直接作用于公民个人“用户云”，基本可直接避免“大数据模式”带来的滞后性和不彻底性问题。另一方面，“用户云模式”节约了大数据库的独立建设和扩容增量等成本，将大数据库的维护风险分解到公民个人，实现风险转移和风险分解，法院需求模型实现“点对点”地对接、配对，节约了“信息孤岛”与大数据库的对接、推送等系统运维工作，避免了数据断点、更新等待问题。

---

① 所谓“审判的信息化”是指法院信息化建设之目标及效果应当围绕着完成审判活动的基本任务而展开，以为审判活动提供一个信息化平台，为社会公众提供一种以信息化为载体的纠纷解决机制为目标，充分、全面、高效地推动审判机制的运转。参见左卫民：《信息化与我国司法——基于四川省各级人民法院审判管理创新的解读》，载《清华法学》2011年第4期。

② 马叶敏、郭叶：《法院信息化建设初探》，载《法律文献信息与研究》2012年第2期。

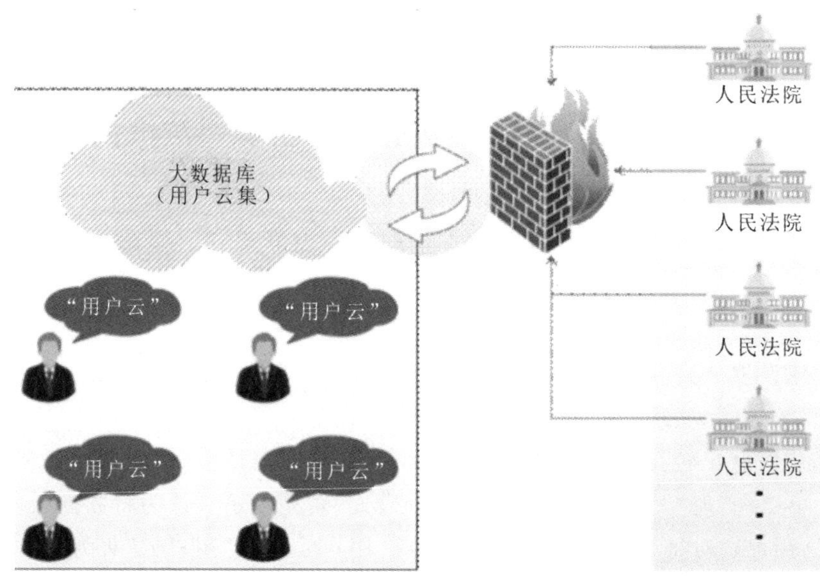

图 2 "用户云模式"拓扑图

(二)公共诉讼亭的"应运而生"

"用户云模式"在应用过程中,法院自身有各类系统作为结果输出的载体,而对于社会公众(当事人)目前却没有参与诉讼的应用载体。笔者认为,公共诉讼亭应当如同公共电话亭一样随处可见、随时可用的存在,能满足当事人(公众)参与诉讼的需要。

公共诉讼亭,是指人民法院科学划定以自然村或社区为单位建成的、为当事人提供参与诉讼程序的、具有法院诉讼职能的基础设施,是公民个人"用户云"的诉讼载体。笔者认为,公共诉讼亭是狭义的"拟制法院"(Fictional Court In-a-narrow-sense),具有诉讼职能的法院部分延伸,英文为 Public Fictional Court,简称为 PFC。

(三)公共诉讼亭的"价值分析"

1.价值公式的提出:Valueinf=λ×Q×P÷T[①]

Valueinf 指信息流价值,也是信息流所具有的综合价值。信息流价值在司

① 王谦、黄双喜、郑铁松:《面向信息化效益评价的信息流价值微观分析》,载《制造业自动化》2007 年第 12 期。

法信息化建设过程中体现为公正高效地解决矛盾纠纷，并取得良好的法律效果和社会效果。[①] 结合公共诉讼亭的现实意义，将公式各项因式定义为：λ 是综合扰乱系数，与建设模型、载体覆盖面、外部环境等因素有关，具有动态、复合等特征；Q 代表信息流中的信息量，体量越大，诉讼公开程度越高，社会效果越好；P 代表系统所具有的信息处理能力；T 代表信息处理用时，包括等待和处理时间。

2.各项因式于公共诉讼亭的映射

一是公共诉讼亭的秩序价值。上述公式 P 代表系统所具有的信息处理能力，其对应的是公共诉讼亭的秩序价值。公共诉讼亭的秩序价值集中体现在公共诉讼亭的权威性上。公共诉讼亭是狭义的“拟制法院”，作为具有诉讼职能法院的部分延伸，为社会公众（当事人）提供一个参与诉讼的场所，一旦进入公共诉讼亭视为进入法院，其在公共诉讼亭的一切行为视为诉讼行为。另外，公共诉讼亭为诉讼参与人打印法律文书，以具有唯一性、权威性、专门性的法院专用纸输出，并限制打印输出有且仅有一次，避免资源浪费和司法公信伤害。

二是公共诉讼亭的效益价值。上述公式 T 代表信息处理用时，其对应的是公共诉讼亭的效益价值。公共诉讼亭的效益价值集中体现在公共诉讼亭的便民性上。公共诉讼亭的显著优势在于，公共诉讼亭相当于将法院诉讼业务的“综合性办理窗口”前置于“诉讼的最后一公里”内，与任何物理位置（包括管辖区域）并无关联，诉讼参与人无须往返奔波，只须进入村或社区的公共诉讼亭选定全国范围内（甚至可探索联通国际法院）任一涉诉法院进行对接，即可参与诉讼。相对于现行发展较前端的泉州“跨域·连锁·直通”式诉讼服务模式（诉讼服务仍需依托于法院或基层法庭），[②]公共诉讼亭实现了真正意义上的“家门口诉讼”。

三是公共诉讼亭的公平价值。上述公式 Q 代表信息流中的信息量，体量越大，诉讼公开程度越高，社会效果越好，其对应的是公共诉讼亭的公平价值。公共诉讼亭的公平价值集中体现在公共诉讼亭的公开性上。第一，诉讼活动面向社会。由于公共诉讼亭建立在自然村或社区，是人群生活集中的区域，更是矛盾纠纷集中地，将公共诉讼亭打造成为阳光司法、透明司法、公正司法的平台，凡不

---

① 卢祖新：《从宏观到微观：法院信息化建设路径探析》，载《人民司法（应用）》2013 年第 15 期。

② 欧岩峰主编：《“家门口诉讼”模式：创造与实践——泉州法院“跨域·连锁·直通”式诉讼服务平台建设纪实》，泉州市中级人民法院 2017 年版，第 145 页。

涉及国际秘密、当事人隐私、商业秘密等案件诉讼过程全程对社会公众透明公开，兼具现场普法教育之功效。第二，司法信息面向社会。公共诉讼亭为社会公众充分公开司法活动相关的信息，包括审判执行信息、院务信息与其他相关法律知识，方便民众通过公共诉讼亭知悉人民法院信息，了解案件情况，在线查询法律知识、咨询法律问题。[①]

三、软硬兼施：公共诉讼亭建设的主要实现路径

如前所述，公共诉讼亭对司法信息化及其进程具有十分独特的意义，而非一项孤立的技术设计。但是公共诉讼亭需要怎样的软件系统和基础设施呢？这需要我们作出更进一步的解读。

（一）公共诉讼亭的软件系统

"用户云模式"建设的前提是建成公民个人"用户云"系统[②]，而就目前而言，由最高人民法院与公安部牵头联合开发，以公民身份证为基础，[③]每张公民身份证可建立一个专门用于参与诉讼的"用户云"，实现了诉讼电子数据的归集、传输、反馈等功能，我们将其定义为"公民身份证诉讼云"系统。"公民身份证诉讼云"包含但不局限于以下三点主要功能：

1.诉讼信息归集功能

法院将案件信息、法律文书、办案流程等诉讼信息以文档、图片、视频等形式进行"点对点"（法院—诉讼参与人）传输到诉讼参与人的"公民身份证诉讼云"。有学者提出，电子法庭与各电子平台的无缝对接、数据共享，电子诉讼信息的云端读取、一键导入，实现了当事人与法院之间的即时沟通。[④] 笔者并不赞同当事人通过任意电子平台与法院进行即时沟通，信息安全问题一直都是云计算时代需要面对的问题，为了有效规避信息安全风险，"公民身份证诉讼云"的诉讼功能

---

① 笔者建议将"法信"平台结合到公共诉讼亭，方便社会公众查询法律知识、咨询法律问题。

② 关于公民个人"用户云"的建设文中暂不展开，笔者认为完整的公民个人"用户云"系统是必须全国统一部署建设，由国务院牵头，最高人民法院、最高人民检察院配合，由公安部、工业和信息化部、国家档案局和国家保密局四部门联合，以公民身份证为基础的系统。

③ 公民身份证涵盖台湾居民居住证和台胞证。

④ 陈锦波：《论信息技术对传统诉讼的结构性重塑——从电子诉讼的理念、价值和原则切入》，载《法制与社会发展》2018 年第 3 期。

只能应用于公共诉讼亭，以专网、专线数据对接、[①]文件传送，无须互联网化。社会公众（当事人）只有通过了身份证识别、指纹识别和人脸识别三者兼具的认证，才能进入公共诉讼亭参与诉讼。

2.诉讼信息告知功能

“公民身份证诉讼云”关联、整合、处理以公民身份号码为基础的公民个人一切信息，[②]一旦法院将诉讼信息以电子数据形式“点对点”传输到“公民身份证诉讼云”，“公民身份证诉讼云”便将诉讼信息收到情况推送到与公民身份号码关联的“用户云”所有归集的信息渠道，以文字、语音等形式进行提示（“您有一条未读诉讼信息，请及时处理！”）。譬如，推送到与公民身份号码关联的手机号码上，以短信形式通知；推送到与公民身份号码绑定的所有 App 上，如微信、支付宝、MSN 等，以信息提示通知；推送到与公民身份号码绑定的银行账户上，公民进行金融交易即语音提示；推送到与公民身份号码绑定的出行卡（公交卡、自行车卡等）上，一旦使用即语音提示。穷尽一切可能告知、送达诉讼参与人的“公民身份证诉讼云”，全面解决告知难、送达难等问题，切实保障当事人的诉讼知情权。

3.诉讼信息反馈功能

除了法院向诉讼参与人传输、告知、送达诉讼信息外，诉讼参与人也可通过公共诉讼亭向法院传输、反馈诉讼材料，进行起诉（执行申请）、立案、举证、质证、庭审、调解、判决等各个诉讼环节。譬如，当事人可将起诉状、证据等纸质材料通过公共诉讼亭扫描设备形成电子数据上传、反馈到涉诉法院。又如，庭前调解时，双方当事人与法官在各自所在公共诉讼亭中进行三方视频对接进行调解，如达成和解，由法官向当事人双方发送和解协议，双方在公共诉讼亭分别用电子签字、电子画押确认，形成电子和解协议存储在“公民身份证诉讼云”，也可以直接通过设备打印出来。

---

① 我们将进入 5G 网络时代，所谓“专网、专线”是针对法院内部网络，而网络传输已无须担心传输的形式和速度。参见《“5G 时代的精彩，将超乎想象”——访中国信息通信研究院院长刘多代表》，光明网，https://baijiahao.baidu.com/s? id=1627835119483154724&wfr=spider&for=pc，最后访问日期：2020 年 3 月 14 日。

② 例如淘宝搜集的用户收货地址作为司法文书送达地址，参见《法律文书无法送达？浙高院与阿里合作，直接寄到淘宝收货地址》，网易新闻网，http://news.163.com/15/1124/17/B972D3TE00014AED.html，最后访问日期：2020 年 3 月 14 日。

(二)公共诉讼亭的基础建设

1.公共诉讼亭的外形建设

第一,公共诉讼亭要有仪式感。有学者认为,与物理的"砂、砖"建筑相联系的是一种重要的文化和心理,法庭建筑在法律和人们生活中具有特殊的价值,能促使公民对法院权威的尊重;同时,这些物理建筑是政府存在的一个重要标志,能使人产生警示、尊重、威慑的感觉,而在网络空间中,这种独特的文化、心理影响就可能丧失;[①]也有学者提出虚拟法院将丧失审判执行活动的仪式感和严肃性。[②] 而公共诉讼亭最初的构建设想就是为了有效地解决网络空间带来的法院与当事人的距离,所以,有必要在建筑外形、内饰布置方面延续使用现行法院独具的标志,以足够的仪式感和可视链营造诉讼的庄严性。

第二,公共诉讼亭应当公开化。公共诉讼亭的建筑材质以玻璃材质为准,该材质可根据需要转换透光性和扩声性,如涉及国家秘密、个人隐私及商业秘密等不公开情形的,由当事人向法院申请不公开,法官决定是否公开。如不予公开,则法官可一键将该公共诉讼亭的玻璃透光性调为不可透视、关闭公共诉讼亭的扩声效果,那么公共诉讼亭以外的社会公众将无法看到、听到具体内容。譬如,当事人进行庭前调解过程中涉及当事人个人隐私的,当事人可依法向法院申请不公开,由法官依法决定是否公开。但是,诉讼参与人仍以公开性、透明性为主参加诉讼程序。

2.公共诉讼亭的硬件设备

(1)信息采集类的设备

第一,认证识别仪器。认证识别仪器包括身份证认证识别机、人脸认证识别机、指纹认证识别机,当事人通过三者共同识别认证通过方可参与相应的诉讼,如提起诉讼、签收法律文书等。

第二,材料扫描仪器。材料扫描仪器包括高拍仪、扫描机等,当事人可将纸质材料通过高拍仪、扫描机等直接转换为电子文档形式提交给法院,进行起诉、举证、上诉、申请强制执行等。

① BermantGordom, Courting the Virtual: Federal Courts in an Ageof Complete Interconnectedness, *Ohio Northern University Law Review*, 1999, pp.528-530.

② 陈洪、徐昕等:《"信息化时代的司法与审判"学术研讨会精要》,载《云南大学学报(法学版)》2010 年第 4 期。

第三,签字画押仪器。电子签字仪器主要是用于当事人对调解在线生成的协议、和解在线生成的笔录、送达回证电子版等法律文书签字画押,因为已经有了身份识别认证,该签字画押应然无须再进一步认证。

第四,视频输入仪器。诉讼视频端口包括高清摄像头、麦克风等进行画面、声音的采集,以便诉讼视频对接,进行"当事人—法院"双方或多方在线会谈。

(2)信息输出类的设备

第一,法律文书打印仪器。法律文书打印仪器包括彩色打印机、法院专用打印纸。其中法院专用打印纸是经过特殊设计和处理的,具有唯一性、权威性、专门性和可认证性。

第二,诉讼视频输出仪器。视频输出仪器包括显示仪器、扬声器,该套设备与视频输入仪器共同形成电子诉讼视频端口。其中,显示仪器可引进三维影像技术或 VR 技术①,以立体化形式或侵入式形式体验诉讼过程。

(3)其他类型的设备

第一,业务办理触屏终端。诉讼业务办理触屏终端,英文为"Lawsuit Pad",简称为"L-Pad"。社会公众(当事人)通过该终端查看"公民身份证诉讼云"信息、选定涉诉法院、查询案件信息、预约办理业务等。

第二,诉讼费缴领端口。诉讼费缴领端口只限于银行卡办理,诉讼当事人可以通过端口缴交诉讼费,被执行人可以通过端中缴交执行款、执行费和评估、鉴定费等,申请执行人可以通过端口领取执行案款,刑事被害人可以通过端口领取退赃款等。

第三,诉讼材料收寄端口。诉讼材料收寄端口以法院专递形式,收寄当事人必须提交法院的纸质材料,由中国邮政部门负责收寄。当事人只需填写详细信息和缴费,端口即自动接收、封口、打单、提示寄送等。

四、制度构建:公共诉讼亭在司法实务中的运用

公共诉讼亭是拟制法院,是法院的延伸,我们认为公共诉讼亭的功能应当涵盖司法全过程。为此,笔者尝试对公共诉讼亭的诉讼服务、审判工作、执行工作等司法活动进行法律制度创设,以供参考。

① 三维影像技术或 VR 技术可将当事人画面形象投射到法庭中,反之亦可,如此可真切地通过技术手段突破空间、时间的限制,将天涯海角之隔的三方集中于一庭之上。

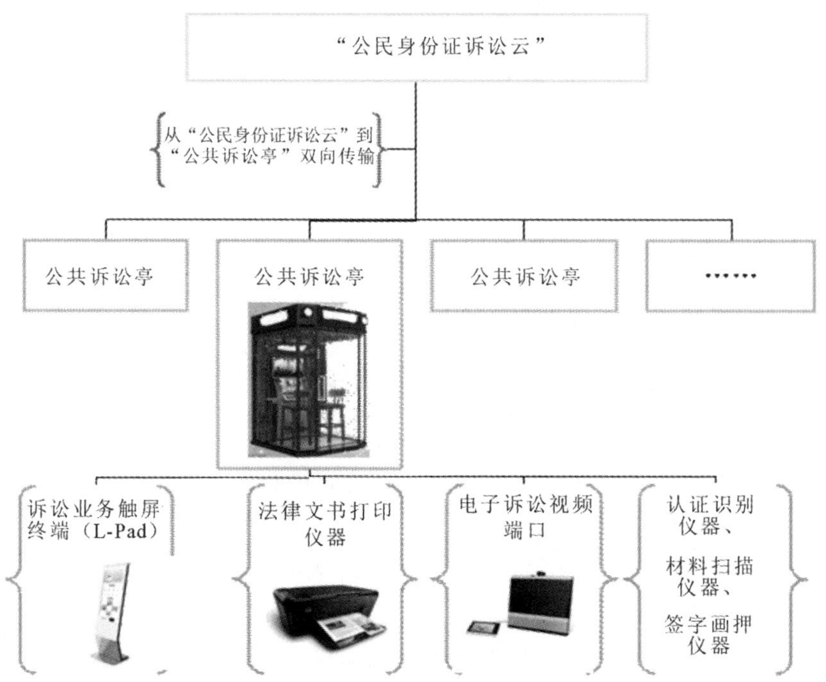

图 3　公共诉讼亭拓扑图

(一)公共诉讼亭与诉讼服务

1.提起诉讼

当事人经识别认证后进入公共诉讼亭,在“L-Pad”上选择管辖法院,将起诉状、相关证据等起诉材料自行扫描形成电子文档形式上传至管辖法院提起诉讼,不再提交纸质材料,部分必须提交法院的材料除外。书写起诉状确有困难的,可以口头起诉,公共诉讼亭对口头申请同声译为书面笔录并附起诉录音,由当事人签字并盖章。

人民法院应当保障当事人依照法律规定享有的起诉权利。对于符合《民事诉讼法》第 119 条的起诉,必须受理。符合起诉条件的,应当在 7 日内立案,并通知当事人;不符合起诉条件的,应当在 7 日内作出裁定书,不予受理;原告对裁定不服的,可以提起上诉。

2.告知送达

人民法院决定受理案件后,案件立案完成即向双方当事人“公民身份证诉讼云”发出受理、应诉、举证等通知书，双方当事人“公民身份证诉讼云”接收受理通知书后，通过“用户云”系统反馈到与身份证、港澳台胞证、居住证等身份证件绑定的手机号码、App、邮箱、银行卡、出行卡等进行文字或语音提示（“您有一条未读诉讼信息，请及时处理！”），当事人自知道或应当知道之日起5日内到公共诉讼亭接收诉讼文书，逾期视为送达。

送达诉讼文书，应当以电子文档形式直接发送受送达人“公民身份证诉讼云”。受送达人是公民的，本人应当到公共诉讼亭签收；受送达人是法人或其他组织的，应当由法人的法定代表人、其他组织的主要负责人或者该法人、组织负责收件的人到公共诉讼亭签收；受送达人有诉讼代理人的，可以由其代理人到公共诉讼亭签收。受送达人、法人或其他组织的负责收件的人，诉讼代理人在公共诉讼亭签收的日期为送达日期。

此外，受送达人是军人的、被监禁的、被采取强制性教育措施的，采用前款方式送达，军队、监所、强制性教育机构应建设公共诉讼亭。受送达人自知道或应当知道之日起5日内到公共诉讼亭签收，逾期视为送达。

3.诉讼费缴领

当事人收到人民法院的缴款通知后，可到公共诉讼亭通过银行卡[①]缴纳诉讼费、执行费、保全费、鉴定费等诉讼费用。当事人收到人民法院退费款通知后，可到公共诉讼亭通过银行卡领取诉讼费用退费款。当事人进行民事诉讼，应当在公共诉讼亭按照系统提示交纳案件受理费。财产案件除交纳案件受理费外，还应按照规定交纳其他诉讼费用。

4.诉前调解

公共诉讼亭应该开通“多元调解大平台”，按需建立婚姻家庭、道路交通、物业纠纷、劳动争议、医疗纠纷、银行保险、证券期货、知识产权、涉侨涉外等专业化调解模块。公共诉讼亭支持工商联和商会组织调解涉企纠纷。建立以律师、调解员、法官个人命名的调解工作室入驻公共诉讼亭。当事人可通过公共诉讼亭的“多元调解”功能，选择相应的调解模块，申请诉前调解。公共诉讼亭根据当事人需求匹配相应的调解工作室，由专业调解人员依法启动诉前调解。公共诉讼亭进行诉前调解，由专业调解工作室人员主持，双方当事人收到通知后就近到公

① 该案款缴领方式当然可探索生活中便利的支付方式，如微信支付、支付宝支付、PayPal支付等扫描领款和缴款。

共诉讼亭参加调解。

5.法律咨询

当事人可通过公共诉讼亭的“法信平台”等功能查询了解相关法律知识、在线咨询值班律师。案件重要流程节点情况以信息形式发送至当事人“公民身份证诉讼云”,当事人可到公共诉讼亭了解案件进度、联系承办法官、了解案件生效情况等。当事人可到公共诉讼亭查询、咨询相关法律信息。人民法院应将案件重要流程节点情况通过“公民身份证诉讼云”告知当事人,当事人在收到人民法院通知后,可到公共诉讼亭查询案件的具体情况。

(二)公共诉讼亭与审判工作

1.案件受理与送达

人民法院立案后应通过公共诉讼亭系统建立“案件联系群”,“案件联系群”由双方当事人的“公民身份证诉讼云”和法官组成。当事人收到法院受理、举证通知后,通过公共诉讼亭向法院提交答辩状、举证等。人民法院应当在立案之日起5日内将起诉状副本通过“公民身份证诉讼云”发送被告,被告应当在收到之日起15日内就近到公共诉讼亭提出答辩状。人民法院应当在收到答辩状之日起5日内将答辩状副本通过“公民身份证诉讼云”发送原告。

2.庭审参与

人民法院审理民事案件,应当在开庭3日前通知当事人和其他诉讼参与人。公开审理的,应当公告当事人姓名、案由和开庭的时间。开庭地点除特殊需要之外,由当事人就近到公共诉讼亭参与庭审。原告经传票传唤,无正当理由拒不到公共诉讼亭参加庭审的,或者未经法庭许可中途退出公共诉讼亭的,可以按撤诉处理;被告反诉的,可以缺席判决。被告经传票传唤,无正当理由拒不到公共诉讼亭参加庭审的,或者未经法庭许可中途退出公共诉讼亭的,可以缺席判决。人民法院审理民事案件,除涉及国家秘密、个人隐私或者法律另有规定的以外,应当公开进行。离婚案件、涉及商业秘密的案件,当事人申请不公开审理的,可以不公开审理。法官应将参与庭审的公共诉讼亭设置成为不公开模式。

3.一审程序

当事人收到法院开庭通知后,根据通知时间选择合适的公共诉讼亭参加诉讼,法院在审理与开庭期间,原告、被告均通过公共诉讼亭参与法院庭审过程,进行有效的法庭审理及证据公示。

4.二审程序

不服一审判决,可以直接通过公共诉讼亭提起上诉。上诉状应当通过公共诉讼亭直接向第二审人民法院提出,并同时向对方当事人或者代表人发送上诉状扫描件。第二审人民法院应当在5日内通过公共诉讼亭系统向原审人民法院调取原审案件电子卷宗。第二审人民法院对上诉案件,应当组成合议庭,开庭审理。经过阅卷、调查和询问当事人,对没有提出新的事实、证据或者理由,合议庭认为不需要开庭审理的,可以不开庭审理。第二审人民法院审理上诉案件,应当在本院通过公共诉讼亭系统进行,当事人就近到公共诉讼亭参与庭审。

(三)公共诉讼亭与执行工作

1.执行申请

申请执行人经识别认证后进入公共诉讼亭,在"L-Pad"上选择执行法院,将执行申请书、执行依据、生效文书等自行扫描形成电子文档上传至执行法院申请强制执行,除部分必须提交法院的材料外,不再提交纸质材料。申请执行人书写申请执行书确有困难的,可以口头提出申请。公共诉讼亭对口头申请同声译为书面笔录并附申请录音,由申请执行人签字或盖章。

2.执行通知

人民法院决定受理执行案件后,执行案件立案完成即向被执行人"公民身份证诉讼云"发出执行通知书,被执行人"公民身份证诉讼云"自接收执行通知书后,通过"用户云"系统反馈到与身份证绑定的手机号码、App、邮箱、银行卡、出行卡等进行文字或语音提示("您有一条未读诉讼信息,请及时处理!"),被执行人自知道或应当知道之日起5日内到公共诉讼亭接收执行通知书,逾期视为送达。

3.执行知情

执行案件重要节点执行情况以信息形式发送申请执行人"公民身份证诉讼云",申请执行人可到公共诉讼亭了解执行进度、联系承办法官、举报财产线索或被执行人下落等。人民法院应将采取的纳入失信,限制高消费,查询、冻结、划拨、查封、扣押、拍卖、变卖被执行人财产,拘留被执行人等执行措施,通过"公民身份证诉讼云"告知申请执行人。申请执行人在收到人民法院执行情况通知后,可到公共诉讼亭了解具体执行情况。

4.案款缴领

被执行人在收到人民法院执行通知书后,可到公共诉讼亭缴纳执行款、评估费等费用。申请执行人在收到人民法院领款通知后,可到公共诉讼亭领取执行案款,或者缴纳执行费、鉴定费等费用。双方当事人均可以通过银行卡或者扫描支付码进行缴费或领款。

结　语

现行的法院信息化建设取得了前所未有的成果,大胆利用信息技术深入司法领域,借助计算机系统、互联网、大数据、云计算以及人工智能等信息技术的运用,司法审判效率与透明度得到了长足的提升。笔者就现行法院信息化建设的路子提出适当的转型升级和结构重塑,将司法信息化成果应用于司法活动的全过程,期以“清明的法官,亲民的司法”之基本理念,实现干净(clean)、透明(clear)、便民(convenient)、效能(capable)的“4C”目标。

当然,前述司法信息化构建更多的仅是路线图,不可能一朝一夕全部完成,且有些模型构建的合理性仍有待实践作进一步考证,甚至还需要宪法及其他法律(尤其是民事诉讼法)的配套修改。因此,无论是决策者,还是社会公众,均应保持必要的耐心和信心。笔者一直认为,改革的路线图远比时间表重要,正如最高人民法院所提出的“构建网络化、阳光化、智能化的人民法院信息化体系,支持全业务网上办理,全流程审判执行要素依法公开,面向法官、诉讼参与人、社会公众和政务部门提供全方位智能服务”。[①] 我们很荣幸见证司法信息化开启的司法改革的历史新篇章,并期待着我国法院的信息化建设逐渐向更高层次迈进。

---

① 最高人民法院《关于加快建设智慧法院的意见》(法发〔2017〕12 号)。

刑事法律前沿

暂缓起诉：认罪认罚从宽制度的程序发展*

俞波涛** 韩彦霞***

摘要：由认罪认罚从宽遵循治理逻辑、受制于共性诉讼规律，以及以起诉裁量权与量刑建议权为双重制度依托的制度本质，得出实现多元制度功能与价值、探索从宽要件、为“协商”创造空间的制度需求，进而提出暂缓起诉宜作为认罪认罚从宽支持性程序进行重点构建，以回应认罪认罚从宽制度运行中的各种问题及其制度本身的可持续性发展。

关键词：暂缓起诉；认罪认罚从宽；程序发展

一、问题的提出

以2018年《刑事诉讼法》的修改为标志，认罪认罚从宽作为一项正式的制度以贯穿总则、分则及衔接于不同诉讼环节的方式在刑事诉讼法中得以确立。然而，此次认罪认罚从宽制度的入法，除却微观层面的操作性规范仍有待完善以外，作为一项重要制度的认罪认罚从宽却在若干中观层面尚未明确：第一，认罪认罚从宽制度的独立性问题。一直以来，关于认罪认罚从宽的制度独立性问题

* 本文系江苏省第五期“333高层次人才培养工程”科研资助项目“认罪认罚从宽制度适用研究”（项目编号：BRA2019155）、2020年度最高人民检察院检察理论研究课题“认罪认罚案件适用暂缓起诉制度研究”（项目编号：GJ2020D26）的阶段性研究成果。

** 作者系江苏省人民检察院副检察长，法学博士。

*** 作者系江苏省无锡市人民检察院法律政策研究室副主任，一级检察官，法律硕士。

始终莫衷一是。试点期间一些观点认为,认罪认罚并非特定的程序范畴,不具有特殊程序地位,认罪认罚与不同的刑事诉讼程序共存,其更侧重于作为一项刑事政策或精神原则存在。[①] 制度正式确立以后,认罪(认罚)[②]的"从宽"与既有刑法中的"从宽"区分度不高,以致有观点认为认罪认罚是既有制度的"翻新"。制度的全面实施中,认罪认罚从宽笼统地置于"程序简化"的模糊认知和行为模式中,其"套用"或"嵌用"[③]式的存在成为司法的惯常实践形态,顶层对其根本性程序机制设计不足。对于上述问题已有研究者鲜明地指出,认罪认罚从宽诉讼程序是否应当独立的问题,已经成为其制度发展的一个理论短板,非独立的弊端会随着司法实践的推进逐渐加速暴露。[④] 第二,认罪认罚从宽制度的定位问题。认罪认罚从宽制度的正式确立,主要是以进入刑事诉讼法的方式实现的。但认罪认罚从宽究竟是实体法还是程序法制度,还是兼具实体法与程序法性质的制度,在理论研究中存有争议,进而在制度实践和构建层面产生了不同的认识。有观点认为,认罪认罚主要是一项程序性协商和激励机制。[⑤] 也有将认罪认罚作为"法定从宽情节"[⑥]抑或并非独立量刑情节[⑦]的实体法定位的观点。还有观点

---

① 分别参见陈卫东、胡晴晴:《刑事速裁程序改革中的三重关系》,载《法律适用》2016年第10期;陈卫东:《认罪认罚从宽制度试点中的几个问题》,载《国家检察官学院学报》2017年第1期。

② 实践中对于单纯的认罪和既认罪又认罚的处理方式存有差异。

③ 所谓"嵌用",即犯罪嫌疑人、被告人认罪认罚的,分别适用刑事速裁程序、简易程序与普通程序。参见樊崇义:《认罪认罚从宽协商程序的独立地位与保障机制》,载《国家检察官学院学报》2018年第1期。

④ 参见樊崇义:《认罪认罚从宽协商程序的独立地位与保障机制》,载《国家检察官学院学报》2018年第1期。

⑤ 分别参见魏晓娜:《结构视角下的认罪认罚从宽制度》,载《法学家》2019年第2期;《完善认罪认罚从宽制度:中国语境下的关键词展开》,载《法学研究》2016年第4期。

⑥ 分别参见杨立新:《认罪认罚从宽制度理解与适用》,载《国家检察官学院学报》2019年第1期;周新:《认罪认罚案件中量刑从宽的实践性反思》,载《法学》2019年第6期。

⑦ 有研究者指出,有理论将认罪认罚简单地等同于自首、坦白等已有的量刑情节。参见赵恒:《"认罪认罚从宽"内涵再辨析》,载《法学评论》2019年第4期。

认为,认罪认罚从宽是兼具实体法与程序法的具有双重性质的综合性刑事法律制度。[①] 更有观点认为,认罪认罚从宽的实体性与程序性"分裂",当其面对当事人时更侧重于实体性制度,当其面对审判机关时,更倾向于程序性制度。[②] 将认罪认罚从宽定位于不同性质的法律制度,对于回应制度实践中的分歧尤其是制度的未来发展方向,具有重要的教义学意义。第三,认罪认罚从宽的制度功能和制度价值问题。认罪认罚从宽的初始制度动机,相当程度上基于节约司法资源、缓解案多人少矛盾、实现案件分流等司法运行层面的问题,其构建之初的效率导向明显。然而,作为"治理型司法"[③]体系的有机组成部分,认罪认罚从宽却承载着更为深厚的制度使命。2019 年 10 月,最高人民法院、最高人民检察院、公安部、国家安全部和司法部《关于适用认罪认罚从宽制度的指导意见》开宗明义地指出了认罪认罚从宽在"化解社会矛盾、推动国家治理体系和治理能力现代化"中的制度功能和制度价值。认罪认罚从宽制度是国家治理现代化在刑事司法领域实现的重要战略措施,其超越了单纯的对司法效率的追求,[④]在国家治理体系和治理能力现代化层面涵育和承载协商、合作、修复等功能或价值,以期深度融入"整体性治理"的目标和要求。然而,认罪认罚从宽制度实践过程中,参与国家治理的功能和价值的发挥、挖掘不够充分,"认罪认罚从宽制度所发挥的功能主要是效率功能和保护被害人利益功能,化解证据难题功能和有效定罪功能则并不突出"[⑤]。尤其是效率导向下认罪认罚从宽制度的协商特征不足,其在国家治理中的功能和价值尚不能完全体现。

上述问题的存在导致认罪认罚从宽制度的多维面孔与该面孔之下不同的价

---

① 分别参见朱孝清:《认罪认罚从宽制度的几个问题》,载《法治研究》2016 年第 5 期;黄京平:《认罪认罚从宽制度的若干实体法问题》,载《中国法学》2017 年第 5 期;王庆刚:《认罪认罚从宽的制度属性与司法适用——综合制度属性视野下对"从宽"的理解与适用》,载《法律适用》2019 年第 13 期;陈卫东:《认罪认罚从宽制度的理论问题再探讨》,载《环球法律评论》2020 年第 2 期。

② 杜磊:《认罪认罚从宽制度适用中的职权逻辑与协商性逻辑》,载《中国法学》2020 年第 4 期。

③ 李红勃:《通过政策的司法治理》,载《中国法学》2020 年第 3 期。

④ 参见樊崇义、常铮:《认罪认罚从宽制度的司法逻辑与图景》,载《华南师范大学学报(社会科学版)》2020 年第 1 期。

⑤ 杜磊:《认罪认罚从宽制度适用中的职权逻辑与协商性逻辑》,载《中国法学》2020 年第 4 期。

值追求和制度安排之间的冲突,有学者将这种冲突形象地描述为"拧巴状态"。[①]据统计,近10年来我国犯罪结构已然发生变化,被判处3年以下有期徒刑的案件占80%左右。近3年来,J省W市被判处缓刑的案件占27%左右,轻罪治理成为国家犯罪治理的新时代特征。然而,认罪认罚从宽制度的实施尚不能顺应轻罪治理下的"修复性"逻辑。最高人民检察院第二十三批指导性案例无锡F警用器材公司虚开增值税专用发票案的指导意义即体现出,检察机关在认罪认罚从宽制度框架内有必要配置一定的选择起诉权。一些地方率先在企业刑事合规领域探索的暂缓起诉程序,其实施效果亦反向表明,认罪认罚从宽制度与"修复性"逻辑之间的程序完善存有较大空间。

上述问题的存在消解了认罪认罚从宽制度承担的犯罪治理现代化的使命,影响到认罪认罚从宽制度的构建性发展,尤其是应否建立及如何建立与认罪认罚从宽制度相匹配的支持性程序的重大问题。在类似的问题中,关涉认罪认罚从宽制度内核的、关键性程序构建,使得刑事诉讼结构性调整、合作式塑造、恢复性运作等具有前瞻性的理论探讨和实践展望获得了发展的空间和必要。由此,本文的要旨是将暂缓起诉作为认罪认罚从宽制度的核心的、标志的典型性程序,以回应认罪认罚从宽制度发展中的重大理论和实践问题。

二、暂缓起诉与认罪认罚从宽制度的回应性构建

(一)认罪认罚从宽的制度本质

欲进一步发展认罪认罚从宽制度,首先应当厘清认罪认罚从宽的制度本质,这是创新发展认罪认罚从宽制度的前提和基础。本质意义的认罪认罚从宽,应考察其制度本身发生的场域,结合国家治理、刑事诉讼范式、检察权运行等要素加以提炼,由此展现出内涵式发展道路下不同维度的认罪认罚从宽的制度本质:

第一,认罪认罚从宽由管理到治理之制度逻辑的遵循。国家治理现代化的整体战略反馈于司法领域即形成"治理型司法",治理型司法是对管理型司法在辩证否定中的扬弃,其以贯穿始终的具有"治理"特质的元素全方位统合于各项司法制度。认罪认罚从宽即是应用这种"治理"特质而生成的制度产物,可以说,认罪认罚从宽承载了国家治理现代化在刑事司法领域的特殊的重要使命。认罪认罚从宽生发于"治理"又作用于"治理",二者互为因果、互为表里、互相促进。

① 史立梅:《认罪认罚从宽制度中的修复性逻辑之证成》,载《法学杂志》2021年第3期。

认罪认罚从宽制度的这种“治理”特质决定了其有别于传统刑事制度的本质要求，协商、合作、修复分别成为其方式要求、目标要求、成效要求。

第二，认罪认罚从宽与刑事诉讼“第四范式”[①]受制于共性的司法规律。中国原创的认罪认罚从宽与世界范围内的刑事诉讼“第四范式”在制度精神、制度方式、制度趋势等方面具有高度共性，认罪认罚从宽与刑事诉讼“第四范式”是共同的刑事诉讼规律作用下的客观产物，认罪认罚从宽作为刑事诉讼“第四范式”的有机组成部分存在。世界范围内的刑事诉讼格局分化，客观上推动了我国以纵向刑事诉讼结构调整为主要方向的格局分化。“检察主导”与“审判中心”刑事诉讼重心二元分配，二者互为支撑、辩证实施共同运行于新型治理模式下的刑事诉讼程序中。以传统刑事诉讼范式与认罪认罚从宽的制度分化为界分，繁者更繁中的对抗模式与简者更简中的合作模式互相配合、相得益彰，并为后续不同模式中制度的个性化发展奠定了基础。由此，程序简化的认罪认罚从宽制度的本质要求十分明确。

第三，认罪认罚从宽以起诉裁量权与量刑建议权为双重制度依托。为实现“治理”的制度追求，分化格局中的认罪认罚从宽必须回归于符合制度功能和制度价值的自我构建。进言之，认罪认罚从宽制度与检察权的结合必须对后者进行新的权力配置、方式变革、理念塑造。这三个方面的自我构建旨在提升诉讼效率、化解矛盾促进社会修复、保障犯罪嫌疑人的认罪认罚成果，而实现前两个目的客观上需要起诉裁量权（出罪）的引入，量刑建议权（入罪）在审判程序中的作用也为固定审前未分流案件的从宽结果起到了保障作用。是以，实体参与同样构成认罪认罚从宽内在的本质要求。

综上，认罪认罚从宽制度是通过创造新的程序与实体的要素结合体，起诉策略更具程序意义、实体内涵及预防属性，[②]制度本质更加符合“治理型司法”的根本要求。

（二）认罪认罚从宽的制度需求

认罪认罚从宽是在部分地区先行探索的基础上形成的本土制度构建，尽管其与美国的诉辩交易、德国的量刑协商、法国的庭前认罪答辩程序、日本的起诉

① 熊秋红：《比较法视野下的认罪认罚从宽制度》，载《比较法研究》2019年第5期。

② 赵赤：《起诉策略：检察公诉制度的全球新发展》，载《检察日报》2020年10月12日第3版。

犹豫制度、匈牙利的审判豁免①等世界范围内的诉讼范式分化具有密不可分的制度渊源,但是该项制度筑基于中国特有的国情和中国特色的司法制度之上,其无论是制度内涵、制度规范还是制度价值均与域外相关制度有相异之处。因而其中国元素的塑造过程,同时也是制度尝试、探索、磨合的过程。当前,运行中体现出来以及根据趋势预判的制度实现差值主要集中于认罪认罚从宽制度在质的实现层面的局限。认罪认罚从宽制度的实施成效与制度初衷、制度使命、制度目标,也就是制度本质要求之间的差值,就是认罪认罚从宽发展中的制度需求,也是今后发展和完善认罪认罚从宽制度的努力方向:

第一,保障认罪认罚从宽"多元"制度功能、价值的充分实现。正如前文所述,除了节约司法资源、提升司法效率、实现案件分流等功能以外,解决案件本身的证明困难(形式正义与实质正义在国家治理现代化语境下的平衡)、如何处理报应与修复的关系(罪责刑相适应原则的历史性)以及如何处理企业等特殊主体犯罪的程序选择(公共利益与个体利益在风险社会的重新考量②)等,都是认罪认罚从宽制度更加追求和侧重的功能、价值。而认罪认罚从宽制度全面实施以来,对于案多人少的司法实务部门而言,效率目标潜意识里成为其价值追求的重要方面,亦是当前刑事诉讼中的主流导向。这当然与司法实务部门的现实困难和理念偏颇不无关系,但主要原因还是由于认罪认罚从宽的制度方向、导向不够明确,因此,只有在顶层设计层面进一步明确制度发展方向,强化制度导向,才能保障认罪认罚从宽"多元"制度功能、价值的充分实现。

第二,探索明确实质性、独立性、突破性的"从宽"要件。当前,认罪认罚的从宽标准或从宽条件与传统刑事法律中的从宽区分度不高,尤其是只认罪不认罚的案件中,制度更加具有模糊性。"认罪认罚没有获得独立的构成要素,其从宽体系没有获得与之相应的法律评价效力。"③同时,传统刑事法律中的从宽不足以实现认罪认罚程序中的从宽。实证研究结论也表明,我国现有不起诉权将检察机关的不起诉裁量权限定在极小的范围之内,无法兑现认罪认罚所附加的制

① 2017年匈牙利修改刑事诉讼法典时被认罪协议制度替代。

② 如法国检察机关与企业达成的附条件的和解协议,基于此形成的暂缓起诉协议制度也被视为"基于公共利益的司法协议"制度。参见陈瑞华:《企业合规视野下的暂缓起诉协议制度》,载《比较法研究》2020年第1期。再如,合规是风险刑法的产物。参见李本灿:《刑事合规的制度边界》,载《法学论坛》2020年第4期。

③ 赵恒:《"认罪认罚从宽"内涵再辨析》,载《法学评论》2019年第4期。

度使命。[①] 如，传统的不起诉程序在法教义学中并不具有明显的从宽功能，不起诉并未与认罪认罚的减轻处罚或免除处罚的从宽产生逻辑上的关联。[②] 当前的制度实施中，认罪（不认罚）后的从宽与该制度确立之前的从宽多是在量的范围内的变化，或者说二者形成一种竞合关系。处于“两可”之间的从轻是否予以从轻处理暂无定论，跨档减轻亦缺少共识，“从轻”“减轻”的从宽尚不明确，作为独立制度相匹配的“再从宽”要件推动力明显不足。再如，从宽中更多表现为酌定不起诉案件量值的增加，以及量刑幅度在基准刑范围内的降低等。同时，速裁程序与简易程序的程序简化已经脱离检察审前主导的重心，案件仍然进入了审判程序。也就是有观点所指出的，“程序的分流与简化主要应归功于简易与速裁程序本身的作用，与认罪认罚并无直接的关联性，但认罪认罚从宽制度却规定了较其他从宽制度更‘宽’的从宽范围与幅度”[③]。然而，认罪认罚从宽制度与刑法中的自首、坦白、缓刑等实体规定置于相同的场景，冲击了原有从宽的位序结构体系，需要对认罪认罚从宽与其他实体从宽制度的适用位序进行重新安排。[④] 也就是说，认罪认罚的“从宽”要件要具有实质性、独立性、突破性。

第三，为“协商”创造方式、程序、机制空间。我国认罪认罚从宽制度中采取的听取意见方式，不具备协商式的要素与结构，不以协商为必要条件。[⑤] 然而，无论从域外相关制度还是我国认罪认罚从宽制度的价值、机理，协商性均构成贯穿其制度始终的最为本质的制度内核。对此，已有相当多的理论进行论证。[⑥]

---

① 杨娟、刘澍：《论我国刑事不起诉“三分法”的失败及重构——以淮北市起诉裁量实践为实证分析对象》，载《政治与法律》2010 年第 1 期。

② 李大槐、师索：《认罪认罚从宽与不起诉的逻辑关联》，载《西南政法大学学报》2020 年第 1 期。

③ 郭烁：《层级性：认罪认罚制度的另一个侧面》，载《河南大学学报（社会科学版）》2018 年第 2 期。

④ 参见郭华教授在中国刑事诉讼法学研究会 2020 年年会上的发言。关仕新：《推进刑事诉讼制度与理论的新发展》，载《检察日报》2020 年 10 月 28 日第 3 版。

⑤ 闫召华：《听取意见式司法的理性构建——以认罪认罚从宽制度为中心》，载《法制与社会发展》2019 年第 4 期。

⑥ 多数学者认为我国的认罪认罚从宽制度具有不可回避的协商本质。分别参见樊崇义：《认罪认罚从宽协商程序的独立地位与保障机制》，载《国家检察官学院学报》2018 年第 1 期；杜磊：《认罪认罚从宽制度适用中的职权性逻辑和协商性逻辑》，载《中国法学》2020 年第 4 期；吴思远：《论协商性司法的价值立场》，载《当代法学》2018 年第 2 期。

尽管我国认罪认罚从宽的相关规范没有明确其制度的协商性质，但却有关于协商的具体表述。应然层面或制度本质层面，认罪认罚从宽制度的核心要素是有效的控辩协商，[①]实然层面，特殊不起诉制度的创设使得刑事诉讼从最低限度的合作迈向实质性协商。认罪认罚从宽制度与刑事诉讼第四范式受制于共通的客观规律、裹挟于同向的必然趋势、浸润于相似的制度元素，因此，放弃审判与利益兼顾、相互协商是硬币的两面，即便有些观点不赞成认罪认罚从宽制度的协商特征，客观上其也无法割裂于其制度来源。因为，“法律是人类利益需求冲突妥协的产物。……只有在人们利益妥协和协商的基础上，才能建立蔚为大观的法律制度”[②]。据此，应当从宏观上推进协商性司法的多元形态。[③] 当然，协商的内容或范围与域外诉辩交易中的协商不同，不能就罪名、罪数等进行协商。如，可以将程序性后果[④]或者程序中止后的非刑罚处罚、保障措施作为协商的重要内容。

(三)认罪认罚从宽的制度回应

本文提出的“暂缓起诉”作为新的学术概念并进入我国刑事诉讼法学研究领域，最早主要是在企业刑事合规的研究中。而在传统刑事诉讼或认罪认罚从宽制度的研究中，“缓起诉”等均与“暂缓起诉”一样，实质上都是指起诉程序有条件的中止，是检察机关起诉裁量权的新形式。综观认罪认罚从宽的制度本质和制度需求，暂缓起诉宜作为其支持性程序进行重点构建，以回应该制度运行中的各种问题及制度本身的可持续性发展，理由如下：

第一，暂缓起诉完整体现出认罪认罚从宽的制度本质。暂缓起诉整合了起诉裁量权与部分量刑建议权，是刑事一体化的产物。暂缓起诉不单纯是一项程序，其通过程序的中止使得犯罪嫌疑人获得了暂时免予刑事处罚的义务，并且通过非刑罚措施的“协议”获得永远免予刑事处罚(出罪)的可能。暂缓起诉是程序从简和实体从宽的主要形式，作为一种程序性处理方式，“实际上用程序上的从

① 李奋飞：《以审查起诉为重心：认罪认罚从宽案件的程序格局》，载《环球法律评论》2020年第4期。

② 谢晖：《法律的意义追问：诠释学视野中的法哲学》，法律出版社2016年版，第51页。

③ 董坤：《认罪认罚从宽中的特殊不起诉》，载《法学研究》2019年第6期。

④ 张泽涛：《认罪认罚从宽制度的立法目的的波动化及其定位回归》，载《法学杂志》2019年第10期。

宽实现了实体上的从宽，符合认罪认罚从宽处理的基本要求”①。因此，暂缓起诉是一项包含具有质变意义的实体处分的程序创新，完整体现出了认罪认罚从宽的制度本质。暂缓起诉在程序与实体层面同时满足了认罪认罚从宽的制度内在需求，进而成为补足认罪认罚制度实施程序缺失的首选项。

第二，暂缓起诉涵摄了多方位的认罪认罚从宽的制度元素。国家治理现代化具有丰富的内涵，通过转变传统刑罚观念，减少刑罚的适用，提升预防刑的裁量能力，将犯罪治理引流到国家治理的体系之内，提升国家的治理效能。据此提出的认罪认罚从宽是国家治理协商、合作、修复之治理方式要求、目标要求、成效要求在刑事治理领域的重要制度依托。而较之于既有的酌定不起诉，暂缓起诉因其“暂缓”的特征而内在符合协商、合作、修复的治理要求，如基于“暂缓”的可能、方式、意义等。

第三，暂缓起诉能有效地化解认罪认罚从宽运行中的制度矛盾。认罪认罚从宽运行中既有制度内部的矛盾，也有与其他制度之间的矛盾。认罪认罚从宽制度被赋予的程序从简的制度使命，在运行中尚不能充分实现。程序简化更多的是进入审判环节后的程序简化，程序没有在审前及时有效地中止或终结，公诉权实体内容体现得不够充分。酌定不起诉仅适用于“微罪”，导致的“微罪”以外案件程序中止或终止的困境，以及可从轻可不从轻的两可类型案件适用的有失精准。认罪认罚从宽后判处缓刑的比例仍然居高不下。实践的刑事诉讼形态与审判中心与检察主导二元分化的刑事诉讼构造产生冲突。此外，认罪认罚从宽后上诉权的滥用也导致程序不仅没有简化，反而在实际操作中越来越拉长了诉讼的过程。认罪认罚客观行为司法确认与主观动机之间在部分案件中的分裂，导致认罪认罚从宽在罪责刑相一致原则以及特殊预防刑罚目的的背离。针对上述矛盾，暂缓起诉均以其充分的裁量性、协商性、保障性而消弭了认罪认罚从宽运行中制度的缺失。认罪认罚从宽制度定位尚未形成共识之前，暂缓起诉将以其独特的程序、实体合一性质统合认罪认罚交叉于程序、实体之间的各方面矛盾。

三、暂缓起诉的立法基础、形式与径路、程序设计

① 何挺:《附条件不起诉扩大适用于成年人案件的新思考》,载《中国刑事法杂志》2019年第4期。

(一)立法基础

在认罪认罚从宽制度正式确立前，暂缓起诉即以不同的表现形式广泛地存在于学理探讨中。认罪认罚从宽制度中起诉裁量权的具体程序主要体现为四种形式：一是改良既有的酌定不起诉程序。如"探索认罪认罚从宽案件中适用酌定不起诉的条件和程序机制"①，又如扩大酌定不起诉的范围，②或者"扩大附条件不起诉适用范围，适当缩小酌定不起诉适用范围"③。二是将附条件不起诉扩大适用于一般主体。④ 随着认罪认罚从宽制度的全面实施，将附条件不起诉程序扩大适用于成年人犯罪案件的理论呼吁日益强烈。如有观点认为，"将附条件不起诉扩展适用于成年人一直是一个呼声颇高并具有合理性的方案"⑤。未来有必要附条件不起诉制度的适用范围扩展到包括成年人案件在内的所有的刑事案件，将扩大附条件不起诉制度的适用范围作为全面推动认罪认罚从宽制度改革的重要措施。⑥ 也有研究者直接提出，附条件不起诉(暂缓起诉)程序的适用从未成年人案件扩展到成年人案件和刑事合规领域。⑦ 更有研究者建议"将所有可能适用缓刑的案件纳入附条件不起诉的适用范围"⑧。三是在类罪中单独设立附条件不起诉程序。如有研究者提出在"醉驾"案件中增设附条件不起诉程序。⑨ 四是创建暂缓起诉程序。如有研究者关于是否可以在认罪认罚中建立暂

---

① 陈卫东:《检察机关适用不起诉权的问题与对策研究》，载《中国刑事法杂志》2019 年第 4 期。

② 包明明:《酌定不起诉在认罪认罚制度中的适用研究》，载《长春师范大学学报》2020 年第 7 期。

③ 朱孝清:《认罪认罚从宽制度相关制度机制的完善》，载《中国刑事法杂志》2020 年第 4 期。

④ 分别参见李辞:《论附条件不起诉与酌定不起诉的关系》，载《法学论坛》2014 年第 4 期;刘学敏:《检察机关附条件不起诉裁量权运用之探讨》，载《中国法学》2014 年第 6 期。

⑤ 何挺:《附条件不起诉适用对象的争议问题:基于观察发现的理论反思》，载《当代法学》2019 年第 1 期。

⑥ 陈卫东:《检察机关适用不起诉权的问题与对策研究》，载《中国刑事法杂志》2019 年第 4 期。

⑦ 董坤:《认罪认罚从宽中的特殊不起诉》，载《法学研究》2019 年第 6 期。

⑧ 何挺:《附条件不起诉适用对象的争议问题:基于观察发现的理论反思》，载《当代法学》2019 年第 1 期。

⑨ 蔡巍:《"醉驾"不起诉裁量权的适用及完善》，载《苏州大学学报(哲学社会科学版)》2019 年第 5 期。

缓起诉程序的理论追问。[①] 尤其当前企业刑事合规问题越来越广泛地受到国内学者的关注，暂缓起诉作为其中的程序构建逐渐获得了理论正当性。陈瑞华教授也认为，“我国法律在接受暂缓起诉协议制度方面已经具有一定的兼容性，并不存在根本的价值冲突和制度障碍”[②]。由此可见，当前总的基调是检察机关应加强不起诉权在认罪认罚从宽等新程序、新制度中的衔接适用，[③]“正确适用不起诉权是新时代检察工作创新发展的需要”[④]。这也是顺应刑事诉讼新发展趋势的历史必然。域外，“省略审判环节成为各国提高刑事简易化程序体系的层次化程度的重要设置”[⑤]。如，德国逐渐扩大检察官的不起诉斟酌权。[⑥] 此外，一些国家的暂缓起诉也是由未成年人案件扩展适用于成年人，如美国的“审前转处协议”制度就是由少年司法程序扩展适用于部分类型成年人案件和公司涉嫌犯罪的案件中。

不仅如此，认罪认罚从宽也由于司法实践的现实需求而展现出蓬勃的制度生命力。现有立法与认罪认罚从宽产生关联的不起诉制度主要有酌定不起诉制度、附条件不起诉制度、特殊不起诉制度三种，附条件不起诉因适用范围的限定降解了酌定不起诉与特殊不起诉之间应有的制度梯次要求。也正是基于立法对于检察结构性主导中不起诉权递进逻辑关系的回应缺席，部分地区检察机关在司法实践中稳步探索暂缓起诉程序并取得一定成效。检察主导责任包含着强烈的程序主导到实体主导的实践演变倾向，替代程序的引入使得刑事权力重心在实际的司法权运行过程中逐渐向检察官移转。认罪认罚从宽的符合制度形式，客观上产生了寻求一种兼具程序从宽与实体从宽的程序机制的现实需求。并且，一些地方检察机关开展的暂缓起诉程序探索，整个流程已被实践校验，亦取得了良好的法律效果和社会效果。实践层面的观察表明，暂缓起诉程序“没有什

---

① 李大槐、师索：《认罪认罚从宽与不起诉的逻辑关联》，载《西南政法大学学报》2020年第1期。

② 陈瑞华：《企业合规视野下的暂缓起诉协议制度》，载《比较法研究》2020年第1期。

③ 童建明：《论不起诉权的合理适用》，载《中国刑事法杂志》2019年第4期。

④ 李春薇：《“敢用、善用、规范”适用不起诉权》，载《检察日报》2019年5月8日第3版。

⑤ 林喜芬：《论刑事速裁程序的模型定位于配套制度之改革》，载《上海交通大学学报(哲学社会科学版)》2019年第27卷。

⑥ 参见《世界各国刑事诉讼法》编辑委员会：《世界各国刑事诉讼法(欧洲卷·上)》，中国检察出版社2016年版，第242页。

么不可以”，其既可以与现有程序顺畅衔接，又有效地化解了国家治理中的社会矛盾，尤其是在办理当前民营企业犯罪案件中，程序优势显而易见。[①] 当前不同地区因政策等原因类罪不起诉率的幅度性差异，[②]也表明了暂缓起诉程序在实践层面存在弹性的制度空间。

暂缓起诉的特殊程序机理，促成了其理论呼吁与实践探索的客观可能性。认罪认罚从宽既不与坦白、自首、赔偿谅解形成交叉关系，也不构成独立的量刑情节。实体法评价范式对认罪认罚从宽的规则构建形成不当约束，造成对于程序本身的从宽效力的忽视。[③] 因此，认罪认罚从宽超越原有制度的重申或整合，其应通过立法上的必要突破，以撤销案件、不起诉等新的出罪方式的构建完成自身制度的质变。[④] 因此客观上需要寻求一种程序机制，能够同时在程序与实体层面实现符合认罪认罚质的要求的从宽。“检察机关的不起诉权经历了由实体性的定罪免罚权向程序性权力的转变以及不起诉权的多元化发展。”[⑤]暂缓起诉的特殊程序机理正是暗合了检察机关不起诉权兼具的实体与程序及其多元发展的权力变迁理路，这也促成了暂缓起诉理论呼吁与实践探索的客观可能性。

暂缓起诉的多元诉讼价值，决定了其理论呼吁与实践探索的客观必然性。“我国既有奉行的发现实体真实和由惩罚犯罪支配整个诉讼程序的职权主义诉讼模式，并不能有效地缓解进而化解社会矛盾与纠纷。”[⑥]暂缓起诉正是兼容了保留起诉的法律性和纳入治理的社会性的双重方式，成为法律刚性软着陆的缓冲地带，以此将犯罪引流至社会治理的体系之内。传统的以刑罚规制为支配的

---

① 如江苏省无锡市两级检察机关先行对暂缓起诉程序进行探索，取得了良好的法律效果、社会效果、政治效果，受到江苏省人民检察院和最高人民检察院的肯定。

② 如各地因对“醉驾”、盗窃不起诉标准的差异带来的类罪不起诉率在不同地区间的幅度性差异。

③ 屈新、马浩洋：《论实体法评价范式对认罪认罚案件从宽规则构建的约束——基于对“认罪认罚从宽试点办法”第22条的反思》，载《西部法学评论》2019年第4期。

④ 分别参见孙长永：《认罪认罚从宽制度的基本内涵》，载《中国法学》2019年第3期；石经海、田恬：《何为实体“从宽”：基于认罪认罚从宽制度顶层设计的解读》，载《北方法学》2019年第6期。

⑤ 陈卫东：《检察机关适用不起诉权的问题及对策研究》，载《政治与法律》2020年第1期。

⑥ 石经海、田恬：《何为实体“从宽”：基于认罪认罚从宽制度顶层设计的解读》，载《北方法学》2019年第6期。

刑事诉讼运行逻辑与“治理型司法”所申明的价值、主张形成一定程度的反差，轻缓的刑事诉讼理念、政策、规制合力形成一种趋势。暂缓方式所具有的制度通融性，一方面给予诉讼当事人更多机会，另一方面也为社会关系的修复创造了更多可能。法律是冲突的事实相博弈、矛盾的主体需求相权衡、对立的利益主张相妥协的结果，其蕴含着多元冲突社会中不同主体之间多元的意义期待。[①] 暂缓起诉避免价值选择上的非此即彼，难以共存的价值专制，取向于一种宽容的理性和妥协的正义，建立对话（而非对抗）的法律共和国和具有妥协正义的法律帝国。[②] 正如论者坦言，“法律的最大价值取向，就是最大限度的综合，即反映多元的社会需求本身，哪怕有时社会价值是矛盾的”[③]，这也决定了暂缓起诉理论呼吁与实践探索的客观必然性。

（二）形式与径路

建立起有效的从宽兑现机制是决定认罪认罚从宽制度能否有效运行的关键。[④] 这种理论也因应了认罪认罚从宽的应有之义，赋予认罪认罚从宽制度在实体法和程序法理论体系中的正当性地位。因此作为合乎实体从宽与程序从宽要求的新的程序，暂缓起诉程序之于认罪认罚从宽制度要体现专属性、体系性、创造性。通过裁量性权力的变革、协商性内核的赋予、相关性制度的整合，来构建暂缓起诉之认罪认罚从宽制度中的典型性程序：

第一，变革司法程序机制的裁量性权力。从立法、司法层面，完善实质的裁量性权力的结构分配和方式调整。刑事诉讼重心二元分配意味着刑事诉讼中相应的权力随之转移，检察权在刑事诉讼中的权力性质发展为制约性权力、监督性权力与裁量性权力并存。虽然作为制约性权力的传统公诉权包含不起诉的权能，但是这种不起诉权并非完全意义上的裁量性权力。裁量性权力不仅包括起诉或不起诉的决策，更包括不起诉后当事人所应履行法律义务的裁量。增加实体权利供给，应当成为完善认罪认罚从宽制度的首要目标。[⑤] 裁量权运用过程

---

① 谢晖：《法律的意义追问：诠释学视野中的法哲学》，法律出版社 2016 年版，第 5 页。

② 谢晖：《法律的意义追问：诠释学视野中的法哲学》，法律出版社 2016 年版，第 12 页。

③ 谢晖：《价值重建与规范选择：中国法制现代化沉思》，法律出版社 2019 年版，第 278 页。

④ 闫召华：《检察主导：认罪认罚从宽程序模式的构建》，载《现代法学》2020 年第 4 期。

⑤ 左卫民：《认罪认罚何以从宽：误区与正解——反思效率优先的改革主张》，载《法学研究》2017 年第 3 期。

中,检察机关超越以程序制约为主的方式,认罪认罚的从宽优待可以通过检察权得以兑现。暂缓起诉作为检察裁量权的典型性程序载体,即秉持了刑事一体化视域下实体与程序相结合的整体思维,以此实现实体公正与程序性价值体系的协调,因为,实体公正对程序性价值不具备绝对的优越性,程序性从宽不应当完全服从于实体法原则的要求。①

第二,赋予认罪认罚从宽的协商性内核。司法效率功能或价值的超越决定了认罪认罚应具有基本的协商特征。认罪认罚从宽的职权主义逻辑降解了其部分功能或价值的实现,证明困难至少成为一个重要的方面。同时,协商特征的虚化也带来确定刑量刑建议的理论正当化、审判机关应否进行实质审查以及被追诉人可否提出上诉权等理论问题。② 可以说,缺少了协商的内核,审判权转移至检察权即演变为实质性权力沦为形式性权力,检察主导的理论也随之失去正当性基础。协商性之于审前主导的检察权,相当于对抗性之于庭审中的审判权,如果缺失必将导致权力的形式化。

第三,整合刑事诉讼体系中的相关性制度。暂缓起诉作为认罪认罚从宽制度的实现程序,涵盖了刑事诉讼中实体与程序的各方面元素。作为创新性程序,暂缓起诉的生成也包含着对相关性制度的扬弃,进而也必将实现对既有制度的整合。其中,缓刑作为刑事实体法中的量刑内容宜整合与暂缓起诉程序。暂缓起诉与缓刑的制度要素在本质上具有共通性,其制度差异仅体现在适用阶段和作出决定的主体的不同,暂缓起诉甚至可以被视为广义缓刑的一种。③ 程序从简是刑事诉讼重心二元分配的重要使命,因此,能在第一个重心完成的刑事诉讼任务绝不应留到第二个重心来完成。简言之,重心前置原则应是认罪认罚从宽程序设计的应有之义和必要原则。因此,是否适用缓刑也在认罪认罚的协商范围之内。④ 质的层面,暂缓起诉相当于缓刑的确定刑量刑建议,但却提前结束了诉讼流程,极大地节约了诉讼资源。

---

① 屈新、马浩洋:《论实体法评价范式对认罪认罚案件从宽规则构建的约束——基于对"认罪认罚从宽试点办法"第 22 条的反思》,载《西部法学评论》2019 年第 4 期。

② 杜磊:《认罪认罚从宽制度适用中的职权逻辑与协商性逻辑》,载《中国法学》2020 年第 4 期。

③ 何挺:《附条件不起诉适用对象的争议问题:基于观察发现的理论反思》,载《当代法学》2019 年第 1 期。

④ 黄京平:《认罪认罚从宽制度的若干实体法问题》,载《中国法学》2017 年第 5 期。

(三)程序设计

本文所进一步论证的暂缓起诉,基本来源于两种途径的理论呼吁,一是认罪认罚从宽制度正式入法之前关于附条件不起诉扩大适用于成年人的立法设想,二是作为企业刑事合规中主要制度创新的暂缓起诉协议。本文的暂缓起诉,正是基于上述两种前期的理论探索,创新发展出认罪认罚从宽制度中普遍适用于各类主体犯罪的特殊程序。该创新,一方面将暂缓起诉限缩于认罪认罚从宽案件中,另一方面从企业刑事合规案件扩大适用于自然人犯罪案件。需要指出的是,对于认罪认罚从宽制度中检察裁量权的进一步配置,目前学界有暂缓起诉和附条件不起诉(扩大适用于成年人)两种方案,也有学者认为二者并无实质差异。[①] 暂缓起诉与附条件不起诉(扩大适用于成年人)程序本身在功能等方面并无实质区别,两种方案的形成多由于论证的理论来源和理论路径的不同导致,它们只在操作细节等方面存在细微差别。

第一,暂缓起诉程序的适用条件。当前学者普遍提出酌定不起诉适用于微罪,暂缓起诉(附条件不起诉)适用于3年以下有期徒刑或罚金(法定最高刑)的轻罪案件。[②] 对于企业刑事合规适用暂缓起诉的案件,则不局限于轻罪案件中。本文认为,鉴于自然人犯罪与单位犯罪的在特殊预防、公共利益维护等方面的不同,建议自然人犯罪案件适用暂缓起诉程序的范围限定于3年以下有期徒刑或罚金(法定最高刑)的轻罪案件,建立刑事合规制度的企业犯罪适用暂缓起诉程序则不限于此,构建认罪认罚从宽制度中有区别的暂缓起诉程序。

暂缓起诉的适用,总体作为认罪认罚制度框架下的“激励性”从宽。具体而言,在“接近”《刑法》中绝对不起诉、相对不起诉、从轻处罚、减轻处罚等情节的程度时,即可诉可不诉、可从轻可不从轻、可减轻可不减轻情形中,认罪认罚作为不

---

① 分别参见陈瑞华:《企业刑事合规视野下的暂缓起诉协议制度》,载《比较法研究》2020年第1期;史立梅:《认罪认罚从宽制度中的修复性逻辑之证成》,载《法学杂志》2021年第3期;欧阳本祺:《我国建立企业犯罪附条件不起诉制度的探讨》,载《中国刑事法杂志》2020年第3期;杨帆:《企业合规中附条件不起诉立法研究》,载《中国刑事法杂志》2020年第3期;时延安:《单位刑事案件的附条件不起诉与企业治理理论探讨》,载《中国刑事法杂志》2020年第3期,等等。

② 李倩:《德国附条件不起诉制度研究》,载《比较法研究》2019年第2期。

诉、从轻、减轻的“砝码”,[①]对于可诉的以及从轻、减轻以后达到免予起诉临界点的案件,以暂缓起诉形式中止刑事诉讼程序。对于“接近”适用缓刑的案件认罪认罚,可对其进行缓刑量刑建议,或者直接适用暂缓起诉来中止刑事诉讼程序。

第二,暂缓起诉的适用程序。通过暂缓起诉中止刑事程序以后,对于考验期的周期设定及考验期的义务设定、履行的构建,对于暂缓起诉的制度初衷能否实现以及制度能否发展出较大的生命力均至关重要。建议以未成年人不起诉考验期和监督、考察内容为基础创新暂缓起诉程序。根据不同案件的实际情况,将暂缓考验期设置为 1 年以上 5 年以下,并根据案件当事人的实际情况设置考验期内的义务,义务要体现准刑罚的性质,[②]尤其是对于企业犯罪,应纳入刑事合规治理体系之内。在暂缓起诉程序中,要强调案件办理的闭环思维,提升善治的品质。要考虑案件对于破坏的社会关系的修复、当事人利益关系的权衡等。

暂缓起诉作为一项整合了多元程序、实体要素的程序创新,是成形于检察裁量权扩张趋势中的程序构建。域外一些国家的刑事诉讼程序中止均需要法院的司法审查和同意。尤其是企业犯罪适用暂缓起诉案件中,更加注重协议内容的司法审查。“不少国家在引入刑事合规计划的过程中,都相对一致地选择保守借鉴的思路,即增加了强化对合规协议的司法审查力度,限制合规计划的适用范围等内容。”[③]因此,暂缓起诉应该审慎实践,加强审判权在认罪认罚特殊程序中的制约力度。

第三,暂缓起诉的成效。一些地区检察机关已经对暂缓起诉程序进行了卓有成效的探索,为操作规程上位程序的实践提供了遵循。江苏省人民检察院《关于服务保障民营企业健康发展的若干意见》在“用足用好起诉裁量权”部分提出,“对具有从轻、减轻情节或者社会危害性不大且认罪认罚的民营企业涉罪轻刑案件,可暂缓作出起诉决定,督促企业建立健全合规体系”。江苏省无锡市新吴区检察院还形成了《暂缓起诉协议制度试点工作操作口径(试行)》,对暂缓起诉具体操作流程进行探索和规范。

在审慎探索的总基调下,一些地区检察机关率先适用暂缓起诉办理案件,这

① 石经海、田恬:《何为实体“从宽”:基于认罪认罚从宽制度顶层设计的解读》,载《北方法学》2019 年第 6 期。

② 李倩:《德国附条件不起诉制度研究》,载《比较法研究》2019 年第 2 期。

③ 赵恒:《认罪答辩视域下的刑事合规计划》,载《法学论坛》2020 年第 4 期。

些案件有的结合检察建议推动涉罪企业合法合规经营，有的通过公开听证广泛听取社会各界意见，有的做好刑事不起诉与行政处罚、处分有机衔接，均充分实现了认罪认罚从宽的制度价值，实现了检察机关办案的法律效果与政治效果、社会效果的有机统一。

结　语

暂缓起诉作为认罪认罚从宽制度的程序发展，是新时代刑事诉讼形势和国家治理现代化的现实的、客观的、必然的要求，也就是要“赋予检察机关原则上独占享有启动、建议和适用有关程序的权力”，以推动“检察机关从低层次主导职能走向高层次主导职能的演进”。[①] 暂缓起诉程序的构建，有其充分的法理基础、规则基础、政策基础，亦具有不同程度的实践探索出的经验。因此，以暂缓起诉作为典型性程序来发展认罪认罚从宽制度，也就具备了理论正当性和实践可能，亦会逐渐凝聚和汇集立法回应的更多共识和期待。

① 赵恒：《论检察机关的刑事诉讼主导地位》，载《政治与法律》2020 年第 1 期。

警惕认罪认罚案件逮捕的功能异化

王 彪* 祝永棠**

摘要:根据2018年《刑事诉讼法》第81条第2款的规定,被追诉人的认罪认罚情况是其是否具有社会危险性的考虑因素之一。对这一规定的不当理解,可能会造成逮捕的功能异化,即逮捕不纯粹是保障刑事诉讼活动顺利进行的一种强制措施,而变成一种带有惩罚意味的措施,可能成为诱导、压迫被追诉人认罪认罚的工具。逮捕功能的异化,将产生一系列危害后果。司法实践中,应当通过一系列措施确保《刑事诉讼法》第81条第2款被合理地解释,避免逮捕措施偏离其正常的诉讼保障功能。

关键词:认罪认罚;逮捕;社会危险性;功能异化;诉讼保障

引 言

在经过全国人大常委会的授权试点、学术界的理论讨论后,立法吸收了相应的经验和教训,于2018年在《刑事诉讼法》中确立了认罪认罚从宽制度。在理论上,认罪认罚从宽制度最主要的目的是提高诉讼效率,同时兼顾保障人权的目的。它的基本要求是"实体从宽、程序从简"。因此,公安司法机关适用认罪认罚从宽制度,会不可避免地修正适用既有程序,其中便包括强制措施的适用问题。逮捕作为对被追诉人基本人权干预最强烈,且司法实践中最常用的强制措施,在认罪认罚案件中应该如何适用,值得进一步思考。在借鉴2016年最高人民法院、最高人民检察院、公安部、司法部和国家安全部(以下简称"两高三部")联合发布的《关于在部分地区开展刑事案件认罪认罚从宽制度试点工作的办法》(以

* 作者系西南政法大学法学院副教授、硕士生导师,法学博士。

** 作者系西南政法大学2019级刑事诉讼法学硕士研究生。

下简称《试点办法》)第 6 条规定的基础上,2018 年《刑事诉讼法》第 81 条第 2 款将被追诉人的认罪认罚情况作为其是否具有社会危险性的重要考虑之一,进而决定是否对其适用逮捕措施。这一规定是否合理? 这一规定是否存在相应的风险? 对于这一规定,应该如何理解? 笔者认为,上述规定存在一定的制度风险,应从解释学的角度严格解释认罪认罚与社会危险性乃至逮捕之间的关系。

一、逮捕的正常预期功能

逮捕的功能是为了保障诉讼活动的顺利进行,而不是为了惩罚被追诉人,更不能被作为骗取、引诱、逼迫被追诉人作出供述的取证手段。根据联合国《公民权利与政治权利国际公约》第 9 条的规定,无罪推定原则的基本含义是,凡受刑事控告者,在未依法证实有罪之前,应有权被视为无罪。犯罪嫌疑人被逮捕后,应当及时将其带到法官或其他司法官员面前聆讯,并由他们在审查警察提交的证据、线索后作出保释或羁押的决定。法官应当基于保障诉讼的顺利进行和保障人权的目的作出羁押决定。在欧洲大陆地区,无罪推定原则贯穿于法院作出有罪判决之前的程序。《欧洲人权公约》将每个人的人身自由和人身安全作为一项重要的人权,非法定情形,不得剥夺任何人的自由。例如,有理由足以怀疑某人实施了犯罪行为或者如果合理地认为有必要防止某人犯罪或者是在某人犯罪后防止其脱逃,为了将其送交有关的法律当局而对其实施的合法的逮捕或者拘留,是合法限制人身自由的情形。[①] 欧洲议会和理事会 2016 年 3 月 9 日第(EU)2016/343 号《关于加强无罪推定的某些方面以及在刑事诉讼中出庭的权利的指令》中提出,司法或其他主管当局可以基于怀疑或有罪证据的要素,作出审前羁押的程序性初步决定,但这些决定不得将嫌疑人或被告认定为有罪。[②] 尽管如此,大陆法系国家的刑事诉讼理论仍然难以缓解审前羁押与无罪推定原则之间的紧张关系,部分理论和立法声称审前羁押是“法定的例外”。[③] 但无论无罪推定原则与审前羁押是否存在不可避免的冲突,至少两种

---

① 《欧洲人权公约》第 5 条第 1 款第 3 项的规定。

② Directive (EU) 2016/343 of the European Parliament and of the Council of 9 March 2016 on the strengthening of certain aspects of the presumption of innocence and of the right to be present at the trial in criminal proceedings, https://eur-lex.europa.eu/legal-content/EN/TXT/? uri=celex:32016L0343.

③ 孙倩:《无罪推定的外国法溯源与演进》,载《环球法律评论》2014 年第 4 期。

立场都认为,不得基于认定有罪的目的羁押被告人。在这一相同立场下,得出不应基于获取证明被告人有罪证据的目的羁押被告人,是显而易见的结论。因为这种做法明显地违背了无罪推定原则的要求。司法机关或者有权机关在羁押嫌疑人之前,应当收集证据初步证明嫌疑人有曾经或准备实施犯罪的嫌疑,不得"以捕代侦"。

我国《宪法》和《刑事诉讼法》对公民的人身自由给予了高度关注。我国《宪法》第 37 条第 3 项规定,禁止非法拘禁和以其他方法非法剥夺或者限制公民的人身自由,禁止非法搜查公民的身体。根据基本的公法原理,公权力机关行使权力应当遵守宪法,其行为应当符合宪法及其下位法的规定。显然,我国法律体系中找不到这样一条条文,即公安司法机关得基于收集犯罪嫌疑人、被告人有罪或无罪的证据而逮捕犯罪嫌疑人和被告人。相反,《刑事诉讼法》规定了逮捕的证据条件、刑罚条件和社会危险性条件,相关司法解释亦对这三个条件的具体情形予以了解释。此外,《人民检察院刑事诉讼规则》第 134 条规定,人民检察院办理审查逮捕案件,应当全面把握逮捕条件,对有证据证明有犯罪事实、可能判处徒刑以上刑罚的犯罪嫌疑人,除具有《刑事诉讼法》第 81 条第 3 款、第 4 款规定的情形外,应当严格审查是否具备社会危险性条件。而公安机关提请批准逮捕时,应当移送被告人具备社会危险性的证据材料。在价值追求和制度设计上,我国立法及其有效解释反对基于"取证"目的羁押犯罪嫌疑人和被告人。

在法学界,陈光中教授等学者亦提出,我国公安司法机关要严格控制强制措施的适用范围,不得扩大适用范围;强制措施是预防性措施,不是惩戒性措施,它与刑罚、行政处罚有着本质区别。尤其是逮捕措施,用得好就有利于与犯罪嫌疑人作斗争,用不好就容易侵犯公民权利,损害司法机关的威信。要坚持"少捕"和"慎捕"的刑事政策,做到不枉不纵,不可该捕不捕,也不可以捕代侦,任意逮捕。[①] 综上所述,理论界与实务界的基本共识是,逮捕的正常预期功能是预防犯罪嫌疑人继续实施违法犯罪、逃匿、毁灭证据等行为;逮捕必须在比例原则的限制下经严格的法定程序作出,而不得基于取证、胁迫认罪等非法目的作出。

---

① 陈光中主编:《刑事诉讼法》,北京大学出版社 2016 年版,第 224～242 页。

二、逮捕功能异化的规范分析

(一)逮捕社会危险性认定标准的变化

2016 年 9 月 3 日,全国人大常委会授权“两高”在部分地区开展认罪认罚从宽制度试点工作。2016 年 11 月 11 日,“两高三部”印发了《关于在部分地区开展刑事案件认罪认罚从宽制度试点工作的办法》(以下简称《试点办法》)。《试点办法》第 6 条规定,公安司法机关应当将犯罪嫌疑人、被告人认罪认罚作为其是否具有社会危害性的重要考虑因素。随后,试点地区的司法文件普遍规定,要结合认罪认罚的情况认定被追诉人的社会危险性,把认罪认罚情况作为犯罪嫌疑人、被告人是否具有社会危险性的重要考虑因素。

同时,从司法数据上看,过去我国存在羁押率过高的现象。我国的审前羁押率从 2005 年的 90%下降到 2016 年的 59%左右。① 然而去除法定不捕的案件数量后,我国的审前羁押率仍然维持在高位。在认罪认罚从宽制度改革背景下,检察院和法院在审查逮捕必要性时,有必要考虑被追诉人的认罪认罚情况。这是因为,被追诉人放弃行使部分诉讼权利的举动有助于司法机关提高诉讼效率。相应地,司法机关应该给予认罪认罚的被追诉人实体上和程序上的优待。也就是说,即使学者们不赞同认罪认罚案件“程序从宽”的说法,但至少不反对减少羁押的目标,不反对司法机关就此减少逮捕措施的适用。最终,2018 年 10 月 26 日全国人大常委会通过的《关于修改〈中华人民共和国刑事诉讼法〉的决定》吸收了试点办法、司法解释和试点经验,将《刑事诉讼法》第 79 条修改为第 81 条,同时增加第 2 款。第 81 条第 2 款要求检察院批准、决定或法院决定逮捕时,应当将被追诉人涉嫌犯罪的性质、情节,认罪认罚等情况作为社会危险性的考虑因素。

据全国人大常委会法制工作委员会立法人员的解释,把认罪认罚作为逮捕社会危险性的判断标准吸收了《试点办法》第 6 条的内容。② 这一修改是完善刑事案件认罪认罚从宽制度的需要。适用第 81 条对犯罪嫌疑人、被告人采取逮捕措施,应当考虑证据条件、刑罚条件和社会危险性条件,结合案件具体情况综合权衡、认

---

① 孙谦:《司法改革背景下逮捕的若干问题研究》,载《中国法学》2017 年第 3 期。

② 李寿伟主编:《中华人民共和国刑事诉讼法解读》,中国法制出版社 2018 年版,第206~210 页。

定,并不是只要具备其中一项或两项条件就立即采取逮捕措施。在解释该条第2款时,立法人员提出社会危险性是确定是否逮捕犯罪嫌疑人、被告人的重要条件,司法机关要评估犯罪嫌疑人、被告人是否可能造成新的社会危害和妨碍诉讼的顺利进行。判断被追诉人是否具备第1款规定的社会危险性,应当考虑被追诉人已经实施的犯罪情况及犯罪后的态度,是否认罪认罚等。

由上可知,立法虽吸收了《试点办法》第6条的内容,但立法人员没有提出认罪认罚情况是逮捕社会危险性的"重要"考虑因素。在2019年10月24日"两高三部"联合发布的《关于适用认罪认罚从宽制度的指导意见》(以下简称《指导意见》)中,"重要考虑因素"的表述又再次得到强调。由此,关于认罪认罚对于逮捕社会危险性条件的影响,在规范用语上经历了"重要考虑因素—考虑因素—重要考虑因素"的变化。

(二)逮捕功能可能异化的表现

在《现代汉语词典》中,"异化"有三种含义:(1)相似或相同的事物逐渐变得不相似或不相同;(2)哲学上指把自己的素质或力量转化为跟自己对立、支配自己的东西;(3)语言学上指连发几个相似或相同的音,其中一个变得和其他的音不相似或不相同。具体到刑事诉讼理论中,"异化"的含义,即刑事诉讼中的概念、制度的目的、功能与效果等逐渐偏离其原有内容,甚至反对自身。根据主流刑事诉讼理论,逮捕的正常功能是为了防止被追诉人实施脱逃、毁灭证据、打击报复证人等妨碍诉讼的行为,由检察机关批准或法院决定采取的限制被追诉人人身自由的强制措施。有权司法机关批准或决定逮捕时,不得出于获取被追诉人有罪供述,发现隐藏证据、同案犯和其他犯罪线索,片面追求诉讼效率等目的羁押或不羁押被追诉人。故逮捕功能异化的概念便是,检察机关裁量批准或决定逮捕或者法院决定逮捕与否时,意图或实际上利用逮捕实现发现证据和犯罪线索、引诱被追诉人认罪等目的,使逮捕偏离诉讼保障功能的状态。

由于侦查阶段和审查逮捕阶段的诉讼活动具备一定的秘密性,实践中办案人员以强制措施的"从轻"适用换取犯罪嫌疑人认罪认罚的情况不容易被人发现。所谓"人无完人",如果一个案件能够通过认罪认罚从宽制度改变疑难程度和罪行性质,以及降低证明难度,检察官就有以羁押作为欺骗、引诱、胁迫犯罪嫌疑人认罪认罚的动力。在检察院系统实行"捕诉合一"和"案—件比"改革后,检察官已经事实上介入侦查活动,并对侦查走向产生一定影响。在极端情况下,检察官可能自我错位为侦查人员,强迫被追诉人承认不属于自己实施的犯罪,或者强迫某一案件的部分被追诉人认罪认罚，否则便采取羁押措施，甚至最终不适用认罪认罚从宽制度。事实上，在中国裁判文书网以“共同犯罪”“另案处理”等关键词进行检索，便可发现在一些共同犯罪案件中，从犯因认罪认罚而被先行审判，而后其供述以“同案人供述”或“书证”（前案判决）等形式呈现于指控主犯犯罪事实的法庭上。

（三）逮捕功能可能异化的诱因

1.适用认罪认罚从宽制度的裁量空间较大

《试点办法》第1条规定，“认罪认罚”的法律定义是犯罪嫌疑人、被告人自愿如实供述自己的罪行，对指控的犯罪事实没有异议，并同意量刑建议，签署具结书。然而，何为“认罪认罚”，在当时并没有形成共识。[①] 最终，在《指导意见》中，“两高三部”统一了“认罪认罚”的适用范围和条件，以避免地方政法机关进一步建立差异化标准。尽管《指导意见》第5条提出，认罪认罚从宽制度适用于所有刑事案件，检察机关不能因罪刑轻重或罪名等特殊原因剥夺被追诉人从宽处理的机会，但其后强调“可以”不是一律适用，从宽与否由各地司法机关视案件情况决定。这实际上难以回应现实中选择性适用该制度的争议。有学者分析认罪认罚从宽制度实施情况时发现，公安司法机关适用认罪认罚从宽制度时存在任意性现象。认罪认罚似乎是司法机关对被追诉人的“恩赐”。[②] 这种“恩赐”带来的结果是，被追诉人为了避免羁押，主动配合检察院和法院两机关，让检察官、法官的工作变得相对简单，从而换取取保候审的适用。

2.认罪认罚在社会危险性条件中的作用不明

首先，地方司法机关对“重要”的理解不一致。认定犯罪嫌疑人具有社会危险性应当主要依据涉嫌犯罪的性质、情节还是主要依据认罪认罚的情况？对此，不同地方的做法不同。部分试点地区的公安司法机关认为，认罪认罚当然要在社会危险性审查中发挥重要作用。北京、山东、天津等地的认罪认罚从宽细则规

① 孙长永：《认罪认罚从宽制度的基本内涵》，载《中国法学》2019年第3期。

② 这种任意性现象主要表现为，该制度在绝大多数情况下适用于3年有期徒刑以下的轻罪案件、试点地区适用认罪认罚从宽制度的积极性下降、个别案件检察机关拒绝适用认罪认罚从宽制度等。参见闵春雷：《回归权利：认罪认罚从宽制度的适用困境和理论反思》，载《法学杂志》2019年第12期。

定,采取强制措施时要把认罪认罚作为犯罪人是否具有社会危险性的重要考虑因素。[①] 而江苏省人民检察院和江苏省高级人民法院的认罪认罚从宽细则没有规定要把认罪认罚作为社会危险性判断的重要考虑因素。这意味着在实践中,各地司法机关在批准或决定逮捕的考虑的条件并不统一,有的地区可能更注重涉嫌犯罪的情节,有的地区可能更注重被追诉人是否认罪认罚。

这种情况并没有因为《指导意见》重申"重要考虑因素"而得以改变,它仅是对过去司法解释的重复。究其原因,正是"重要"一词具有价值评判上的强调意义,即强调某一事物具有重大影响或者后果,它不似"主要""次要""必要"等词语般,能为人们的行动提供具体指引。在一定的社会、经济、历史、伦理等条件下,人们难免会把某一标准、某一任务视为当前最重要的标准、任务,即把某个"重要标准"理解为"主要标准"甚至是"必要标准"。司法机关根据"要将认罪认罚是逮捕社会危险性审查的重要因素"这一规则,可以得出以下两种立场不同的结论:(1)认罪认罚条件的重要性优于逮捕的其他社会危险性条件。这种结论关注一国在一定的时空背景、社会背景下认罪认罚条件的突出地位。(2)认罪认罚条件和证据条件、刑罚条件以及其他社会危险性都同等重要。这种结论则着眼于法律服务社会长远发展的立场,反对认罪认罚条件颠覆逮捕的其他条件。不过,这两种结论与下面的结论并不冲突,即在所有审查逮捕工作中,认罪认罚是必要条件。全国各地司法机关对认罪认罚条件的不同理解,正源于对"重要"的不同理解。然而,对这一规则的不同理解,却容易带来各地审查逮捕差异化的问题,不利于法制统一。

其次,认罪认罚情节与相关法律和解释中的罪刑情节和社会危险性情节之间或紧密或竞争的关系,使得认罪认罚重要性判断变得复杂。若单独考察认罪认罚情节,该情节实际上处于可有可无的地位。除去《刑事诉讼法》中的法定逮捕条件外,犯罪嫌疑人不被羁押,大体上就剩下《人民检察院刑事诉讼规则》第

① 北京市高级人民法院、北京市人民检察院、北京市公安局等《关于开展刑事案件认罪认罚从宽制度试点工作实施细则(试行)》(京高法发〔2017〕52 号)第 14 条、《山东省高级人民法院、山东省人民检察院、山东省公安厅、山东省安全厅、山东省司法厅关于适用认罪认罚从宽制度办理刑事案件的实施细则(试行)》第 19 条、天津市高级人民法院、天津市人民检察院、天津市公安局、天津市国家安全局、天津市司法局《关于开展刑事案件认罪认罚从宽制度试点工作的实施细则(试行)》(津高法发〔2017〕7 号)第 18 条。

140 条中规定的情形。[①] 该条部分条件与认罪认罚具备密切联系，如第 2 项、第 3 项都规定了“悔罪表现”和修复受损的社会关系，大体上构成了“认罪认罚”条件的实质内容。有的条件则与认罪认罚条件有某种意义上的竞争关系，如第 1 项中预备犯、中止犯、防卫过当、避险过当者即便不认罪认罚，同样有可能不被批准逮捕。由此观之，即使第 140 条没有认罪认罚条件，并不影响检察机关根据其他规定作出不批准逮捕犯罪嫌疑人的决定。

这种竞争关系容易使检察官审查逮捕部分案件被追诉人时感到困惑，同时也赋予了检察官在审查逮捕中更大的裁量权。假设被追诉人在未经法院定罪前，可能构成防卫过当，但他拒绝认罪认罚。检察官认为他构成防卫过当，可以取保候审，但由于犯罪嫌疑人拒绝认罪认罚，检察官不得不考虑他的认罪认罚情节。若检察官一概因为被告人不认罪认罚而决定逮捕，那么他显然错误理解了适用逮捕的目的。假如检察官以被追诉人拒绝认罪认罚决定逮捕，法院最终判决被告人无罪，此时被告人有权要求国家赔偿——因为此前的逮捕措施是不当的。同理，标准模糊也使得值班律师或辩护人申请变更强制措施难以提出针对性意见，更何况羁押期间折抵刑期的规定本就使得大部分辩护人没有提出申请变更强制措施的动力。

现实中有可供参考的案例支持笔者的观点。在“张某某医生制服病人案”中，一审中检察院认为被告人构成防卫过当，而法院认定被告人的行为构成故意伤害罪。被告人上诉后，二审法院认定上诉人构成正当防卫。由于张某某被羁

① 《人民检察院刑事诉讼规则》第 140 条规定，犯罪嫌疑人涉嫌的罪行较轻，且没有其他重大犯罪嫌疑，具有下列情形之一的，可以作出不批准逮捕或者不予逮捕的决定：(1)属于预备犯、中止犯，或者防卫过当、避险过当的；(2)主观恶性较小的初犯，共同犯罪中的从犯、胁从犯，犯罪后自首、有立功表现或者积极退赃、赔偿损失、确有悔罪表现的；(3)过失犯罪的犯罪嫌疑人，犯罪后有悔罪表现，有效控制损失或者积极赔偿损失的；(4)犯罪嫌疑人与被害人双方根据刑事诉讼法的有关规定达成和解协议，经审查，认为和解系自愿、合法且已经履行或者提供担保的；(5)犯罪嫌疑人认罪认罚的；(6)犯罪嫌疑人系已满 14 周岁未满 18 周岁的未成年人或者在校学生，本人有悔罪表现，其家庭、学校或者所在社区、居民委员会、村民委员会具备监护、帮教条件的；(7)犯罪嫌疑人系已满 75 周岁的人。

押近一年,其已向法院提出国家赔偿申请。[①] 在此案中,张某某的行为要么被定性为防卫过当,要么是正当防卫。根据《人民检察院办理羁押必要性审查案件规定(试行)》第18条的规定,不羁押张某某就要符合以下条件:防卫过当、悔罪表现、不予羁押不致发生社会危险。[②] 可以看出,在上述规范要求下,既然检察官要提起公诉,就要确信被告人构成防卫过当。防卫过当是犯罪,而被告人不认罪认罚的,检察官就可以依法决定逮捕被告人。张某某作无罪辩护,难以被释放或变更强制措施。

防卫过当、避险过当的案件,在检察官的职业生涯中可能并不常见。但在其他重大疑难复杂案件中,检察官可以放大认罪认罚条件的重要性,选择性无视或低估其他社会危险性条件的作用。由此观之,检察官或者检察院,在审查逮捕社会危险性条件时仍有非常大的裁量空间。

3.内部监督机制的反向作用

检察院实行大部制改革后,检察官职能实行"捕诉一体",在事实上产生了检察院提前介入侦查活动中的效果。这不仅令人们对检察院审查逮捕的权力滥用感到担忧,担忧检察院的内部监督名存实亡。为了回应这种担忧,最高人民检察院制定了《人民检察院办理认罪认罚案件监督管理办法》,以加强检察官在审查逮捕和提起公诉中的自我监督和上级监督。该办法第9条规定:"对于犯罪嫌疑人罪行较轻且认罪认罚,检察官拟作出不批准逮捕或者不起诉决定的案件,应当报请检察长决定。报请检察长决定前,可以提请部门负责人召开检察官联席会议研究讨论。同时,对于符合条件,拟作不批捕、不起诉的认罪认罚从宽案件,可以召开听证会。"然而,在抑制检察官滥用权力的同时,这种烦琐的监督机制容易使检察官产生避免麻烦的心理,从而"简单"适用逮捕措施。

---

① 该案的简要案情是,病人因未带现金与医生张某某发生争执,在离开诊所后心有不甘,又折回诊所飞踹医生。不料医生侧身躲过并制服了病人,致使病人左腿骨折。安羽:《患者飞踹医生被反击致骨折 法院:医生正当防卫不担责》,载中国长安网,http://www.chinapeace.gov.cn/chinapeace/c54219/2019-12/31/content_12313052.shtml,最后访问日期:2019年12月31日。

② 《人民检察院办理羁押必要性审查案件规定(试行)》第18条规定:"经羁押必要性审查,发现犯罪嫌疑人、被告人具有下列情形之一,且具有悔罪表现,不予羁押不致发生社会危险性的,可以向办案机关提出释放或者变更强制措施的建议……(四)防卫过当或者避险过当的……"2019年12月20日最高人民检察院发布的《人民检察院刑事诉讼规则》第580条吸收了该条规定。

三、逮捕功能异化的刑事司法风险

(一)逮捕沦为取证手段,造成口供中心主义的回潮

认罪认罚从宽制度的设计理念之一是被追诉人越早认罪认罚,从宽的幅度就越大。根据相关规定,认罪认罚者享受更多优待,不认罪认罚者享受较少优待,认罪认罚后又反悔者取消优待。认罪认罚案件优先适用非羁押措施,事后反悔则有可能被批准或决定羁押,从而产生鼓励或逼迫犯罪嫌疑人认罪的效果。

以是否逮捕作为鼓励、诱导,甚至逼迫被追诉人认罪认罚的措施,很容易使口供中心主义出现回潮。尽管学界一直在提倡"由证到供,以供促证"的证据收集方法,实务中公检法也在改进办案方法,然而"由供到证"仍是高效率的侦查方法。这是因为,在部分案件中,没有犯罪嫌疑人的有罪供述,侦查人员根本不可能发现其他犯罪线索和证据。认罪认罚从宽制度在证据上的效果是,侦查人员、检察官可以固定犯罪嫌疑人、被告人认罪认罚后作出的自愿供述。在审判阶段,如果被告人在庭审中撤回认罪认罚具结,即便具结书不能作为证据使用,法院仍然可以使用在审判阶段之前所作的有罪供述。即使被告人翻供,根据相关司法解释规定,若其有罪供述能够与其他客观证据相互印证,法院可以采信被告人在认罪认罚从宽制度中所作的有罪供述,而不采信其在庭上的无罪、罪轻辩解。

(二)冲击现有刑事诉讼结构

根据《宪法》和《刑事诉讼法》的相关规定,公安机关、检察院和法院在刑事诉讼过程中应当分工负责、互相配合、互相制约。公安机关负责侦查,检察院负责审查批准逮捕和提起公诉,法院负责审判。各机关在自己的诉讼阶段内依法定职权开展诉讼活动,其他机关不得干涉,但又需要接受其他机关的监督。具体到逮捕中,在侦查阶段和审查起诉阶段,由公安机关提出逮捕请求,待检察院批准逮捕后,公安机关才能执行逮捕;在审判阶段,检察院就没有批准或决定逮捕的权力,此时决定逮捕的权力由人民法院享有。

所谓的三角诉讼构造主要体现在审判阶段,在审判阶段,公诉机关举证证明被告人实施何种、何程度的犯罪行为;被告人与辩护人则通过攻击公诉方证据体系、提出从宽处罚建议等方式进行程序与实体上之辩护;法院居中公正审判,依法作出被告人有罪与无罪、此罪与彼罪、罪重或罪轻的判决。

然而,将认罪认罚作为社会危险性判断的考虑因素,运用不当可能会冲击现有的三角诉讼构造,再现历史上流水作业式的诉讼流程。若被告人在庭审中突

然反悔,法院可以依据《刑事诉讼法》的规定重新审视其社会危险性,进而作出逮捕决定,并通知公安机关执行。尽管该决定符合法律规定,但不免有推定被告人有罪甚至逼迫被告人承认自己有罪之嫌,与不得强迫任何人证实自己有罪的规定存在一定的紧张关系。这种做法又进一步影响了控、辩、审三方在审判阶段中的关系,弱化了法院的客观中立地位。有的地方已有类似做法,如江苏省高级人民法院的文件指出,法院应当告知被告人认罪认罚后可以优先适用非羁押措施;被告人在判决前反悔并撤回具结的,法院应当允许,同时应向被告人说明撤回的后果,包括可能被采取羁押强制措施等。① 所谓"说者无意,听者有心",法院在这种情况下告知诉讼权利及其承担的后果,容易被理解为法院威胁被告人认罪,进而损害法院中立立场和违背无罪推定精神的要求。同时,这种规定相当于变相承认了,认罪认罚是逮捕诸条件中的头号要素,证据条件、刑罚条件和其他社会危险性条件次之,如此一来,逮捕措施的三要件体系反而变相地被一元的认罪认罚要素替代了。

四、对《刑事诉讼法》第 81 条第 2 款的合理解释

(一)以诉讼保障为目的的逮捕适用

法律是解释的对象,不是嘲讽的对象。《刑事诉讼法》中认罪认罚已经成为判断犯罪嫌疑人是否具备社会危险性的考虑因素,该规定将在一定时期内存在于《刑事诉讼法》中,故有必要作出进一步的解释。该条文规定还比较模糊,操作空间较大,应由最高级别的司法机关对其进行目的限缩性解释。限制人身自由虽然在事实上对被羁押人产生了一定的心理强制,这种心理强制也是突破被羁押人供述的重要条件,但司法机关仍不得基于取证、胁迫认罪等不合理目的理解认罪认罚在逮捕中适用的意义,使逮捕扭曲为一种取证手段。从立法的体系解

---

① 江苏省高级人民法院《关于办理认罪认罚刑事案件的指导意见》第 30 条规定了告知的具体要求:"告知认罪认罚的法律规定,应当明确告知认罪认罚从宽制度的性质、适用条件以及可以获得从宽处理的后果,包括认罪认罚后可以优先适用非羁押强制措施,可以选择获得快速办理、及时审判等。告知应当全面告知,书面告知的应当充分释明。"第 33 条规定了认罪认罚的反悔和撤回:"办理认罪认罚案件,被告人认罪认罚并签署认罪认罚具结书后,在判决前又反悔而撤回的,人民法院应当允许,但应当向被告人说明撤回的后果,包括可能被采取羁押强制措施、不再享有因此带来的量刑从宽,不得再主张适用速裁程序等,确保被告人知悉撤回认罪认罚的后果。"

释来看,是否认罪认罚仅仅是逮捕的适用条件中一个考量因素而已,是否认罪认罚与是否适用逮捕措施之间没有必然关系。

(二)坚持以是否妨碍诉讼顺利进行作为认定社会危险性之基础

最高人民检察院副检察长孙谦认为,审查逮捕应当围绕社会危险性条件进行,并且刑事诉讼中关于羁押的审查标准应当是统一的。如何审查犯罪嫌疑人的社会危险性,可以采用双层次证明标准。第一层次是关于犯罪事实的证明标准,第二层次则是对社会危险性的证明标准。证明社会危险性的有无及其程度,可以采用"基础事实+推论→社会危险性"的认定模式。[①] 这种观点是合理的。是否逮捕犯罪嫌疑人,取决于其是否具有社会危险性,而是否具有社会危险性,在根本上取决于他涉嫌的犯罪事实及其情节。因此,在审查逮捕过程中,司法机关不可以直接以是否认罪认罚作为是否逮捕的重要考虑因素。在认罪认罚从宽制度背景下,审查逮捕仍然应当以被追诉人是否可能逃跑、是否可能毁灭证据等作为认定社会危险性之基础。是否认罪认罚仅仅是判断被追诉人是否具有社会危险性的考量因素之一,即是否认罪认罚对于认定社会危险性只起辅助作用,而不起主要作用。

(三)综合考虑强制措施的社会危险性条件

2020 年 7 月 22 日,在最高人民检察院张军检察长的一次基层工作考察中,张军检察长批评了当地检察机关在审查批捕工作中存在的问题,并指出检察官要重视逮捕的法定条件,不可敷衍了事。[②] 同理,司法机关应当理性看待认罪认罚情节在审查逮捕中的有限作用,不可拔高其重要性,妥善处理各种社会危险性因素间的关系。适用强制措施的社会危险性条件还有可能实施新的犯罪,有危害国家安全、公共安全或者社会秩序的现实危险,可能毁灭、伪造证据,干扰证人作证或者串供,可能对被害人、举报人、控告人实施打击报复,企图自杀或者逃跑等。检察机关批准逮捕、法院决定逮捕时,应当考虑综合考察上述条件和认罪

---

① 孙谦:《司法改革背景下逮捕的若干问题研究》,载《中国法学》2017 年第 3 期。

② "批捕理由就一句'可能判处徒刑以上刑罚'就完事了! 对有没有可能实施新的犯罪,有没有可能毁灭、伪造证据,有没有企图自杀或者逃跑等其他法定条件都不提及、考虑,怎么能行? 仍是惯常做法怎能贯彻好少捕慎诉的理念?"2020 年 7 月 22 日,最高人民检察院检察长张军在山西省太原市小店区检察院案件管理中心认真查看一份刑事案卷后,严肃指出了审查批捕工作中忽视阐述批捕理由的问题。参见罗书平:《批准逮捕也应当阐明理由!》,载《民主与法制周刊》2020 年第 31 期。

认罚条件,不应"眉毛胡子一把抓",认为被追诉人不认罪认罚就一定有社会危险性。尤其是负有中立审判义务的法院,在表面证据证明被告人不具备妨碍审判活动顺利进行的社会危险性的情况下,不应以被告人认罪认罚后反悔为由对其作出逮捕决定,否则便有强迫被告人认罪认罚,进而损害法院中立立场的嫌疑。

(四)继续完善羁押必要性审查程序

适用认罪认罚从宽制度是被追诉人的"合理期待",但符合条件不被羁押的人身自由权是被追诉人的合法权利。当前认罪认罚从宽案件中不批捕犯罪嫌疑人、被告人需报请检察长决定的规定,仍然在重复过去司法解释已有的内容,不足以体现认罪认罚从宽案件审查批捕的特殊性。应当简化不批捕案件的内部审查手续,确保检察官在认罪认罚案件中有动力适用非羁押性强制措施。

结　语

被追诉人是否认罪认罚成为社会危险性条件的重要考虑因素后,受多方面原因影响,实务中有可能出现逮捕功能异化的现象。因此,《刑事诉讼法》第 81 条第 2 款应当经过适当的解释,避免逮捕偏离正常的诉讼保障功能。在现阶段,应当"善意"地理解逮捕与认罪认罚的关系。有学者则认为,应当通过分步审查的方法,尽可能地淡化认罪认罚与逮捕的关系。具体而言,检察机关在决定逮捕时,应当首先根据《刑事诉讼法》第 81 条第 1 款的规定作出捕与不捕的判断。如果按照传统的司法习惯,原本就不应当逮捕的,应当直接决定不逮捕,而毋庸考虑犯罪嫌疑人是否认罪认罚。如果根据《刑事诉讼法》第 81 条第 1 款的规定应当予以逮捕,再进一步考虑犯罪嫌疑人是否具有认罪认罚的情节,并据此认定,是否应当降低其社会危险性评价。换句话说,只能将认罪认罚作为证明犯罪嫌疑人社会危险性小的证据,而绝对禁止将不认罪认罚作为社会危险性大的证明。[①] 笔者赞同这一观点,对于认罪认罚又没有社会危险性的被追诉人,当然不应逮捕;对于不认罪认罚但没有社会危险性的被追诉人,也不应当逮捕,这是法律的应有之义。实践中容易出现问题的是,被追诉人不认罪认罚,能否以此认定被追诉人具有社会危险性,或者将不认罪认罚作为被追诉人具有社会危险性的

① 吴宏耀:《认罪认罚从宽制度的体系化解读》,载《当代法学》2020 年第 4 期。

考量因素，而这种情形的出现容易绑架认罪认罚与逮捕之间的关系，可能会出现被追诉人因担心不认罪认罚而被采取逮捕强制措施，因而违心地认罪认罚的问题。这一问题是否会出现，取决于司法实务人员对上述规定的理解，取决于相关考核指标的设计是否合理。将来，可以对认罪认罚与逮捕的关系予以规范，如认罪认罚案件中可否设置法定不捕情节。

侦查机关收集公民行踪轨迹信息的法律规制*

——基于程序法定原则的视角

刘文琦**

摘要:在传统犯罪日渐异化、新型犯罪层见叠出的背景下,侦查活动对行踪轨迹信息有着更为迫切和现实的需求,行踪轨迹信息在刑事侦查中得到了广泛的收集。在程序法定原则的视角下,侦查机关收集公民行踪信息面临着刑事法规范授权缺失、违背强制侦查法定原则以及程序控制规范阙如的法律困境。因此,在程序法定原则的要求下,有必要以个人信息权为分析工具,探讨和展望收集使用行踪信息侦查的程序控制机制的构建进路,以实现理性规制的目的。

关键词:程序法定;行踪轨迹信息;个人信息权;隐私权;刑事侦查

引　言

大数据时代的降临使数据渗透到各个领域,数据记录社会生活的范围不断扩大,个人的行踪轨迹、社会交往、财务流转等活动都基本处于信息化管理之中。与此同时,以 GPS 定位、手机基站定位、MAC 地址为代表的新兴技术在刑事侦查领域得到了广泛适用,侦查机关收集公民行踪轨迹信息的侦查方式呈现普遍

* 本文系西南政法大学法学院科研创新项目“科技定位侦查中的个人信息权保护问题研究”(项目编号:FXY2021159)的阶段性成果。

** 作者系西南政法大学法学院 2020 级刑事诉讼法学专业硕士研究生。

化、任意化。[①] 行踪轨迹信息系个人现实生活中的行为在虚拟空间的映射，反映了个人在物理世界中的时空特性和行为轨迹，是刑事侦查的宝藏资源。在传统犯罪日渐异化、新型犯罪层见叠出的背景下，侦查活动对行踪轨迹信息有着更为迫切和现实的需求，收集使用行踪轨迹信息在刑事侦查中得到了普遍适用。但在大数据技术的作用下，行踪轨迹信息不仅能获取犯罪嫌疑人的出行规律与重要停留，还能完成对个人移动式的生活轮廓侧写，重建包括个人偏好、行为模式、人际交往在内的私人生活，对公民隐私、人身自由和人格尊严造成了极大的干预。[②]

以制约国家追诉权为要义的程序法定原则是近现代法治国家普遍遵循的一项基本原则，是刑事诉讼法不言而喻的铁律。[③] 侦查程序是被追诉者权利和自由最容易受到非法侵犯的阶段，是实现人权保障的关键性阶段。[④] 因此，侦查程序法定是程序法定原则的应有之义，[⑤]规范侦查机关收集利用行踪轨迹信息是程序法定原则的必然要求。程序法定原则的内容具体而言包括形式和实质两项要件，形式侧面以程序合法性为中心，强调国家启动刑事诉讼、干涉公民权利的行为必须要有法律的明确授权，而且应当严格遵守法律规定的条件、方式和步骤；实质侧面以程序正当性为中心，要求规范刑事诉讼程序的刑事诉讼法本身必

---

① 2017年最高人民法院、最高人民检察院联合发布《关于办理侵犯公民个人信息刑事案件适用法律若干问题的解释》首次明确规定行踪轨迹属于公民的个人信息范畴，并通过弱化行为人主观责任判断要求与降低入罪信息数目标准，将行踪轨迹作为重要的活动信息，予以重点保护。同样，2020年完成编撰的《中华人民共和国民法典》（以下简称《民法典》）人格权编明确表示自然人的行踪信息属于个人信息，受法律保护。2021年颁布的《中华人民共和国个人信息保护法》（以下简称《个人信息保护法》）更是将个人行踪轨迹信息纳入敏感个人信息范畴，予以严格保护。因此，考虑到既有法律规范的表述，维护法秩序的统一，本文采用“行踪轨迹信息”这一术语。

② Paul Cividanes, Cellphones and the Fourth Amendment: Why Cellphone Users Have a Reasonable Expectation of Privacy in Their Location Information, *Journal of Law and Policy*, 2016, Vol.25, No.1.

③ 徐阳：《程序法定原则对刑事司法的规范意义》，载《法学》2014年第10期。

④ 陈永生：《侦查程序原理论》，中国人民公安大学出版社2003年版，第7页。

⑤ 谢佑平主编：《程序法定原则研究》，中国检察出版社2006年版，第31页。

须具备正当性,即以正当程序为程序法定原则的内在指涉。[①] 因此,基于程序法定原则的视角,侦查机关收集利用公民行踪信息在行为层面的正当性能得到较为全面的评判。本文以程序法定原则为视角,系统分析了侦查机关收集使用公民行踪信息的法律困境,并在比较法考察的基础上,围绕程序法定原则的基本要求对侦查机关收集使用公民行踪信息的法律规制提出建议。

一、收集行踪轨迹信息的法律困境

确定收集行踪信息侦查在刑事司法中的定位及现状,是规范行踪信息收集的前提,更是提出解决策略的关键。从收集使用行踪信息的刑事法规范和法律属性入手,可以对其程序合法性的正当性进行考证;从收集使用行踪信息的实践现状出发,可以对其实质侧面进行把握。囿于收集使用行踪信息侦查在程序合法性和程序正当性的双重受限,其在实施的整体上存在先天的正当性困境。

(一)刑事法规范授权的缺失

收集使用行踪轨迹信息侦查是指在案件侦查过程中,侦查人员借助大数据技术,通过对行踪轨迹信息的收集、挖掘、分析和研判,从中获取犯罪嫌疑人的活动轨迹,发现和锁定犯罪嫌疑人的侦查方法。作为非法定侦查措施,现行刑事诉讼法并未明文规定收集使用行踪轨迹信息的侦查行为,与其产生关联的侦查措施主要有搜查、技术侦查、调取和勘验检查,但都难以作为其规范依据。

首先,现行《中华人民共和国刑事诉讼法》(以下简称《刑事诉讼法》)第 136 条至第 140 条规定的搜查范围相当狭窄,仅指对人的身体、物品、住处和其他地方等有形物或地点进行搜索的过程。而侦查机关收集使用行踪轨迹信息,往往是对位置数据的获取、挖掘和分析,是以虚拟空间为背景展开的侦查活动,无法被搜查制度所规范。

其次,技术侦查措施可谓是与收集使用公民行踪信息交叉程度最高的措施,《公安机关办理刑事案件程序规定》第 264 条规定的行踪监控足以将针对特定主

---

① 万毅、林喜芬:《现代刑事诉讼法的“帝王”原则:程序法定原则重述》,载《当代法学》2006 年第 1 期。

体所在区域的位置定位和对其活动历程记录的收集囊括其中。[①] 但收集使用行踪信息仍存在无法被技术侦查所涵盖和解释的地方，技术侦查的适用对象仅限于特定主体，而收集使用行踪轨迹信息侦查则可能收集不相关主体的行踪信息。此外技术侦查的技术设备具有特定性，[②]无法涵盖向第三方主体调取行踪信息的行为，如向运营商调取手机基站信息。

再次，调取未被明文规定为侦查行为，《刑事诉讼法》第 54 条仅规定侦查机关有向有关单位和个人收集、调取证据的权力，调取是获取证据的一种方式。《公安机关办理刑事案件程序规定》第 60 条至第 66 条、《公安机关执法细则》(第 3 版)9-02 调取证据部分以及《公安机关办理刑事案件电子数据取证规则》细化并完善了调取的程序性规定。从上述规范可知，调取的对象应当是“与案件有关”的证据材料，调取需要经过批准、开具调取证据通知书、履行告知义务、制作《调取证据清单》等程序。有鉴于此，收集使用行踪轨迹信息难以被解释为调取这一传统侦查措施，侦查机关往往是对海量行踪数据的收集、挖掘和分析，其中必然包含与案件无关的信息，[③]无法满足“与案件有关”的条件。

最后，有关规定为《刑事诉讼法》第 128 条的勘验、检查规定了线上模式。[④] 网络远程勘验实际上是收集与提取与犯罪有关的电子数据的过程，是《刑事诉讼法》对互联网等虚拟空间的回应，但其仍无法解释侦查机关对行踪轨迹数据的挖掘和分析。

(二)强制侦查法定原则的违背

从法律属性入手，收集使用行踪轨迹信息侦查同样面临着形式侧面正当性欠缺的困境：收集使用行踪轨迹信息能实现对个人私生活的刻画，会对隐私权、

---

① 《公安机关办理刑事案件程序规定》第 264 条规定：“技术侦查措施是指由设区的市一级以上公安机关负责技术侦查的部门实施的记录监控、行踪监控、通信监控、场所监控等措施。技术侦查措施的适用对象是犯罪嫌疑人、被告人以及与犯罪活动直接关联的人员。”因此，技术侦查措施仅限于针对特定主体展开。

② 郭华：《技术侦查的诉讼化控制》，中国人民公安大学出版社 2013 年版，第 35 页。

③ 胡铭、龚中航：《大数据侦查的基本定位与法律规制》，载《浙江社会科学》2019 年第 12 期。

④ 最高人民法院、最高人民检察院、公安部《关于办理刑事案件收集提取和审查判断电子数据若干问题的规定》和《公安机关办理刑事案件电子数据取证规则》均规定了网络远程勘验，即勘验检查的线上模式。

人身自由、个人信息等权益造成侵犯，构成对强制侦查法定原则的违背。

侦查措施是一个动态发展的具有多样性的体系，理论上可以将其分为任意性侦查措施和强制性侦查措施。一般认为，界定任意侦查与强制侦查的标准主要存在三种观点，即"是否使用强制力说""相对人是否同意说"以及"是否侵犯相对人权益说"。[①] 采用"权益侵犯说"分析更为适宜，理由在于：首先，区分任意侦查与强制侦查的目的在于人权保障的需要，受制于这一目的，需要对侵犯相对人权益的侦查行为进行严格的法律控制；其次，随着信息技术的不断发展，新兴侦查措施不具有有形力和强制力，相对人甚至难以知情，但却会对公民的隐私权、通信自由权等权益造成巨大的侵犯；最后，侦查权的本质是对公民基本权利的干预，权益是否被侵犯应当成为区分强制侦查与任意侦查的标准，并成为规范强制侦查的基本视角。[②]

收集使用行踪轨迹信息干预的权利涉及权利的竞合关系，学界对干预权利种类的讨论大致可以分为隐私权与个人信息权(个人数据权)两种。[③] 因此，当侦查机关收集使用公民行踪轨迹信息能完成对个人私生活的刻画时，便会侵犯公民的隐私权和个人信息权，构成强制性侦查措施。依据强制侦查法定原则，强制性侦查措施只有在满足法律规定的实体要件和程序要件，并且经过法官事前批准后才能进行。[④] 而且刑事侦查要对具有强制力的且侵犯重要法益的强制侦查予以明文规定，并设置特别的法律规制，即具备发动必要性要件和按照一定的法律程序实施。[⑤] 然而，我国刑事诉讼法并未对收集使用行踪轨迹信息侦查设置特别的法律规制，收集使用行踪轨迹信息侦查的启动条件、案件范围、审批程序均未得到规定，已经构成对强制侦查法定原则的违背。

---

① 马方：《任意侦查研究》，群众出版社 2009 年版，第 4～5 页。

② 程雷：《大数据侦查的法律控制》，载《中国社会科学》2018 年第 11 期。

③ 如位置服务数据蕴含身体隐私、通信隐私、空间隐私以及信息隐私，参见胡荣：《刑事侦查中位置服务数据利用及其立法规制》，载《学习与探索》2020 年第 4 期。收集使用公民定位信息可能侵犯该特定公民的隐私权和个人数据权利，参见郑曦：《刑事侦查中公民定位信息的收集使用与规制》，载《学习与探索》2020 年第 4 期。手机定位信息能揭示公民的隐私信息，参见田芳：《手机定位信息的宪法保障》，载《华东政法大学学报》2019 年第 1 期。

④ 孙长永：《侦查程序与人权——比较法考察》，中国方正出版社 2000 年版，第 26 页。

⑤ 龙宗智：《寻求有效取证与保证权利的平衡——评"两高一部"电子数据证据规定》，载《法学》2016 年第 11 期。

（三）程序控制规范的阙如

作为非法定侦查措施，收集使用行踪轨迹信息侦查在形式上不具备法定性，就其实质侧面而言，也同样面临着正当性欠缺的困境：由于监督与规范的缺乏，目的的限制、手段限制以及边界限制的要求亦存在冲破之虞，使程序法定原则的实质侧面的正当性付之阙如。

非法定侦查措施因在形式上不具有法定性，因而需要至少从以下三个方面补足合法性，使收集利用行踪轨迹信息侦查在内容侧面具备正当性。一是目的的限制，侦查机关收集使用行踪轨迹信息的目的必须限于获取证据、案件线索等侦查目的；二是手段限制，收集使用行踪轨迹信息不能构成对公民权益的干预，仅能使用任意性侦查措施；三是边界限制，侦查机关收集使用行踪轨迹信息不能违反相关法律规定和法律原则。① 然而，由于缺失相应的监管与规范，收集使用行踪轨迹信息侦查在司法实践中对以上三个方面的要求均存在冲破之虞。

首先，当前公安机关主要将精力放在构建大数据平台上，对行踪轨迹信息的管理则尚未给予足够的重视，表现在行踪轨迹信息的安全保障机制的缺乏上，实践中公民行踪轨迹信息泄露的情况已经屡见不鲜。侦查机关获取公民行踪轨迹信息的权限过于宽松，有数字身份证书即可进入系统查询，因而公安人员往往利用职权之便突破侦查犯罪之目的查询公民行踪轨迹信息，突破目的之限制。② 其次，收集使用行踪轨迹信息可能构成对公民隐私权、个人信息权的干预，违背了强制侦查法定原则，冲破了手段之限制。最后，随着“金盾工程”二期的完成，公安网信息进一步完善，各种数据库在类型和质量上都得到迅速增长。在公安机关大数据平台的支撑下，数据实现了事前信息共享，侦查机关已经将公民行踪信息接入公安机关的数据库中或者搭建起查询公民行踪信息的通道。③ 侦查人员仅需要简单的数字验证即可完成对公民行踪信息的查询与检索，一改过往调取证据的烦琐，获取证据的任意性和随意性有增无减。实际上，侦查人员收集、

---

① 陈刚：《解释与规制：程序法定主义下的大数据侦查》，载《法学研究》2020 年第12 期。

② 如警察李某甲违规帮助他人调取视频监控，造成一人死亡，参见李某甲滥用职权案，云南省昆明市呈贡区人民法院(2017)云 0114 刑初 46 号刑事判决书；警察詹某锋擅自利用公安信息系统帮人查询住址等信息，导致一人死亡，参见詹某锋侵犯公民个人信息案，浙江省宁波市镇海区人民法院(2017)浙 0211 刑初 482 号刑事判决书。

③ 李双其、曹文安等：《法治视野下的信息化侦查》，中国检察出版社 2011 年版，第 22～29 页。

检索和使用公民行踪数据的行为是变相的调取或技术侦查等法定侦查行为,是对刑事诉讼法的突破,打破了上述法定侦查行为的发动要件之限制。

二、基于程序合法的法律规制

收集使用行踪轨迹信息侦查是信息化侦查和大数据技术共同催生的侦查措施,是基于对抗犯罪的需要产生的。而程序法定原则则要求刑事诉讼程序的法治化和程序化,要以严密的法律程序规定诉讼的每一阶段,将未受法律管制的"死角"纳入法治轨道中,从而在对抗犯罪的过程中保障人权。作为非法定侦查措施,当前法律并未明文规定收集使用行踪轨迹信息侦查,通过解释现有侦查措施也难以将其囊括其中。究其根本是我国刑事诉讼法的法益保护体系仍处于重人身权、轻财产权,严重忽视隐私权、个人信息保护的传统刑事诉讼法时代,严重滞后于信息社会的发展。① 因此,我国应在程序合法原则的指导下,以权利干预及保障为分析工具,完善传统侦查措施以涵盖收集使用公民行踪轨迹信息侦查。

(一)确立起以个人信息权为中心的规制框架

在信息化和大数据广泛运用于侦查实践之前,侦查人员办理案件并不倚重行踪轨迹信息。事实上,当时的技术水平也无法深度收集和挖掘行踪轨迹信息。随着信息科技的发展,GPS 定位、视频监控以及自动车牌识别等位置追踪技术使侦查机关可以持续记录个人在公共领域的位置。政府机关、商业机构以及社会组织对公民行踪轨迹信息的收集存储也已经形成规模,成为侦查机关的资源宝库。可以说,收集使用行踪轨迹信息侦查是大数据时代的产物,其着眼于收集分析公有领域的公民行踪信息,因而自然与基于小数据时代形成的传统侦查措施不同。

美国对位置追踪的主要依赖由第四修正案确定的关于搜查的规则以及与隐私权相关的判例法规制。② 执法机关收集公民行踪信息的行为是否构成搜查取决于该行为是否侵犯公民隐私权。在秘密性隐私权内涵下,美国对公有领域的

---

① 程雷:《刑事司法中的公民个人信息保护》,载《中国人民大学学报》2019 年第 1 期。

② Bert-Jaap Koops, Bryce Clayton Newell & Ivan Skorvanek, Location Tracking by Police: The Regulation of Tireless and Absolute Surveillance, *UC Irvine Law Review*, 2019, Vol.9, No.3.

行踪轨迹信息不予保护。[①] 直到卡朋特案，为避免大数据技术对隐私权保护框架的架空，美国联邦最高法院裁定警方对手机位置信息的收集侵犯了公民隐私权。[②] 但是这种以狭隘隐私权为中心的保护框架，面对大数据技术带来的重重挑战，已经变得岌岌可危。[③] 德国以个人信息自决权和人格尊严权保护公民的行踪轨迹信息，认为警方过度收集使用公民行踪信息的行为构成了对个人信息自决权的侵犯。[④] 以个人信息自决权为基准，德国《刑事诉讼法典》为收集使用公民行踪信息的侦查行为设置了严格和详尽的规范，如《刑事诉讼法典》第 100 条 h 和第 163 条 f 分别为短期和长期收集公民行踪信息设置启动标准和程序要件。

信息技术的发展使我们进入一个信息爆炸的社会，信息的收集、存储和使用成为社会运转不可缺少的组成部分。行踪轨迹信息系个人信息的重要子集，[⑤] 政府、商业机构和社会组织对行踪轨迹信息的大规模收集和存储，凸显出行踪轨

① 基于秘密性隐私权内涵，美国联邦最高法院形成了第三人理论和公共暴露理论。依据第三人理论，公民对自愿提供给第三方机构的信息记录没有隐私的合理期待；依据公共暴露理论，公民对公共空间的行踪轨迹信息没有隐私的合理期待。因此，警方从第三方处获取的位置信息如手机基站信息(CSLI)因个人自愿向第三方运营商披露不构成隐私信息；警方利用 GPS 等追踪技术获取的定位信息因具有公共性被公共暴露理论排除隐私权。United States v. Miller，425 U.S. 435 (1976)；Smith v. Maryland，442 U.S. 735 (1979)；United States v. Knotts，460 U.S. 276 (1983).

② Carpenter v. United States，138 S. Ct. 2206 (2018).

③ Harvey Gee，Almost Gone：The Vanishing Fourth Amendment's Allowance of Stingray Surveillance in a Post-Carpenter Age，*Southern California Review of Law and Social Justice*，2019，Vol.28，No.3.

④ Nicole Jacoby，Redefining the Right to Be Let Alone：Privacy Rights and the Constitutionality of Technical Surveillance Measures in Germany and the United States，*Georgia Journal of International and Comparative Law*，2007，Vol.35，No.3.

⑤ 《民法典》第 1034 条规定："个人信息是以电子或者其他方式记录的能够单独或者与其他信息结合识别特定自然人的各种信息，包括自然人的姓名、出生日期、身份证件号码、生物识别信息、住址、电话号码、电子邮箱、健康信息、行踪信息等。"以及《个人信息保护法》第 28 条规定："敏感个人信息是一旦泄露或者非法使用，容易导致自然人的人格尊严受到侵害或者人身、财产安全受到危害的个人信息，包括生物识别、宗教信仰、特定身份、医疗健康、金融账户、行踪轨迹等信息，以及不满十四周岁未成年人的个人信息。"上述法律规范均对行踪轨迹信息的定位作出了界定。

迹信息保护的重要性,以及在法律上形成个人信息权的必要性。隐私权是指个人享有的私人生活安宁和私人信息秘密依法受法律保护,不被他人非法侵扰、知悉、搜集、利用和公开的权利,其保护重心在于防止隐私公开或泄露,而不在于信息的利用。[①] 域外经验也已经表明,以隐私权为中心的保护框架难以适应大数据技术的发展。而个人信息权则是指个人对于自身信息资料的一种控制权,是自主控制信息适当传播的权利,其强调个人对个人信息的支配和自主决定,不完全是消极地排除他人的使用。[②] 换言之,侦查机关收集使用公民行踪轨迹信息实质上是对公民个人信息权的干预,这也构成了其与传统侦查措施的核心差异。因此,在信息化社会中,最妥善的做法是以个人信息权为中心建立起侦查机关收集使用公民行踪轨迹信息的规制框架。[③]

(二)将数据查询参照证据调取予以规制

在过去,侦查人员往往通过向证据持有者送达调取证据通知书来获取证据,证据调取行为需经审批程序。[④] 随着数据共享的持续推进,包括车辆卡口、视频监控、旅店住宿以及手机通联记录等反映公民行踪轨迹的数据被接入公安大数据平台,侦查人员查询检索公民行踪数据的行为已经构成变相的调取证据行为,使得获取公民行踪轨迹信息的任意性大大增强。基于大数据平台的行踪信息查询虽然在形式上只是信息的检索,但在本质上却仍是一种证据调取。[⑤] 从现行刑事诉讼法语境看,调取并未在侦查一章中被明确规定为一项独立的侦查措施,

---

① 王利明:《隐私权概念的再界定》,载《法学家》2012 年第 1 期。

② 王利明:《论个人信息权的法律保护——以个人信息权与隐私权的界分为中心》,载《现代法学》2013 年第 4 期。

③ 当然在刑事诉讼中将个人信息权作为一项权利还是权益值得进一步探讨,毕竟《民法典》也只是将其表述为个人信息保护。但笔者倾向于将个人信息权视为一项权利,并且在刑事诉讼法学界,学者也普遍认为个人信息权是一项权利,而非利益。参见蒋勇:《大数据时代个人信息权在侦查程序中的导入》,载《武汉大学学报(哲学社会科学版)》2019 年第 3 期;程雷:《刑事司法中的公民个人信息保护》,载《中国人民大学学报》2019 年第 1 期;郑曦:《作为刑事诉讼权利的个人信息权》,载《政法论坛》2020 年第 5 期。

④ 孙茂利主编:《公安机关办理刑事案件程序规定释义和实务指南》,中国人民公安大学出版社 2013 年版,第 133 页。

⑤ 蒋勇:《大数据时代个人信息权在侦查程序中的导入》,载《武汉大学学报(哲学社会科学版)》2019 年第 3 期。

但是在侦查实践和公安部的相关规定中，调取证据已经作为一项具体的取证措施。① 因此，基于程序合法原则，应将信息查询纳入法治轨道中。当前，可以在司法解释中参照证据调取对信息查询予以相应的规制。②

在我国理论界和实务界多数观点认为调取是一种任意性侦查措施。③ 原因在于：首先，将调取视为任意性侦查措施的观点是仍以传统的"同意说"和"强制力说"作为区分任意性侦查措施与强制性侦查措施的标准。其次，在小数据时代，囿于当时信息处理能力，调取的证据材料只能揭示有限的信息，对公民基本权利干预较小。随着科技的发展和侦查技术的进步，"权益侵犯说"已经成为世界各国区分强制侦查与任意侦查的标准。④ 在信息社会，侦查机关调取的公民行踪轨迹信息呈现出全面性和普遍性，对公民个人信息权造成了强烈的干预。因此，在个人信息权保护框架下，应将证据调取视为具备干预性的强制性侦查措施。在强制侦查法定原则的指导下，对证据调取确立起特别的法律规制。

(三)将常态化信息收集纳入技术侦查予以规制

从理论上，可以将收集公民行踪轨迹信息的手段划分为两种：⑤一是常态化收集，包括公安机关在日常治安管理活动中收集的公民行踪信息以及行政机关、商业机构在实现公共管理、提供商业服务过程中收集的公民行踪信息，此种收集

---

① 艾明：《调取证据应该成为一项独立的侦查取证措施吗？——调取证据措施正当性批判》，载《证据科学》2016 年第 2 期。

② 法律解释这一"动态的法"并不被程序法定原则所排斥，因为徒法不足以自行，静止的法律文本需要明确内涵或具体化操作方法。参见江涌：《"程序法定原则"不能成立吗——兼与黄士元博士商榷》，载《政治与法律》2007 年第 4 期。相同观点参见徐静村、杨建广：《动态的法——关于刑事诉讼法解释的评析》，载《现代法学》2000 年第 1 期；宋英辉、罗海敏：《程序法定原则与我国刑事诉讼法的修改》，载《燕山大学学报(哲学社会科学版)》2005 年第1 期。

③ 多数学者认为调取是任意性侦查措施，参见梁坤：《论初查中收集电子数据的法律规制——兼与龙宗智、谢登科商榷》，载《中国刑事法杂志》2020 年第 1 期；实务部门普遍认为调取是任意侦查，如公安部法制局认为"调取证据和扣押可以转化，如果证据持有人拒不配合调取的，可以进行搜查、扣押"，参见公安部法制局编：《公安机关执法细则释义》，中国人民公安大学出版社 2009 年版，第 183 页。

④ 向燕：《刑事侦查中隐私权领域的界定》，中国政法大学出版社 2011 年版，第 25～29 页。

⑤ 在这里只是为方便界分收集公民行踪信息的手段，从理论上作出的划分，在实际运行中两种收集公民行踪信息的手段可能存在交叉。

手段不针对特定的人、特定时间地点,普遍广泛地收集公民信息。① 公安机关往往借助其社会治安综合治理体系的主导者和发起者的优势地位,不断强化与其他行政机关及其所属行业的信息共享。② 公安机关与其他第三方主体通过共享协议等方式建立起常态化信息共享机制,这些被共享的信息被高度集成与标准化存储于公安机关数据库中,为侦查机关信息检索创造了技术条件。二是特定化收集,主要是指以 GPS 定位追踪为代表的技术侦查手段对公民行踪信息的收集,此种收集手段仅在立案后针对特定对象实施,并随着信息化程度的提高呈现增多态势。

接入公安机关数据库的常态化信息收集实质上是变相的技术侦查措施。以手机位置信息为例,除非将手机关机,否则手机会无时无刻不在自动记录机主的行踪,并将手机位置信息自动上传到通信运营商的数据库中。5 年的数据保留期使手机位置信息具有追溯性,能展现个人编年体式的行踪轨迹,如同为手机持有者安装了脚踝监视器。技术侦查的适用对象仅限于特定的主体,而常态化信息收集方式的对象是普遍且广泛的,突破了技术侦查的规制范畴。这种以任意性之名行技术侦查之实的收集方式正处于法律的真空期,对公民个人信息权造成了极大的干预。2012 年《刑事诉讼法》第二次修正时,通过新增"技术侦查措施"一节,使长期处于法外之地的技术侦查措施开启了法治化进程。在立法之时,考虑到随着信息技术的发展,技术侦查的手段会不断发展变化,因而刑事诉讼法未具体列明技术侦查的种类与名称。③ 受制于技术侦查措施本身的敏感性以及防范反侦查的需要,相关法律规定对技术侦查措施的规范密度较低,技术侦查措施具有模糊性、不确定性与开放性。换句话说,技术侦查措施的开放性也为其规制常态化信息收集方式奠定了基础。因此应当对技术侦查措施的概念予以修正,扩大原有内涵。以原则性规定与具体规定结合的方式,使技术侦查成为一个涵盖范围更广、规范更明确的概念,将常态化信息收集纳入技术侦查范畴予以规制。

---

① Geneva Ramirez, What Carpenter Tells Us About When a Fourth Amendment Search of Metadata Begins, *Case Western Reserve Law Review*, 2019, Vol.70, No.1.

② 蒋勇:《大数据时代个人信息权在侦查程序中的导入》,载《武汉大学学报(哲学社会科学版)》2019 年第 3 期。

③ 朗胜主编:《中华人民共和国刑事诉讼法修改与适用》,新华出版社 2012 年版,第 276 页。

三、基于程序正当的法律控制

当前，收集使用公民行踪轨迹信息在为侦查机关打击犯罪提供强大辅助与便利的同时，客观上也造成了公权力的膨胀与扩张。若不加以合理干预，则可能打破权力与权利的相对平衡状态，对权利造成不当侵害。程序法定原则的实质侧面是程序正当，旨在通过正当程序的约束来确保诉讼过程与诉讼结果的正当性。[①] 因此，应以程序正当原则为指导对侦查机关收集使用公民行踪轨迹信息予以法律控制，规制侦查机关收集使用公民行踪信息的程序应为“正当”的程序。为此，应明确规范在侦查机关收集使用公民行踪轨迹信息的过程中相对人的知情权、更正权等诉讼权利，对违法收集使用行为建立起程序性制裁以及建构起全过程的法律监督体系。

(一)明确侦查相对人在信息收集使用中享有的权利

现代程序法治原则的根本目标在于抑制权力的恣意行使，防止权力的异化与滥用，加强诉讼中的人权保障。[②] 基于限制国家刑事司法权力、保障公民个人权利的现实考虑，程序法定原则要求在规定刑事司法机关的权限之外，法律必须明确规定犯罪嫌疑人、被告人等在诉讼中所享有的基本权利。[③] 因此，为贯彻程序正当原则，要明确规定收集使用公民行踪轨迹信息过程中相对人享有的知情权、更正权以及访问权等权利，赋予侦查相对人与国家机关相抗衡的能力，从而形成一种“权利制约权力”的权力制衡机制，有效地约束和限制国家机关权力的扩张，防止其滥用权力。

基于位置追踪的无形性与不易感知性，域外国家普遍在收集公民行踪信息前设置告知程序。针对位置监控，德国《刑事诉讼法典》科以检察机关对被监控人以及严重受影响的人的通知义务，并规定了包括权利保护方式、救济方式以及监控期限在内的通知内容。[④] 为保障刑事侦查的顺利进行，德国法也规定了履行告知义务的前提条件，即不会有危及侦查目的、生命、身体完整性、个人的人身

---

① 卞建林：《人工智能时代我国刑事诉讼制度的机遇与挑战》，载《江淮论坛》2020 年第 4 期。

② 卞建林：《刑事诉讼的现代化》，中国法制出版社 2003 年版，第 50～51 页。

③ 谢佑平、万毅：《刑事诉讼法原则：程序正义的基石》，法律出版社 2002 年版，第 113～115 页。

④ 参见德国《刑事诉讼法典》第 101 条。

自由以及重大财产的可能时,才能履行通知义务。2016 年欧洲议会与欧洲委员会通过的《关于有权机关为预防、发现、调查和起诉刑事犯罪而自由传输个人信息及保护个人信息的指令》(以下简称《欧盟刑事司法数据保护指令》)从数据主体的权利和控制者的义务两个角度展开,通过赋予信息主体对其行踪信息的知悉权、访问权和更正权,允许公民在侦查阶段适当获知信息收集的目的及用途,查询、修改和更正不准确的信息。

因此,一方面,对公民行踪信息的收集原则上需要设置事前告知程序,科以侦查机关告知义务,但可以因为案件的特殊情况设置例外规定。例如,在限定特定案件罪名的前提下,基于刑事侦查顺利进行的合理理由设置事后告知程序,推迟告知数据主体收集使用其行踪轨迹信息的事实,但推迟告知的例外应当是明确且具体的法定事由。在涉及大规模告知对象的案件中,可以考虑探索建立事后向社会公示、定期向专门机关报告及披露等制度。另一方面,要以权利制约权力,赋予数据主体特别是被追诉人在侦查机关收集使用其行踪轨迹信息过程中享有知情权、更正权、访问权、限制处理权等权利,保障其知悉侦查机关收集其行踪轨迹信息的目的、用途和范围。

(二)确立收集公民行踪信息的违法制裁措施

法律效力体现在责任机制上,即违反法律将承担法律后果。完善的制裁机制对法定程序的切实遵守具有重要的作用,程序法定原则的贯彻必须以违法制裁为后盾。[①] 法律制裁包括实体性制裁和程序性制裁,前者以刑事责任、民事责任和国家赔偿为表现,后者是诉讼法特有的制裁手段,以排除非法证据、撤销原判等为表现,二者共同完善了刑事诉讼法律体系。[②] 因此在构建收集公民行踪信息的违法制裁措施时要分为实体性制裁和程序性制裁两个方面。

在美国,被追诉人可以以执法机关不当收集其行踪轨迹信息,侵犯私人生活和隐私的合理期待为由,申请排除相关证据。如在琼斯案中,被告人琼斯认为警方收集的长达 28 天的超过 2000 多页的行车轨迹数据侵犯其隐私的合理期待,

---

① 在刑事诉讼领域贯彻程序法定原则的具体要求之一是确立违法制裁,即违反法律将承担法律后果。参见谢佑平主编:《程序法定原则研究》,中国检察出版社 2006 年版,第 35 页。

② 陈永生:《刑事诉讼的程序性制裁》,载《现代法学》2004 年第 1 期。

应当作为非法证据予以排除。① 同样，在卡朋特案中，被告人卡朋特认为警方收集的超过127天的包括12898个地点的手机位置记录侵犯其隐私权，应当作为非法证据予以排除。② 在上述案件中，美国联邦最高法院均对警方收集的行踪数据予以排除。我国非法证据排除规则对刑讯逼供获得的言词证据采绝对排除规则；对非法搜查、扣押等方式收集的物证、书证采相对排除规则；而对干预隐私权或个人信息权收集的证据则予以完全忽视，根本不列为证据排除的范围。③ 程序性法律后果是违法制裁的重要方面，因此，我国要针对违法收集个人信息行为的权利干预程度差异，构建起强弱有别、程序宽严相当的非法证据排除规则，以保障关于收集行踪信息的法律规定的实施。

《欧盟刑事司法数据保护指令》丰富了刑事司法中的实体性制裁措施，规定了因不当数据处理行为遭受损失的公民有权获得损害赔偿，严厉的制裁机制保证了执法机关对公民数据的正当收集和使用。因此，在构建违法收集公民行踪信息的制裁措施时可以配置特定的民事、刑事责任以及赔偿责任。可以考虑对个人信息权受到侵害的侦查相对人建立起国家赔偿制度。在制度构建时，一方面，法律应当明确规定个人信息权受侵害的相对人可以获得国家赔偿；另一方面，也要规定受侵害人可以向违法行为者请求损害赔偿，考虑到行踪信息的敏感性质，还可以请求以适当方式弥补名誉。④

(三)构建收集公民行踪信息的全面监督体系

封闭的内部运行模式是权力滥用的主要成因，加强监督是确保侦查权依法运行的基本经验。因此，正当程序的构造与运行离不开全面的监督，在程序正当原则的指导下，要确立起针对收集公民行踪信息的全面监督体系，以解决收集公民行踪信息侦查运行中“技术上的封闭性”与“制度上的封闭性”问题。

域外法治国家和地区为确保公民行踪轨迹信息不被过度收集与滥用，普遍规定了包括司法令状、独立监察机构在内的监督途径。德国《联邦个人资料保护

---

① United States v. Jones, 565 U.S. 400 (2012).

② Carpenter v. United States, 138 S. Ct. 2218 (2018).

③ 参见《刑事诉讼法》第56条以及《关于办理刑事案件严格排除非法证据若干问题的规定》。

④ 倪铁等:《程序法治视野中的刑事侦查权制衡研究》，法律出版社2016年版，第241页。

法》专门成立了个人资料保护监察人监督国家机关有关资料处理的行为,[①]自然包括监督侦查机关对行踪数据的处理行为,以及受理公民对侦查机关不当收集、处理和使用其行踪信息的申诉。以法院签发令状形式的司法审查制度是对侦查权最有力的事前监督,令状原则是侦查程序中最直观地体现司法抑制和人权保障理念的一项原则。[②] 在德国,对长期收集公民行踪信息的侦查行为原则上采法官保留原则,需要法官作出命令才能实施。但在紧急情形下,也可以由检察院和其他侦查人员作出命令,但后者的命令需要在 3 个工作日内得到法官的确认,否则该命令失效。[③] 意大利基于位置数据的重要性,于 2008 年在《刑事诉讼法》中新增规定,只有司法机关有权决定在信息、电信或电讯服务商处扣押服务商持有的定位数据材料。[④] 同样,美国联邦最高法院将执法机关利用全球卫星定位系统收集的行踪信息与公民手机基站信息纳入隐私性信息范畴,由第四修正案进行规制,要求事前获得法官核发的令状。

我国刑事司法体系中关于公民个人信息保护的现有制度,最大的缺陷莫过于外部监督机制的缺失与内部监督的乏力。因此对收集公民行踪轨迹信息的侦查行为要在巩固内部监督的同时,引入外部监督力量,建立起全面的监督体系。一方面,对收集公民行踪信息的侦查措施可以比照逮捕程序由检察机关审查批准,落实检察引导侦查的诉讼机制。这是因为,目前在我国实现司法审查制度存在一定的障碍,我国刑事诉讼中的强制侦查措施仅逮捕受"准司法审查",其他强制侦查措施均不受司法审查,贸然对收集行踪轨迹信息的侦查措施适用法官令状制度不具有现实性。将收集利用行踪轨迹信息的侦查行为的审批权交由检察机关这一司法机关,不失为对"以审判为中心"的契合。[⑤] 从长远来看,在具备相应条件时,经过进一步改革,第二步应建立真正意义上的司法审查制度,即由中立、权威法官对收集行踪轨迹信息的侦查措施行使事先审批权,当然这不仅需要

① 齐爱民:《大数据时代个人信息保护法国际比较研究》,法律出版社 2015 年版,第 73~75 页。

② 孙长永、高峰:《刑事侦查中的司法令状制度探析》,载《广东社会科学》2006 年第 2 期。

③ 参见德国《刑事诉讼法典》第 163 条。

④ 《世界各国刑事诉讼法》编辑委员会:《世界各国刑事诉讼法(欧洲卷·下)》,中国检察出版社 2016 年版,第 1664 页。

⑤ 龙宗智:《"以审判为中心"的改革及其限度》,载《中外法学》2015 年第 4 期。

刑事诉讼法的修改，更需要宪法修改或作出宪法解释，还需要司法体制改革的配套措施协同推进。

另一方面，可以探索设置专门的信息监察机构。鉴于侦查机关收集公民行踪信息的热情，为监督侦查机关合理收集和使用公民行踪轨迹信息，有必要设置专门的信息监察机构。《欧盟刑事司法数据保护指令》要求成员国必须设立独立的数据保护机构作为监管机构，独立行使调查权、纠正权、授权建议权以及司法参与权。我国《个人信息保护法》第六章已经对履行监督管理个人信息保护职责的部门作出规定，因此，应强调国家网信部门对侦查机关收集公民行踪信息的监督，履行其对个人信息保护的监察权能。